AV

Jörg Drews / Gabi Pahnke (Hgg.)

„Weimar ist ja unser Athen."

Mit Seume in Weimar

Vorträge des Colloquiums zu Johann Gottfried Seume
in Oßmannstedt 2007

AISTHESIS VERLAG
Bielefeld 2010

Abbildung auf dem Umschlag:
Johann Gottfried Seume (1763-1810) geht über den Marktplatz von Leipzig. Aquarell von Ch. G. H. Geißler (1770-1847), 1809/1810.

Bibliografische Information der Deutschen Nationalbibliothek

Die Deutsche Nationalbibliothek verzeichnet diese Publikation in der Deutschen Nationalbibliografie; detaillierte bibliografische Daten sind im Internet über http://dnb.d-nb.de abrufbar.

Postfach 10 04 27, D-33504 Bielefeld
Satz: Germano Wallmann, www.geisterwort.de
Druck: docupoint GmbH, Magdeburg

ISBN 978-3-89528-740-4
www.aisthesis.de

Inhaltsverzeichnis

Vorwort

Vom 15. bis zum 17. September 2007 richtete die *Johann-Gottfried-Seume-Gesellschaft zu Leipzig* in Zusammenarbeit mit der *Klassik Stiftung Weimar* auf dem Wielandgut in Oßmannstedt eine Tagung zum Thema *Seume und Weimar* aus, die noch unter der Leitung von Jörg Drews stand. Sein überraschender Tod im März 2009, der ihn mitten aus der Arbeit riss, hat der Seume-Forschung nicht nur den Gründer der ersten wissenschaftlichen Gesellschaft zur Erforschung Seumes genommen, sondern auch deren erste und – so schien es – nie erlöschende Kraft. Seine Vorarbeiten zu diesem Band, seine regen Kontakte zu dessen Beiträgern, erlaubten es uns, seine Arbeit fast ohne Unterbrechung fortzuführen. Als Ruf ins Jenseits möchte ich Jörg Drews für seine schier unendliche Leidenschaft danken und damit für all das, was er für die Erforschung des ‚Wanderers nach Syrakus' getan hat, nicht zuletzt für die Ermöglichung des vorliegenden Bandes.

Daß die Arbeiten sehr bald wieder aufgenommen werden konnten, ist ganz besonders der anhaltenden tatkräftigen Unterstützung von Christiane Heuwinkel, der Zustimmung von Sibylle Drews sowie der kontinuierlichen Verbundenheit von Detlev Kopp zu verdanken. Mein Dank gilt nicht weniger denjenigen, die mir bei der Redaktion des Bandes ihre Ideen, ihre Zeit und ihre Geduld zur Verfügung stellten: Axel Dunker, Otto Werner Förster und insbesondere Georg Meyer-Thurow. Für die institutionelle Anbindung und die finanzielle Ermöglichung der Tagung und des Sammelbandes sprechen wir unseren Dank der *Klassik Stiftung Weimar* und der *Hamburger Stiftung zur Förderung von Wissenschaft und Kultur* aus.

In der Planungsphase der Tagung zu *Seume und Weimar* wurde schnell deutlich, daß dieses Thema zwar viele bislang ungeklärte Aspekte aufweist, es aber gar nicht so leicht sein würde, diese zu bearbeiten. Nicht nur weil es unter den Seume-Spezialisten fast schon naturgemäß wenige Kenner des von Seumes eigener literarischer Ausrichtung weitgehend entfernten ‚klassischen' Weimars gibt, sondern auch, weil die Forschung in den letzten Jahren seit der Infragestellung von Seumes Biographie, die ihn weniger als dokumentierenden Autor denn vielmehr auch als fiktionalen Erzähler erscheinen läßt, zunehmend Grundlagenarbeit betreiben muß. In diesem Sinne vereint der Band Untersuchungen zu Seumes Biographie, seiner Bedeutung als Autor und der Erzählerkonstruktion im allgemeinen mit solchen Studien, die sich direkt mit dem zeitgenössischen Weimar und Seumes Kontakten zum ‚deutschen Athen' beschäftigen. Als Desiderat formulierte noch Jörg Drews die wichtigsten offenen Fragen, die hier als Einleitung erscheinen und als Anregung für ein Fortwirken seiner Arbeit gelesen werden mögen. Denn was bleibt, ist das nun noch unverzichtbarer gewordene Ovid'sche, Seume'sche und nicht zuletzt Drews'sche: Perfer et obdura!

Gabi Pahnke

ertragen
und
aushalten
P. S.

Jörg Drews

Einleitung
Johann Gottfried Seume und das ‚klassische' Weimar

Johann Gottfried Seume (1763-1810) und seine Literatur werden gemeinhin (und zu Recht) nicht zur Literatur der deutschen Klassik gerechnet, sofern nicht ein sehr erweiterter Begriff von „Klassik" benutzt wird. Die Bezeichnung bzw. Kennzeichnung, die am häufigsten bezüglich Seumes benutzt wird, ist die des „Spätaufklärers" – wenn überhaupt der Versuch gemacht wird, ihn einer literarischen Epoche oder Bewegung zuzurechnen –, und meist wird er als ein nicht einordenbarer Sonderfall behandelt (höchstens etwa Bahrdt oder Laukhard an die Seite zu stellen), der in den Rubriken Reiseliteratur, Autobiographik oder Aphoristik getrennt zu erörtern ist.

In der in den letzten beiden Jahrzehnten erheblich intensivierten Erforschung von Werk und Leben Johann Gottfried Seumes – es erschienen zwei Bände einer zwar nicht vollständigen, aber umfassenden und gründlich kommentierten Werkausgabe (Frankfurt/M. 1993) sowie erstmals eine Ausgabe sämtlicher Briefe von und an Seume (Frankfurt/M. 2002) – ist bis jetzt noch kein besonderes Augenmerk gerichtet worden auf die Beziehung Seumes zu den Autoren in Weimar um 1800 und zum literarischen Konzept der Weimarer Klassik, sofern man hier von einem irgendwie ‚geschlossenen' Konzept überhaupt sprechen kann. So sicher man nun einerseits sein kann, daß Seume natürlich kein „Klassiker" oder „Romantiker" sei, so wenig ist bis jetzt genauer bestimmt worden, wo die konzeptuellen Unterschiede zu den anderen literarischen Bewegungen in Deutschland um 1800 lagen, wie Seume selbst diese Distanz zu ‚Weimar' sah und wie dann die zahlreichen persönlichen Verbindungen Seumes zu Weimarer Autoren und deren Umkreis einzuordnen sind bzw. wie sie im Einzelfall aussahen. Denn diese Verbindungen waren zahlreich, auch wenn der Seume'sche Typus von Literatur eher mit dem Terminus bzw. der Absichtserklärung „Republikanische Prosa" zu fassen wäre, Seume also insgesamt historisch-literaturtypologisch gesehen eher in die Nachbarschaft von Georg Forster einerseits und – um einen zeitlich etwas späteren Namen zu nennen – Carl Gustav Jochmann andererseits gehört.

Was Weimar angeht, so wäre an erster Stelle Christoph Martin Wieland zu nennen, den Seume schon 1786 las, später mehrfach besuchte und dessen Lektor und Korrektor er als Angestellter des Verlegers Georg Joachim Göschen war, insbesondere bei dessen *Aristipp und einige seiner Zeitgenossen*. Wieland war es auch, der Seume einen bewegenden Nachruf widmete.

In diesem Zusammenhang muß zweitens der Name von Carl August Böttiger genannt werden, mit dem Seume eine besonders intensive Korrespondenz pflegte und der Seumes Veröffentlichungen im *Neuen Teutschen Merkur* betreute.

Knebel und Falk waren Seume bekannt, frühe Gedichte Seumes erschienen in Schillers *Thalia* (die Äußerungen Seumes zu Schillers „Räubern" sind seltsam zweideutig...), die Herders gehörten zu denen, die Seume in Weimar besuchte, und schließlich war er mit der Fürstinmutter, Anna Amalia, im Gespräch; er besuchte sie in Tiefurt und er schrieb ein Gedicht auf ihren Tod.

Goethe selbst hat sich skeptisch und gleichzeitig summarisch über den „Wanderer" Seume geäußert und konnte keinen Gefallen finden an den „sansculottischen" Gedichten Seumes. Über das Anekdotische hinaus wäre diese „Begegnung" sowohl bezüglich der Fakten wie auch spekulativ zu rekonstruieren.

Damit ist die persönlich-personelle Seite der Beziehungen Seumes zu Weimar und den Weimarern umrissen.

Literarhistorisch bzw. konzeptionell gibt es, wie oben angedeutet, eine grundsätzliche Distanz Seumes und seiner Literatur zur Weimarer Klassik, gleich wann man sie nun beginnen und wann enden lassen will. Seumes Literatur bleibt gewissermaßen bei einem vorklassischen Subjekt als Autor, als sprechendes Ich und als dichterisches Subjekt. Seume entwickelt sich aus der klassischen Aufklärung heraus in eine andere Richtung, in der der junge Schiller nur am Rande eine Rolle spielt, wobei überhaupt ein Typ von Literatur wie der Sturm und Drang bei Seume gar keine Rolle spielt. Seume bietet insgesamt bis zum Erscheinen seines Reiseberichts *Spaziergang nach Syrakus im Jahre 1802* als Autor ein eher diffuses Bild: Gedichte stehen neben historisch-politischen Schriften und dem Bruchstück einer Reisebeschreibung und philosophischen Aufsätzen, und erst mit dem *Spaziergang* etabliert er sich 1803 als Reiseschriftsteller – dies aber nun wieder mit ganz anderen Charakteristika und Intentionen als andere Reiseschriftsteller, den späteren Goethe mit der *Italienischen Reise* eingeschlossen (Seume hat allerdings Goethe offenbar ziemlich genau gelesen. Die persönliche Begegnung im November 1801 war nur kurz und muß wohl eher frostig gewesen sein.) In Seumes Werk steht eindeutig die Prosa im Mittelpunkt, und hier nun wieder eine Art von autobiographischer oder faktennaher Prosa, die ganz anders geartet ist als Goethes Prosa und die im weiteren Sinn von vornherein politischer ist, sowohl dem fiktionalen Schreiben wie auch poetischer Prosa erklärtermaßen fern. Seumes Entwicklung geht aus der Spätaufklärung direkt über in eine grundsätzlich politische, republikanische – aber aus Gründen der Taktik und dann der Vorsicht gewissermaßen gehemmt republikanische Prosa, welche auf Öffentlichkeit, auf feudalismuskritischen Journalismus, auf historische und staatspolitische Argumentation und auf aphoristische Zuspitzung politischer Erfahrungen und Ereignisse ausgerichtet ist und gerne noch deutlicher ausgerichtet wäre, ließen die Verhältnisse dies zu. Daher spielt übrigens auch in der Selbsteinschätzung Seumes seine eigene Lyrik eine ganz untergeordnete Rolle, sie wird von ihm, angesichts seines intendierten politischen Ernstes, wie ein Hobby oder gar ein Laster betrachtet. Dennoch lohnte ein genauerer Blick auf Seumes Lyrik zumindest deshalb, weil sie doch eine große Menge Details biographischer Art und gewisse konstante Denkfiguren verrät.

Berührung mit den beiden vorgenannten Feldern bzw. Aspekten von Seumes Beziehung zu Weimar hat auch die durchgängige Haltung Seumes zum Adel. Seumes Herkunft aus dem Bauerntum bzw. dem kleinen, später verarmenden Vorstadtbürgertum machte ihn angewiesen auf adelige Unterstützung bei Schul- und Universitätsbesuch und auch beim Versuch, in den 1790er Jahren ein Fortkommen und Auskommen beim Militär zu finden. Seine Feudalismuskritik bzw. sein antifeudales Ressentiment muß er quasi zurückdämmen, aber es bricht immer wieder hervor, auch wenn er sich in manchen Fällen dann wieder recht naiv verehrend einzelnen Adeligen gegenüber verhält, vom Grafen Knauthain-Hohenthal über die Familie Igelström bis zur Fürstin Anna Amalia und später Elisa von der Recke – die Beispiele ließen sich vermehren dafür, daß Seume grundsätzlich – sozusagen unter moralischen und staatsphilosophischen Aspekten – ganz feudalismuskritisch eingestellt, aber dauernd auf die Hilfe, die Protektion und die Betreuung durch Adelige bzw. adelige Helferinnen angewiesen war. Das dürfte auch seine Einstellung zum Phänomen Weimar als dem Ort einer versuchten adelig-bürgerlichen Verschmelzung bzw. eines Kompromisses im Namen der Kultur beeinflußt haben, wobei er aber zu abhängig und außerdem von Zensur bedroht war, als er politisch sich immer dezidierter zu äußern gedachte, nämlich sowohl feudalismuskritisch und vor allem auch preußenkritisch wie aber zugleich auch napoleonkritisch.

Es ist vielleicht deutlich geworden, daß an die Konstellation *Seume und Weimar* eine große Zahl von Fragen sich anschließen läßt, die zu erörtern über die hier abgedruckten Beiträge der Konferenz in Oßmannstedt hinaus lohnenswert wäre.

Georg Meyer-Thurow

Über Dichtung und Wahrheit in Seumes Lebensbericht

An Beispielen aus Seumes hessischer Rekrutenzeit. Nebst einem Anhang.

Seumes hessische Rekrutenzeit hat in seinem Werk reichlich Niederschlag gefunden. Sein schriftstellerisches Erstlingswerk das *Schreiben aus America* ist ihr gewidmet, Zeit seines Lebens ist er in Gedichten und Reisebeschreibungen darauf zurückgekommen und in seiner posthum veröffentlichten Autobiographie nimmt sie noch einmal breiten Raum ein. Kritische Auseinandersetzungen mit Seumes erinnerter Rekrutenzeit gibt es nicht minder häufig. Vor allem in Hessen sind seine Ausführungen auf wenig Gegenliebe gestoßen, wie dem Aufschrei gequälter hessischer Seelen aus dem Jahr 1907 unschwer zu entnehmen ist: „Des Dichters Seume Selbstbiographie", hieß es damals,

> ist also als Wahrheit und Dichtung aufzufassen, und wo durch ihn und besonders durch ihn über die hessische Geschichte, die hessische Volks- und Fürstenehre so viel üble Nachrede gebracht worden ist und sie zu Hessens Schande immer noch verbreitet wird, kann uns Hessen niemand verdenken, wenn wir gegen Seume und seine Verherrlichung die [...] Tatsachen ins Felde führen.[1]

Der folgende Versuch, in Seumes erzählten Geschichten von seinem Leben nach Dichtung und Wahrheit zu scheiden und auf diese Weise die „Tatsachen" herauszupräparieren, ist also nicht mehr ganz neu. Der hessische Literaturwissenschaftler Wilhelm Schoofs hatte sich schon 1899 unter dem Titel: *Seume's Beziehungen zu Hessen* damit beschäftigt[2], 1910 hat sich der Generalmajor Eisentraut, zu der Zeit Vorsitzender des „Vereins für hessische Geschichte und Landeskunde", daran aufs Neue versucht[3] und vor kurzem

1 Der Vorstand des Vereins für hessische Geschichte und Landeskunde: Ein Denkmal für eine Geschichtslüge! In: Mitteilungen an die Mitglieder des Vereins für hessische Geschichte und Landeskunde (im folgenden = MHG), Jg. 1906/07, Kassel 1907, S. 129-38, S. 134.

2 In: Hessenland 13 (1899), S. 54f., 69-71 u. 96-99.

3 Johann Gottfried Seumes Rekrutenzeit 1781/83. In: Hessenland 24 (1910), S. 57-59, 89-91, 107-09 u. 122-24.

hat sich noch einmal die Marburger Historikerin und Archivarin Inge Auerbach des Themas angenommen. *Seume und die Hessen. Seume als Militär und sein gesellschaftliches Umfeld im Unabhängigkeitskrieg* lautet der Titel ihres Beitrags, der 2004 in dem von Jörg Drews herausgegebenen Sammelband *Seume: ‚Der Mann selbst' und seine ‚Hyperkritiker'* erschienen ist.[4]

Ein scheinbar abgearbeitetes Thema noch einmal aufzugreifen, bedarf der Rechtfertigung. Die Begründung fällt jedoch nicht sonderlich schwer. Den Anstoß lieferte Inge Auerbachs Beitrag selber. Denn obwohl ausgewiesene Expertin für die Geschichte der Hessen im amerikanischen Unabhängigkeitskrieg[5], hat Inge Auerbach ihre Auseinandersetzung mit den Texten Seumes auf nur wenig professionelle Weise geführt. Ihr Beitrag ist zuweilen unglaublich uninformiert. Die wichtigste Literatur zum Thema hat sie nicht zur Kenntnis genommen, das ihr in Marburg bequem zur Verfügung stehende Quellenmaterial hat sie nur unzureichend herangezogen. Eine ganze Reihe ihrer Behauptungen und Thesen bedarf dringend der Korrektur. Deren anstandslose Veröffentlichung verrät ungewollt, wie mangelhaft der Kenntnisstand der biographischen Seumeforschung heutzutage noch ist. Grund genug, die Frage nach Dichtung und Wahrheit in Seumes Lebensbericht an Beispielen aus Seumes hessischer Rekrutenzeit noch einmal zu stellen.

Die folgenden Ausführungen basieren auf Recherchen im Staatsarchiv Marburg und im Staatsarchiv Bückeburg, wo der Nachlaß von Karl von Münchhausen verwahrt wird. Ergänzend konnten Aufzeichnungen von zeitgenössischen Wegbegleitern Seumes herangezogen werden, die seit langem gedruckt vorliegen, aber gleichsam erst wieder neu entdeckt werden mussten. Es handelt sich zum einen um die 1789/90 im *Journal von und für Deutschland* in drei Folgen veröffentlichten *Briefe eines braunschweigischen Officiers aus Amerika an einen Freund in Deutschland*, deren Verfasser, der Kapitän Heinrich Urban Cleve, ausführlich von der Überfahrt nach Halifax 1782 und seinem dortigen Aufenthalt Bericht erstattet[6]; zum anderen

4 Bielefeld: Aisthesis, S. 139-79.

5 Vgl. Inge Auerbach: Die Hessen in Amerika: 1776-1783. Darmstadt: Selbstverlag der Hessischen Historischen Kommission 1996; als Mitherausgeberin war Inge Auerbach auch an der Veröffentlichung der seit 1972 in mehreren Bänden erschienenen Namensindizes der „Hessischen Truppen im amerikanischen Unabhängigkeitskrieg" (= HETRINA) beteiligt.

6 In: Journal von und für Deutschland 6 (1789), 11. Stck., S. 445-50 (hier unter dem ergänzten Titel: „Auszug einiger Briefe"), 7 (1790), 1. Stck., S. 38-45 und 11. Stck., S. 474-78.

um das 1910 an ebenso abgelegener Stelle, den *Mitteilungen des Vereins für Hessische Geschichte und Landeskunde*, publizierte Tagebuch des hessischen Kriegskommissarius Erasmus Harnier, der 1782 den hessischen Rekrutentransport nach Halifax begleitet hatte.[7]

Die eigenen Archivarbeiten sind noch nicht abgeschlossen, sie wären auch im Public Record Office London und in Halifax noch fortzusetzen. Die folgenden Ausführungen sind deshalb nicht mehr als ein erster Zwischenbericht aus laufender Forschungsarbeit. Dieser Bericht konzentriert sich mit Rücksicht auf den Stand der Archivauswertungen auf drei Episoden aus Seumes hessischer Rekrutenzeit: 1. Seumes Eintritt in das hessische Militär, 2. das Komplott zur Befreiung der Rekruten in Ziegenhain und 3. die Überfahrt der Rekruten von Bremerlehe nach Halifax. Den Abschluß werden ein paar knappe Überlegungen bilden zu den Konsequenzen, die aus der Analyse der hier ausgewählten Lebensausschnitte Seumes zu ziehen sein werden. Genug der Vorrede, mitten hinein in Seumes Leben:

1. Der Eintritt ins hessische Militär.

Die Umstände, unter denen Seume als Rekrut ins hessische Militär geriet, werden sich, sofern nicht noch Aufzeichnungen von Augenzeugen auftauchen, nicht mehr genauer klären lassen. Seume selber hat keinen Zweifel daran gelassen, daß die Hessen, so in seinem *Schreiben aus America* von 1789, „mich unter ihr Gewehr zwangen".[8] In Hessen wurde dieser Darstellung seit jeher widersprochen, nicht immer mit tauglichen Argumenten.

Mir ist, erinnerte sich Karl von Münchhausen in seinem 1822 verfaßten *Rückblick auf verlebte Tage* an den Rekrutentransport aus dem Jahr 1782, von Zwangsrekrutierungen „nicht ein einzig Beyspiel unter 1000 Rekruten" bekannt geworden und zog daraus den nicht unbedingt logischen Schluß:

---

7 Unter dem Titel: „Eine hessische Argonautenfahrt im Jahre 1782. Anspruchslos erzählt von einer Landratte", in: MHG Jg. 1909/10, Kassel 1910, S. 151-70 mit einer Einleitung: „Die Überfahrt des letzten hessischen Rekrutentransports nach Amerika. 1782.", in: ebd., S. 147-50.

8 Zit. nach der Ausgabe in: Johann Gottfried Seume: Werke in 2 Bdn. Hrsg. von Jörg Drews. Frankfurt/M.: Deutscher Klassiker Verlag 1993, Bd. 2, S. 365-80. Zitat: S. 375.

„gewaltsam haben die Hessen nie geworben, wer es auch sagen mag".[9] Ähnlich blauäugig argumentierte zu Anfang des 20. Jahrhunderts der Vorstand des Vereins für hessische Geschichte und Landeskunde, der aus dem landesherrlichen Verbot von Zwangsrekrutierungen aus dem Jahr 1762 folgerte, daß „jede ‚gewaltsame Werbung' völlig ausgeschlossen" war.[10] Das Vertrauen in die Gesetzestreue der Hessen in allen Ehren, doch dieses Urteil zeugt weder von Realitätssinn noch von Geschichtskenntnis.

Ein noch originelleres Argument hat sich schließlich Inge Auerbach einfallen lassen. Sie bedient sich der allgemein geteilten Annahmen über die Körpergröße Seumes. Dieser gilt weithin als kleiner Mann, wenn nicht sogar, wie noch in dem 1993 erschienenen ersten Band der Werkausgabe Seumes zu lesen, von „Kleinwüchsigkeit" die Rede ist.[11] Seume, befand Auerbach folglich, entsprach „ganz und gar nicht den Anforderungen an Größe", die an einen „normalen Rekruten" gestellt wurden und war „als Soldat nur unter Einschränkungen, höchstens als Mitglied der Schreibstube" verwendbar. Daß ein solcher Mann, der, wie sie schreibt, „nur etwa 1,50 m klein" war, zum Militärdienst gepreßt worden sein sollte, schien ihr wenig einleuchtend.[12] Da hätte Inge Auerbach wohl recht, wenn ihre Angaben denn richtig wären. Aber woher weiß sie eigentlich, Seumes Körpergröße so zentimetergenau anzugeben?

Inge Auerbach zitiert einen Beitrag von Hugo Dittberner aus dem Jahr 1995, in dem in der Tat zu lesen steht, daß Seume „klein, sehr klein war" und „1,50 Meter, gut 1,50" gemessen habe.[13] Woher Dittberners Informationen wiederum stammen, bleibt völlig unerfindlich. Dittberner verzichtet auf Belege. Er hat offenkundig bloß geraten – mit weitreichenden Folgen übrigens, denn noch Eberhard Zänker scheint sich in seiner kürzlich erschienen Biographie Seumes auf Dittberner zu berufen, wenn er konstatiert, daß

9 Zuletzt abgedr. in: Johann Gottfried Seume. Ein politischer Schriftsteller der Spätaufklärung. Hrsg. von Jörg Drews. Bielefeld: Jochen Granier, 1989, S. 24-34. Zitat: S. 33.

10 MHG Jg. 1906/07 (wie Anm. 1), S. 133.

11 Seume: Werke (wie Anm. 8), Bd. 1, S. 785 im Anschluß an Seumes Selbstdarstellung in seiner Autobiographie.

12 Vgl. Auerbach: Seume (wie Anm. 4), S. 143f. Die Zitate: ebd.

13 Hugo Dittberner: Der Roman seiner Selbständigkeit. Über Seume. In: Text und Kritik, Hft. 126, 1995, S. 3-14. Zitat: S. 4.

Seume „etwa 1,50 bis 1,55 m groß gewesen sein“ soll.[14] Bleibt die Frage, wie klein oder groß Seume tatsächlich war.

Die Antwort findet sich in den Akten des Staatsarchivs Marburg. Wie alle in Ziegenhain eintreffenden Rekruten ist auch Seume vermessen worden. Das Ergebnis der Messung ist in einer überlieferten Monatsliste des Regiments Erbprinz festgehalten.[15] Dort verzeichnet ist ein kurioserweise anglisierter „George Seime“ – unter Tausenden namentlich bekannten hessischen Rekruten, die nach Amerika geschickt worden waren, übrigens der einzige namens Seime/Seume.

Dieser „George Seime“, steht zu lesen, ist 18 Jahre alt, womit Seumes Alter beim Eintritt ins hessische Militär korrekt wiedergegeben worden ist. Er sei „bürtig aus Krautkleberg in Sachsen“, ein verständliches Mißverständnis, denn das wohl gemeinte Knautkleeberg in Sachsen ist bekanntermaßen nicht der Geburtsort Seumes sondern der Ort, in dem sich die Familie Seume (vermutlich im Jahr 1771) niedergelassen hatte und seither als einzige Familie dieses Namens ununterbrochen lebte. So sprechen alle Indizien, nicht zuletzt auch der angegebene Tag des Eintritts ins hessische Militär[16] und die bekannte Zugehörigkeit Seumes zum Regiment Erbprinz, dafür, anzunehmen, daß es Johann Gottfried Seume war, der in den Monatslisten dieses Regiments als „George Seime“ geführt worden ist. Die Beweislage scheint eindeutig.

Die gemessene Körpergröße dieses „George“ alias Johann Gottfried Seume betrug „5 Fuß 2 zoll 2 strich“, das sind nach dem in Hessen üblicherweise verwendeten „Preußischen Maß“ knapp 163 cm. Seume war also 1,63 m groß oder, wenn bei der Messung nicht alles mit rechten Dingen zugegangen sein sollte, allenfalls eine Stiefelsohlenhöhe kleiner.[17]

---

14 Eberhard Zänker: Johann Gottfried Seume. Eine Biographie. Leipzig: Faber&Faber 2005, S. 54. Auch Zänker bleibt für diese Behauptung jeden Beleg schuldig.

15 Hessisches Staatsarchiv Marburg (im folgenden = StA Marburg) 15 Nr. 15: Monatliche Listen des Erbprinz Rgt., Bl. 4: Februar 1783. Zugangen Ausländer. Major Waldenberg, mit allen im folgenden zu Seume zitierten Angaben.

16 Dazu gleich unten.

17 Wie aus einem Schreiben des Landgrafen Friedrich II. von Hessen-Kassel an den Gouverneur der Festung Ziegenhain, den General-Leutnant Johann Heinrich von Gohr, vom 13. April 1782 hervorgeht, sah sich der Landgraf genötigt, um bei der Werbung „alle etwa anwendende Mittel eines Betrugs in Ansehung der angebl. Grösse der Recruten zu benehmen“ den Befehl zu erteilen, „daß

Im Vergleich zu den Idealmaßen, die für hessische Rekruten galten, war Seume in der Tat klein. Von den Ausländern, die in den Jahren 1783 bzw. 1784 als Rekruten aus Amerika zurückkehrten, sollten z.B. nur die in die hessische Armee übernommen werden, die mindestens 5 Fuß 5 Zoll, das sind etwa 1, 70 m, bzw. 5 Fuß 4 Zoll, das sind etwa 1, 67 m, groß waren.[18] Seume hätte in beiden Fällen den Ansprüchen nicht genügt. Auf der Suche nach Rekruten für Amerika in den Jahren zuvor waren die Anforderungen allerdings erheblich geringer ausgefallen. In einem Schreiben des hessischen Landgrafen an den Gouverneur der Festung Ziegenhain vom 28. April 1781 verkündete dieser seinen Entschluß, „daß auch junge ausländische Purschen von 5 Fuß groß, wenn solche nicht über 20 Jahr alt sind, [...] zu americanischen Recruten angenommen" werden sollten.[19] Diesen Anforderungen war Seume problemlos gewachsen. Er lag 2 Zoll 2 Strich darüber.

Unter den hessischen Rekruten, die sich mit Seume in Halifax aufhielten, zählte Seume folglich auch nicht zu den kleinsten, wie er selber im „Schreiben aus America" stolz vermerkt hatte.[20] Im Gegenteil: unter den 26 Rekruten, die dem Major Waldenberg im Regiment Erbprinz zugelost worden waren, waren nur 6 größer, aber 18 kleiner als Seume, der kleinste übrigens 4 Fuß 10 Zoll, das sind knapp 1, 52 m.[21] So spricht alles dafür, daß die steckbriefähnliche Beschreibung Seumes, die anläßlich seines Verschwindens aus Leipzig veröffentlicht wurde, ein realistisches Bild seiner Person gezeichnet

selbige von jetzo an jedesmalen in blossen Füssen gemessen werden sollen". Stiefel und Schuh sollten also die Rekruten nicht größer erscheinen lassen, als sie tatsächlich waren. StA Marburg 4 h 3143, Bd. 1, Bl. 102R. Gohr übrigens wies den Vorwurf, es könne bei den Messungen nicht mit rechten Dingen zugegangen sein, entschieden zurück. Siehe seine Replik vom 14. April 1782 in: ebd., Bl. 104. Vgl. zum Thema ergänzend meinen in der Nr. 22 der „Obolen. Mitteilungen der Johann-Gottfried-Seume-Gesellschaft zu Leipzig e.V." (= 11. Jg. [2010], Nr. 1) erschienenen Beitrag: „Kleiner Mann – wie groß?" Überfällige Anmerkungen zu Seumes Statur".

18 Die entsprechenden Angaben in: StA Marburg 4 h 3793, Bl. 7R und 4 h 3144, Bl. 10.

19 StA Marburg 4 h 4295, Bd. 1, Bl. 44.

20 Seume: Schreiben (wie Anm. 8), S. 377.

21 Errechnet nach den Angaben, die sich in der Aufstellung der Rekrutenzugänge vom Februar 1783 finden, vgl. dazu Anm. 15.

hat. Seume sei, hatte es dort geheißen, „mittler[er] Statur".[22] Kein Grund also ihn, wie es Inge Auerbach tut, seiner Körpergröße wegen für den hessischen Militärdienst für untauglich zu halten.

So läßt sich manches Argument ausräumen, das gegen Seumes Schilderung seiner Überwältigung durch hessische Werber vorgebracht worden ist. Die Zweifel an Seumes Darstellung bleiben dennoch bestehen. Woran liegt es? Auf drei mehr oder weniger bekannte Gründe sei hier kurz verwiesen.

Erstens ist Seumes Bericht merkwürdig lückenhaft, wie schon Planer und Reißmann aufgefallen war: „Die näheren Umstände dabei", schrieben sie, „verschweigt Seume in seiner Selbstbiographie".[23] So ist nichts zu erfahren über Namen und Rang des Werbers. Ob Seume eine schriftliche sog. „Kapitulation" unterzeichnet hat, für wie lange er sich verpflichtet hat, wie hoch das vereinbarte Handgeld war, verrät er nicht. Über die Aufnahmeprozedur, die alle Rekruten in Ziegenhain durchlaufen mußten, verliert er kein Wort. Das alles läßt Seume womöglich bewußt im Dunkeln.

Zweitens ist Seumes Schilderung auffällig einseitig. Die hessische Rekrutierungspraxis schildert er in den schwärzesten Farben: Niemand, heißt es bei ihm an häufig zitierter Stelle,

> war damals vor den Handlangern des Seelenverkäufers sicher; Überredung, List, Betrug, Gewalt, alles galt. Man fragte nicht nach den Mitteln zum Zwecke. Fremde aller Art wurden angehalten, eingesteckt, fortgeschickt.[24]

Dabei unterschlägt Seume wohlweislich alle Maßnahmen, die in Hessen zum Schutz angehender Rekruten vor gewaltsamer Werbung ergriffen worden waren.

Über das oben bereits erwähnte geltende Verbot gewaltsamer Werbungen schweigt sich Seume aus. Von der Rechtspraxis, von Werbeoffizieren, die gewaltsamer Werbung angeklagt, in Arrest genommen und verurteilt wurden, will Seume nichts wissen oder gewußt haben.[25] Von der zur Verhü-

---

22 Zitiert nach: Oskar Planer und Camillo Reißmann: Johann Gottfried Seume. Geschichte seines Lebens und seiner Schriften. Leipzig: Göschen 1898, S. 22.

23 Ebd.

24 Johann Gottfried Seume: Mein Leben. Zit. nach der Ausgabe in: Seume, Werke (wie Anm. 8), Bd. 1, S. 63.

25 Vgl. den in den Akten ausführlich dokumentierten Fall des Leutnants Noetzel aus dem Jahr 1779: „Acta Die Beschwerden der Regierung zu Eisenach über den Lieutenant Netzell und seine Werbe-Exzesse betr.", in: StA Marburg 15 Nr. 385

tung von Zwangsrekrutierungen eingeführten Befragung aller in Ziegenhain eintreffenden Rekruten ist bei Seume keine Rede, obwohl auch er diesem Verhör unterzogen worden sein dürfte.

Für jeden dieser Rekruten wurde ein sog. „Examinations-Protocoll" angelegt, bei dem die folgenden Fragen zu beantworten waren:

> Wann und von wem angeworben – Wieviel Handgeld ihm vorher versprochen oder baar erhalten – Ob er sich freywillig engagirt habe – Ob er an dem Werber noch etwas zu fordern oder sonst über etwas sich zu beschweren habe.[26]

Klagen Seumes über ihm angetane Gewalt, die er bei Ankunft in der Festung Ziegenhain geäußert haben könnte, haben in den Akten keinen Niederschlag gefunden. Zu Widerspruch oder zu Beschwerden sah Seume damals, Anfang Juli 1781, offenkundig keinen Grund.

Drittens schließlich scheint Seumes spätere Behauptung, gegen seinen Willen zum hessischen Militärdienst gepreßt worden zu sein, von durchaus eigennützigen Interessen diktiert gewesen zu sein: Zum einen konnte er seine eigenen militärischen Ambitionen, nämlich die über die praktische Bewährung als Soldat angestrebte Offizierskarriere, dahinter verbergen; zum anderen hatte er sich damit auf elegante Weise des Zwangs entledigt, sich für seinen Dienst als Söldner der britischen Kolonialmacht gegen die Freiheits- und Unabhängigkeitsbestrebungen der entstehenden Vereinigten Staaten rechtfertigen zu müssen.

Darüber hinaus ist schließlich auch denkbar, daß sich Seume auf diese Weise vor Sanktionen zu schützen suchte, die ihm in der sächsischen Heimat hätten drohen können, wenn bekannt geworden wäre, daß er sich aus eigenem Antrieb in hessischen Militärdienst begeben hatte. Denn das sächsische Kriegsrecht untersagte den „hiesigen Vasallen und Unterthanen" ausdrücklich, „in fremde Kriegsdienste ohne Vorbewust des Landesherrn" zu treten und drohte bei Zuwiderhandeln mit dem „Verlust derer Lehn und Güther".[27]

---

und das Schreiben des Landgrafen Friedrich Ludwig an den Kommandanten der Festung Ziegenhain, den Obersten Leopold, vom 30. März 1779 in Reaktion auf diesen Fall (ebd.).

26 StA Marburg 4 h 4295, Bd. 1, Bl. 40: Examinations-Protocolli bey Annahme der Recrouten, wie solche auf höchst gnädigen Befehl Vorgeschrieben ist, 5. Apr. 1781.

27 Vgl. Gottfried Schmieder: Chur-Sächsisches Kriegs-Recht sammt dem Verfahren vor dessen Kriegs-Gerichten, Bd. 1, Dresden: Waltherische Hof-Buchhandlung

So mag es Seume ratsamer erschienen sein, sich selbst als gepreßten Rekruten zu präsentieren. Was Seume widerfahren war, galt in der Folge den mit ihm sympathisierenden Zeitgenossen und Nachlebenden als widriges Schicksal, das Seume wider eigenen Willen erleiden mußte.

Aber dürfen wir nicht mit allem Recht annehmen, daß Seumes Eintritt in das hessische Miltär freiwilliger erfolgte, als er später zuzugeben bereit war – gleichgültig ob er bei der Begegnung mit hessischen Werbern eine sich ihm unvermutet bietende Gelegenheit ergriff oder ob er schon in Leipzig den hessischen Militärdienst ins Auge gefasst hatte? Wenigstens verlor er vom Aufbruch in Leipzig Ende Juni 1781 bis zum Eintritt ins hessische Militär nicht viel Zeit. Als Tag seines Dienstantritts gilt Mittwoch, der 4. Juli 1781.

Themenwechsel: von den Rekruten, die für ein Handgeld nach Ziegenhain kamen, zu den Rekruten, die um jeden Preis aus der Festung Ziegenhain hinauswollten.

2. Das Komplott zur Befreiung der Rekruten in Ziegenhain.

Im *Schreiben aus America* wie in *Mein Leben* hat Seume die Vorbereitungen zu einem Ausbruch der Rekruten aus der Festung Ziegenhain im November 1781 ausführlich geschildert. Die ihm angebotene Führungsrolle in diesem „Komplott" habe er auf Anraten eines altgedienten preußischen Soldaten abgelehnt. Der Ausbruchsplan sei, wie ihm prophezeit, verraten und der Ausbruchsversuch im Keim erstickt worden. Er endete mit blutigen Strafen für die Rädelsführer der Meuterei. Er selber, Seume, sei nur knapp mit der sprichwörtlich ‚heilen Haut' davongekommen.[28]

Dieser Schilderung Seumes hat Inge Auerbach sehr entschieden widersprochen. Von diesem Fluchtversuch, behauptet sie, findet sich „überhaupt nichts in den – allerdings lückenhaften – Akten" und ergänzt: „Es spricht manches [...] dafür, daß Seume den Zwischenfall frei erfunden hat." Der

1768, S. 127f., wo es im § 35 der ersten Abteilung des zweiten Buches heißt: „Wie denn überhaupt die hiesigen Vasallen und Unterthanen in fremde Kriegsdienste ohne Vorbewust des Landesherrn, bey Verlust derer Lehn und Güther, nicht treten sollen, und dieserhalb auch hiesige in fremden Diensten stehende Vasallen avociret werden."

28 Seume: Schreiben (wie Anm. 8), S. 366f. und Seume: Mein Leben (wie Anm. 24), S. 64-66.

Rekrutenaufstand in Ziegenhain, bekräftigt sie an anderer Stelle noch einmal, sei vermutlich „reine literarische Fiktion".[29] Das ist leider alles, um mit Frau Auerbach zu reden, „frei erfunden".

Ein Blick in ein Standardwerk zum Thema, in Ernst Kippings 1964/65 publizierte Bonner Dissertation: *Nordamerika im Urteil der Truppen von Hessen-Kassel 1776-1783* hätte genügt, um Frau Auerbach über ihre Irrtümer aufzuklären.[30] Mit ein wenig Literaturrecherche hätte sie dann vermutlich auch Erich Kaisers 1977 veröffentlichten knappen Beitrag über *Rebellion im Rekrutendepot Ziegenhain. Aufsässiger Nachschub für die hessischen Amerikaregimenter 1775-84* entdeckt[31], in dem die wichtigsten überlieferten Quellen zum Thema verzeichnet sind: Der *Extract aus dem Ziegenhainer Gouvernements Journal vom 21. biß den 25. Novembr. 1781* und die diesbezügliche Korrespondenz zwischen dem Ziegenhainer Gouverneur, dem General-Leutnant von Gohr, und dem hessischen Landgrafen.[32]

Auf der Basis dieses Archivmaterials, so unvollständig es ist, da der eigentliche Untersuchungs- und Prozeßbericht mit den gesamten Akten des Kasseler Kriegskollegiums abhanden gekommen zu sein scheint, ist Seumes Darstellung erstmals im Detail zu befragen. Worin also unterscheidet sich Seumes Bericht von den in den Quellen festgehaltenen Sachverhalten. Vier Punkte seien hervorgehoben:

Erstens erweist sich Seumes Angabe über die Zahl der in der Festung befindlichen Rekruten, die schon von Kaiser u.a. bezweifelt worden ist[33], als maßlos übertrieben. Statt der von Seume genannten „funfzehn hundert Mann", die es galt „auf die Freiheit zu führen"[34], betrug die Zahl der Rekruten, die sich in Ziegenhain zur Zeit des Ausbruchsversuchs aufhielten, wie dem Schreiben des Ziegenhainer Gouverneurs vom 25. November 1781 zu entnehmen, „401 Mann"[35] – was, nebenbei gesagt, die Frage aufwirft, ob es

29 Auerbach: Seume (wie Anm. 4), S. 155f. und S. 178.

30 Als Dissertationsteildruck 1964 erschienen. Vgl. ebd., S. 43. Ein Jahr später veröffentlicht unter dem Titel: „Die Truppen von Hessen-Kassel im amerikanischen Unabhängigkeitskrieg 1776-1783. Darmstadt: Wehr und Wissen 1965.

31 In: Schwälmer Jahrbuch 1977, S. 20-26.

32 Diese Zeugnisse finden sich in: StA Marburg 4 h 4295, Bd. 2 und 4 h 3143, Bd. 1.

33 Kaiser: Rebellion (wie Anm. 31), S. 21.

34 Seume: Mein Leben (wie Anm. 24), S. 64; vgl. Seume: Schreiben (wie Anm. 8), S. 366.

35 StA Marburg 4 h 4295, Bd. 2, Bl. 110.

für die von Seume genannten 1500 Mann ein historisches oder literarisches Vorbild geben könnte.

Zweitens präsentiert Seume nur eine auf die Essenz verdichtete Kurzversion des Konflikts, die von dem tatsächlichen Ablauf des Geschehens merklich abweicht. Die Rekruten, so Seume, hätten längere Zeit Pläne für einen Ausbruch aus der Festung geschmiedet:

> Alle Anstalten zum Ausbruch waren getroffen [...]. Man wollte um Mitternacht auf ein Zeichen ausziehen, der Wache stürmend die Gewehre wegnehmen, was sich widersetzte niederstechen, das Zeughaus erbrechen, die Kanonen vernageln, das Gouvernementshaus verriegeln und zum Tore hinaus marschieren.

Diese Pläne seien jedoch verraten worden, die sofort ergriffenen Gegenmaßnahmen hätten das Vorhaben vereitelt, die verantwortlichen Rekruten seien am gleichen Tage noch in den Arrest gewandert.[36] Die Quellen erzählen eine längere, wendungsreichere und abenteuerlichere Geschichte.

Von den Absichten der Rekruten,

> die nächstfolgende Nacht, praecis um 1 Uhr, auf daß Signal herauß, ihre Unter Officiers von der Inspection zu binden, aller Wachten sich zu bemächtigen, das Thor zu forciren, und, es gehe auch wie es wolle, sich in Freyheit zu setzen,

erfuhren die Verantwortlichen der Festung Ziegenhain am 21. November 1781. Daraufhin wurden die Wachen in der Festung verstärkt, in Alarmbereitschaft versetzt und mit Munition versehen, „jeder Mann mit 6 scharfen Patronen", zudem Kanonen aufgefahren, Patrouillen und Visitationen verdoppelt und befohlen, „daß alle Recrouten praecis abends 9 Uhr außgezogen in ihren Betten" zu liegen hätten, diejenigen aber, „so sich hierunter weigerten so fort in Arrest geschickt" werden sollten.[37] Diese Maßnahmen verhinderten den unmittelbaren Ausbruch. Die, wie der General-Leutnant von Gohr klagte, „böse projecte" der Rekruten aber sollten damit noch nicht aufhören.[38]

Die Rekruten suchten hartnäckig und einfallsreich nach neuen Wegen aus der Festung. „Bey der nächsten Gelegenheit", so hieß es, wollten sie nunmehr

36 Vgl. Seume: Mein Leben (wie Anm. 24), S. 64f. Das Zitat: S. 65.

37 Extract (vgl oben S. 18 und Anm. 32), Bl. 103f.

38 Bericht vom 25. Nov. 1781, in: StA Marburg 4 h 4295, Bd. 2, Bl. 110.

den Versuch unternehmen, „über daß Eiß des zugefrohrenen HauptGrabens zu echapiren"; denen „Unter Officiers von der Inspection, so wie auch denen Recroutenwachten" sollte zur Erleichterung ihres Vorhabens „ein solcher hinreichender Schlaftrunk beygebracht" werden, daß diese „gewiß bey ihrer Entweichung ohnthätig sein" sollten; diejenigen, „welche man als dann nicht eingeschlaffen befinden" würde, hätten, so der neue Plan, „gebunden und außer Stand zu schaden gesetzt" zu werden.

Die überraschte Festungsleitung verfolgte derweil eine Doppelstrategie. Einerseits unternahm sie weiterhin alle Anstrengungen, den befürchteten Ausbruch der Rekruten zu unterbinden, wozu sie nun auch das Eis, das „auf dem HauptGraben über 1/2 Zoll dick gefrohren" war, mit dem „Eiß-Schiff" brechen ließ und dem Bürgermeister Ziegenhains „durch öffentliches Außrufen" bekannt zu machen befahl, daß

> Dielen, Balken, Leitern [...] Fäßer und sonstiges zur Passage über den Hauptgraben zu gebrauchendes Gehöltze, von denen Straßen hinweg in sichere Verwahrung gebracht, die Hausleitern doppelt angeschlossen, und daß Herrschaftliche Magazin unter der Caserne [...] von dergleichen holtzwerk gäntzlich evacuiret werden solle.[39]

Andererseits suchte die Festungsleitung mit Hilfe von kooperierenden Rekruten intensiv nach den Anstiftern der Meuterei. Vier Tage sollte es dauern, bis ausreichende Informationen vorlagen. Am 25. November schließlich regte der Verräter des Komplotts an, daß

> von ihm angezeigte Recruten in Arrest gebracht werden sollten, Er, [...] auch zu gleicher Zeit arretirt und beym Verhör durch Androhungen harter Strafe zum Bekenntniß genöthigt werden möchte, als dann gedächte Er die Rebellen, ebenwohl durch hinreichende Überzeugungen zum Bekenntniß zu bewegen.[40]

So geschah es.

Mit Verhaftung und eingeleitetem Kriegs-Verhör war der Aufstandsversuch dann endgültig zusammengebrochen. Am 28. November meldete der Festungsgouverneur, „daß die durch täglich fortdauernde würksame gegen

---

39 So nach dem „Extract" (vgl oben S. 18 und Anm. 32), Bl. 104-106. Die Zitate: Bl. 106 und 105.

40 Ebd., Bl. 106.

anstalten, nunmehro intimidirt zu sein scheinende Recrouten, seit einigen Tagen ziemlich ruhig sich betragen".[41]

Drittens findet sich in den vorliegenden Unterlagen kein Anhaltspunkt für die Heldenrolle, die Seume nach seinen Angaben in diesem spektakulären Ausbruchsversuch zugedacht war. „Man hatte so viel gutes Zutrauen zu meinen Einsichten und meinem guten Mut", tat Seume in der ihm gelegentlich eigenen Bescheidenheit kund, „daß man mir Leitung und Kommando mit uneingeschränkter Vollmacht übertrug".[42] Weshalb ausgerechnet ein 18jähriger Ex-Student, bar aller militärischen Erfahrung, zum Anführer eines Haufens von, wie der Festungsgouverneur klagte, „mehrentheils grundböse[n] und eben so entreprenante[n] Rekruten"[43] berufen sein sollte, will nicht recht einleuchten.

Weder den Bewachern der Rekruten noch den Verrätern in deren Reihen scheint Seumes Führungsrolle aufgefallen zu sein. Seumes Behauptung, er selber sei einer der ersten gewesen, die in Arrest genommen worden seien[44], ist eindeutig falsch. Der Denunziant, nach Seume ein „Schneider aus Göttingen"[45], war in Wirklichkeit der Jäger-Rekrut Bremer, der im Verlauf der Untersuchung einige willige Helfershelfer finden sollte.[46] Zu den von diesen namentlich angegebenen sieben Rädelsführern der Meuterei, die am 25. November als erste zum Arrest gebracht wurden, zählte Seume nicht. Es handelte sich um die Rekruten Bomblitz und Stendel, Köhler und Dietz, Schaff, Moses und Etting.[47]

Keine Bestätigung findet sich in den vorliegenden Akten viertens für die Strafen, die nach Seume über die Rekruten verhängt worden sein sollen. Noch im Rückblick, Jahre später, berichtet Seume voller Empörung:

> Zwei wurden zum Galgen verurteilt [...]. Die Übrigen mußten in großer Anzahl Gassen laufen, von sechs und dreißig Malen herab bis zu zwölfen. Es

41 Bericht vom 28. Nov. 1781, in: StA Marburg 4 h 4295, Bd. 2, Bl. 119.

42 Seume: Mein Leben (wie Anm. 24), S. 64.

43 Bericht (wie Anm. 38).

44 Seume: Mein Leben (wie Anm. 24), S. 65.

45 Ebd.

46 Vgl. Bericht (wie Anm. 41) und „Extract" (vgl oben S. 18 und Anm. 32), Bl. 106.

47 Ebd., Bl. 107. Auf eine nähere Vorstellung dieser Rekruten, die sich zum Teil wenigstens anhand der Namensindizes der „Hessischen Truppen im amerikanischen Unabhängigkeitskrieg" (= HETRINA) identifizieren lassen, wird hier verzichtet.

> war eine grelle Fleischerei. Die Galgenkandidaten erhielten zwar nach der Todesangst unter dem Instrument Gnade; mußten aber sechs und dreißig Mal Gassen laufen und kamen auf Gnade des Fürsten nach Kassel in die Eisen [...] Mehr als dreißig wurden auf diese Weise grausam gezüchtiget [...].[48]

Die gegen die meuternden Rekruten gefällten Urteile liegen in den durchgesehenen Aktenbeständen nicht vor. Nach den hessischen *Kriegs-Articuln* vom 12. Juli 1780 hätten eigentlich Teilnehmer an Meuterei (Art. 13) und Desertions-Komplotten (Art. 26) mit dem Tode bestraft werden sollen.[49] Das von Seume in drastischer Anschaulichkeit beschriebene Gassenlaufen war in solchen Fällen nicht vorgesehen. Es findet auch keine Erwähnung in den vorliegenden Berichten des General-Leutnants von Gohr an den hessischen Landgrafen.

Aus beiläufigen Bemerkungen Gohrs in dieser Korrespondenz geht nur hervor, daß insgesamt 12 Rekruten „Meuterey halber" zu „Eisen 2ter Classe" bzw. „zu denen Eisen 1ter Classe condemniret" worden seien.[50] Von der Verhängung der Todesstrafe wurde also Abstand genommen, Gassenlaufen scheint hiernach nicht stattgefunden zu haben. Sanktioniert wurde die Meuterei der Rekruten Gohr zufolge mit der schärfsten zur Verfügung stehenden Form der Freiheitsstrafe, der Zwangsarbeit in Eisen.[51]

---

48 Seume: Mein Leben (wie Anm. 24), S. 65f.

49 Neue Kriegs-Articul für die Unterofficiers und gemeine Soldaten von der Infanterie, Cavallerie, Dragoner und Artillerie. Vom 12. Julii 1780, abgedr. in: Sammlung kurhessischer Landes-Ordnungen und Ausschreiben nebst dahingehörigen Erläuterungs- und anderen Rescripten, Resolutionen, Abschieden, gemeinen Bescheiden und dergleichen, Teil 6, Cassel 1790, S. 1004-1010.

50 Berichte vom 24. Febr., 7. März, 7. und 14. April 1782, in: StA Marburg 4 h 3143, Bd. 1, Bl. 71, Bl. 79, Bl. 98 und Bl. 104. Die Angaben in Gohrs Berichten sind nicht ganz eindeutig: am 24. Februar spricht er von „7 Infanterie und 3 Jäger Recrouten, welche Meuterey halber, zu denen Eisen 2. Classe condemniret und nach Cassel abgeschickt worden" seien; am 7. März berichtet er ergänzend von „2 Infanterie Recrouten, welche Meuterey halber, zu denen Eisen 1. Classe condemniret" und nach Kassel abgeliefert worden seien, während er in den Berichten vom 7. und 14. April ausführt, dass die beiden zu Eisen 1. Klasse verurteilten Rekruten Köhler und Dietz „krank" seien und deshalb „allhier [d.h. in Ziegenhain] zurück verbleiben".

51 Vgl. dazu Jörg Bublitz: Die allgemeinen Strafrechtslehren sowie die Entwicklung des Militärstrafrechtes in der Landgrafschaft Hessen anhand der fürst-

Inge Auerbachs Vorwurf, läßt sich ein erstes Resümee ziehen, Seume habe das Komplott der Rekruten in Ziegenhain schlichtweg erfunden, hat sich als haltlos erwiesen. Die vergleichende Analyse von Seumes erzählter Lebensgeschichte und dem verfügbaren Quellenmaterial führt dennoch zu einem für Seume nicht gerade schmeichelhaften Ergebnis. Freundlich formuliert lautet es folgendermaßen: Seumes Lebensbericht ist offenkundig kein um Wahrhaftigkeit, Objektivität und historische Genauigkeit bemühter Tatsachenbericht. Bleibt zu fragen, ob sich dieser Befund verallgemeinern läßt? Zur Kontrolle soll ein kritischer Blick auf eine weitere Episode aus Seumes Leben geworfen werden: Seumes Reise zur See von Bremerlehe nach Halifax.

3. Die Überfahrt der Rekruten von Bremerlehe nach Halifax.

Auch ohne Kenntnis der Akten des Public Record Office, die weitere Auskunft über den Transport der Rekruten auf den englischen Schiffen geben werden, läßt sich Seumes Bericht von der Überfahrt wenigstens punktuell auf seinen Wahrheitsgehalt hin überprüfen. Grundlage hierfür bieten neben den im Staatsarchiv Marburg verwahrten Lageberichten des Kommandeurs der Rekruten, des Obersten Hatzfeld[52], vor allem die beiden oben bereits erwähnten Tagebuchaufzeichnungen bzw. Berichte von Mitreisenden Seumes. Eine im Nachlaß Karl von Münchhausens bislang unentdeckt gebliebene, kurz vor seinem Tode verfaßte Auseinandersetzung mit Seumes Text ergänzt diese Materialien.[53] Die Bilanz vergleichender Lektüre, das sei hier schon vorweg genommen, fällt einigermaßen ernüchternd aus. Da finden sich Passagen, in denen Seume nicht die Wahrheit spricht, in bemerkenswerter Zahl. Ich greife ein paar heraus:

Erstens beschwören Seumes Erläuterungen zur Fahrroute Gefahren herauf, die nicht existierten. „Wir fuhren nicht durch den Kanal und die

---

lich hessischen Landesordnungen und Ausschreiben, iur. Diss. Marburg/Lahn 1970, S. 196ff.

52 Berichte Hatzfelds vom 8. Juni 1782 bis zum 18. Oktober 1783 finden sich in: StA Marburg 4 h 3140. Drei weitere Schreiben Hatzfelds in: StA Marburg 4 h 4324, Bd. 1, Bl. 90 und 107 sowie ebd., Bd. 2, Bl. 1f.

53 Karl Ludwig August Heino von Münchhausen, Wer kennt die Prise,/ Nach 50 Jahren/ Noch zu erfahren/ Betrogen zu seyn! (handschriftliches Manuskript), in: Niedersächsisches Landesarchiv. Staatsarchiv Bückeburg Dep 6 GH A Nr. 740. Der Text wird im Anhang vollständig wiedergegeben.

spanische See", heißt es in *Mein Leben*, „weil damals noch die Franzosen und Spanier dort mit Flotten kreuzten und auf uns lauerten; sondern segelten um die Inseln nördlich an den Orkaden weg."[54] Das ist, wie Seume wohl bekannt gewesen sein dürfte, falsch. Die Transportflotte trennte sich vor der englischen Küste, Seumes Transport segelte nach Norden, die Schiffe mit einem „Theil des für Ost-Indien bestimmten Hannoverischen Freycorps" segelten durch den Kanal.[55] Über die Gründe für die unterschiedliche Routenwahl dürfte in englischen Archiven mehr zu erfahren sein. Furcht vor feindlichen Flotten kann es nicht gewesen sein.

Zweitens sind, wie allgemein bekannt, Seumes Angaben zur Dauer der Überfahrt widersprüchlich. Von „17 Wochen Herumkutschen" spricht er 1789[56]; „wir brachten über einer Fahrt, die sonst gewöhnlich nur vier Wochen dauert, zwei und zwanzig zu", gibt er später an, eine Behauptung, die er in *Mein Leben* zur Bekräftigung gleich mehrfach wiederholt. Hier, ganz ohne ein eingestreutes „wenn ich nicht irre" abgesichert, wird erkenntlich, wie Seume mit kühlem Kalkül den Leser desinformiert.[57] Mit der Rede von der zweiundzwanzigwöchigen Fahrt, „eine ungeheuere Länge", wie Seume betont, verfolgte er gleich mehrere Absichten.

Hiermit konnte er für sich in Anspruch nehmen, eine der „schlimmsten Fahrten" aller hessischen Truppentransporte mitgemacht zu haben; mit der unerwarteten Dauer der Überfahrt konnte er zudem begründen, weshalb die auf See zugeteilten Portionen „noch knapper an Brot und Fleisch und Wasser" ausgefallen waren als im Normalfall vorgesehen; und schließlich gibt ihm die späte Ankunft in Halifax Gelegenheit über das Hundewetter zu klagen, das den Rekruten nach der Anlandung zusetzte, denn, so heißt es mitleidheischend bei Seume, „es war schon spät im Jahr und ein cimmerisches Wetter auf der verdammten Landzunge."[58]

Tatsächlich war Seume mit dem Rekrutentransport nicht ganz so spät im Jahr, nämlich am Abend des 13. August 1782, in Halifax eingetroffen, die Überfahrt hatte nicht ganz zehn Wochen gedauert, nach dem Tagebuch Erasmus Harniers vom 10. Juni 1782 bis zum 13. August. Einen

54 Seume: Mein Leben (wie Anm. 24), S. 76; vgl. Seume: Schreiben (wie Anm. 8), S. 368.

55 [Harnier]: Argonautenfahrt (wie Anm. 7), S. 156.

56 Seume: Schreiben (wie Anm. 8), S. 371.

57 Seume: Mein Leben (wie Anm. 24), S. 76; vgl. ebd., S. 79 und 98. Dort auch das folgende Zitat.

58 Die Zitate: ebd., S. 98, 76 und 81.

Truppentransport, der 22 Wochen unterwegs war, soll es tatsächlich gegeben haben.[59] Seumes Überfahrt hatte nicht einmal die Hälfte dieser Zeit beansprucht.

Drittens wirkt Seumes Schilderung der Überfahrt angesichts des Tagebuchs des Kriegskommissars Harnier, der Schreiben des braunschweigischen Offiziers Cleve und der Erinnerungen Münchhausens in vielen weiteren Details unglaubwürdig. Was Seume über die Zahl der am Transport beteiligten Schiffe zu sagen weiß, wie er über die Unterbringung auf den Schiffen spricht und die Beerdigungsriten auf See schildert, findet in den Zeugnissen seiner Mitreisenden keine Bestätigung. Seume übertreibt, spitzt zu und scheut sich nicht, bedenkenlos zu schwindeln, um die Lebensumstände an Bord der Schiffe möglichst dramatisch, dabei nicht ohne Sinn für Witz und Groteske schildern zu können. Spektakuläres Lesefutter eben, kein Tatsachenbericht. „Hin- und Her-Farth, Zeit, Kost und Stürme, Schiffzahl, unser Bekanntwerden pp. alles war nicht so", urteilte entgeistert Münchhausen im Jahr 1835.[60]

Das gilt nicht zuletzt auch für die ergreifende Darstellung, die Seume vom Tag der Ausschiffung in Halifax gibt, an dem eine von ihm (wem sonst?) „nebst einigen andern" entdeckte „Quelle herrlichen Wassers am Ufer im Sande" erstmals wieder „köstliche Erquickung" gewährte, jedoch unter dem Ansturm der „Hungrigen und Durstigen", die „in Haufen" herbeistürzten, allzu schnell versandete.[61] Diese Darstellung scheint frei erfunden, wenn nicht einer mir unbekannten literarisch-historischen Quelle nacherzählt. Tatsächlich hatten die Rekruten, im Gegensatz zu den Offizieren, nach ihrer Ankunft in Halifax noch eine knappe weitere Woche an Bord der Schiffe zu bleiben. Frisches Wasser und Nahrung dürften ihnen in dieser Zeit nicht vorenthalten worden sein.[62]

59 Vgl. dazu die im „Schwälmer Jahrbuch" von 1971 abgedruckten Tagebuchaufzeichnungen von Valentin Asteroth (S. 176).

60 Münchhausen: Prise (wie Anm. 53), [unpag.] S. 7. Vgl. Seume: Mein Leben (wie Anm. 24), S. 78 (zur Größe der Flotte beim Hintransport), ebd., S. 70f. (zur Unterbringung auf den Schiffen), ebd., S. 74 (zur Verpflegung) und ebd., S. 77 sowie Seume: Schreiben (wie Anm. 8), S. 370 (zu den Seebestattungen) mit den Angaben und Beschreibungen bei [Harnier]: Argonautenfahrt (wie Anm. 7), S. 164 und [Cleve], Briefe (wie Anm. 6), S. 446, 447 und 450.

61 Seume: Mein Leben (wie Anm. 24), S. 80.

62 Vgl. [Harnier]: Argonautenfahrt (wie Anm. 7), S. 168 und [Cleve], Briefe (wie Anm. 6), S. 39.

Das Fazit Münchhausens, in Reimform geschrieben am Ende seines Lebens, im Juli 1835, fällt entsprechend bitter aus. Nun räsonniert er nicht mehr, wie im *Rückblick auf verlebte Tage* allgemein über die Probleme autobiographischen Schreibens, jetzt, wo er Seumes Lebensbericht kennengelernt hat, fällt er auf sieben handschriftlich gefüllten Seiten einer seiner manisch vollgeschriebenen Kladden ein harsches Verdammungsurteil, das er, wie er betont, nur auf das gründete, „was ich mit erlebte und gewiß weiß".[63] Es soll an dieser Stelle in zwei Auszügen zitiert werden. Münchhausen beginnt seine Epistel folgendermaßen:

Da les' ich von einem verloff'nen Studenten,
Sogar von einem der Theologie –,
Verflickt mit Hochmuth zu hundert Procenten –
Die lumpigste Lügen-Biographie.
Der war einst mit Nutz, zu der Menschheit Frommen,
Bey Bodenwerder vorbey gekommen.
Ich, den auchs Geschick vorbey dort schlug,
Ich profitirte noch nicht genug,
Um von den trocknen Soldaten-Zügen
Voll Salbung so mit Anstand zu lügen –.

Und Münchhausen endet so:

Jetzt – nach dem Semis vom Jahrhundert
Les ich die Lüg-Biographie –
Da hab ich fast mich tod gewundert
Ob Hochmuth und Demagogie.

Die Data sämtlich ganz erlogen,
die noch dazu er plump ersann;
So hat er seinen Freund betrogen,
Der war ihm nichts als – Edelmann!![64]

63 Münchhausen: Prise (wie Anm. 53), [unpag] S. 7.

64 Ebd., [unpag] S. 1f. und 7. Münchhausen bezieht sich in der Schlußzeile auf Seumes Lebensbericht, in dem dieser Münchhausen als „Edelmann" abkanzelt: „Die einzige Bedenklichkeit in unserer Freundschaft war, daß Münchhausen ein Edelmann war [...] Unserer Freundschaft stand also der Mangel endlicher Übereinstimmung entgegen". Seume: Mein Leben (wie Anm. 24), S. 96. Es wirft ein merkwürdiges Licht auf Seume, der sein Leben lang sans gêne in Adelskreisen

Soweit der gar nicht altersmilde gestimmte Münchhausen über die, wie er sie auch nannte, „Pseudo-Biographie" Seumes[65] – ein Urteil, das in seiner Schärfe viel verrät über die persönliche Enttäuschung Münchhausens, doch Seumes Lebensbericht nicht wirklich gerecht wird. Schon richtig: das Bemühen um Authentizität, um die Wahrhaftigkeit des Erzählten war es nicht, das Seume die Feder führte. Doch eine bloße Ansammlung plumper Lügen, eine von Bodenwerder inspirierte „Münchhausiade" gar, ist Seumes Autobiographie nun auch nicht. Immer steckt ein mal kleineres, mal größeres Quentchen Wahrheit in seiner Lebensdichtung. Immer wieder findet sich ein geradezu verblüffend genau erinnertes Detail – auch aus Halifax.[66] Zeit für eine kurze Bilanz.

Seume ist, bleibt abschließend festzuhalten, allen emphatischen Wahrheitsbeteuerungen zum Trotz im wahrsten Sinne des Wortes kein Wort zu glauben. Insofern ist Inge Auerbachs These, es handele sich bei Seumes Autobiographie nicht um eine „wahrheitsgetreue Schilderung tatsächlicher Begebenheiten" sondern um „Tendenzliteratur im Gewande von Lebenserinnerungen", um eine „literarische Fiktion", für viele (wenn auch nicht alle) Passagen seines Lebensberichtes zutreffend.[67] Ja, es ist mittlerweile nicht einmal eine überraschende Diagnose mehr, auch wenn vor kurzem noch eine Biographie erscheinen konnte, die sich durch den naiven Glauben an das Wort Seumes in hohem Maße auszeichnet und das Leben Seumes in eben diesem Maße verzeichnet.[68] Die doppelte Aufgabe, Seumes Autobiographie Satz für Satz einer Prüfung zu unterziehen und zugleich herauszufinden, was Seume alles verschweigt und unterschlägt, bleibt immer noch zu erledigen. Hier ist nur einmal mehr ein Anfang dazu gemacht.

---

verkehrte, daß ausgerechnet Münchhausen herhalten muß für ein (nicht einmal sonderlich überzeugendes) Pauschalurteil: „Freiheit und Gerechtigkeit hat bei Edelleuten einen ganz andern Sinn, als uns Philosophie und allgemeine Staatswissenschaft lehrt". Ebd.

65 Münchhausen: Prise (wie Anm. 53), [unpag] S. 7.

66 So weiß Seume nach all den Jahren noch sehr präzise anzugeben, daß er in Halifax bei der Rekrutenverlosung „nebst 25 andern" dem „Regiment Erbprinz zugefallen" war. Seume: Mein Leben (wie Anm. 24), S. 82.

67 Auerbach: Seume (wie Anm. 4), S. 140. Nur ist in ihrem eigenen an Merkwürdigkeiten reichen Beitrag, wie oben gezeigt, Wahrheit und Fiktion auch nicht leicht auseinanderzuhalten.

68 Zänker: Seume (wie Anm. 14).

Zwei Themenkomplexe sollten dann auch mehr Berücksichtigung finden, als es hier geschehen konnte: Ausdrücklicher zu fragen wäre nach den Schreibabsichten, die Seume in seinen autobiographischen Schriften verfolgte, und nach den Erzähltechniken, die er verwendete, um seiner Person die gewünschte Bühne für ihre Auftritte und seiner Lebenserzählung sowohl die angestrebte Originalität als auch die nötige Glaubwürdigkeit verschaffen zu können. Das Lesevergnügen, das Seume dabei bereitet, ist ja nur die eine Seite der Medaille. Nicht minder groß war eine andere Leistung Seumes, die darin bestand, den meisten seiner Leser über fast zwei Jahrhunderte hinweg erfolgreich suggeriert zu haben, daß das in der Autobiographie beschriebene *Mein Leben* tatsächlich sein Leben war.

Anhang

Karl Ludwig August Heino von Münchhausen:

1.
Wer kennt die Prise,
Nach 50 Jahren
Noch zu erfahren
Betrogen zu seyn!

Da les' ich von einem verloff'nen Studenten,
Sogar von einem der Theologie –,
Verflickt mit Hochmuth zu hundert Procenten –
Die lumpigste Lügen-Biographie.
Der war einst mit Nutz, zu der Menschheit Frommen,
Bey Bodenwerder vorbey gekommen.
Ich, den auchs Geschick vorbey dort schlug,
Ich profitirte noch nicht genug,
Um von den trocknen Soldaten-Zügen
Voll Salbung so mit Anstand zu lügen –.
Wir schwammen beyd' in ein anderes Land
Doch keiner mit dem andern bekannt:
Denn, dies bewirkten erst einige Strophen
Von dort gesungenen Threnodihn[69]

69 Threnodien = Klagelieder.

Die dem Verfasser doch Werth verliehen –
Da sucht' ich frisch auf den Philosophen,
Und setzt' ihn auf den poetischen Bock,
Ich schafft' ihm den Bautz-Gefreyten Stock*
Ich war erst Fähnrich und er Gemeiner;
Ich war auch ein Mensch und Er war einer –
Nichts fragt' ich nach seinem zerlumpten Rock
Ich nahm die Collegen für schillernde Motten,
Und ließ sie mein Thun ganz ruhig verspotten.
Der Hessen letzter Rekruten-Transport
War dies, der Abschaum verworfener Horden
Ein Sünden-Conflux[70], mit einem Wort:
Die Tugend gesammter Menschheit zu morden.
Dies Ottern-Geschmeiß kam nicht vom Flecke,
Blieb jeder Rekrut und was er grad war,
Und selbst auf der kieselbeschneyten Ecke[71]
Erschien für Soldaten nicht eine Gefahr.
Es wurd' aus dem Fähndrich kein Lieutenant,
Und keiner der Lumpe ward je Sergeant –
Der Menschenfreund zehrt' an magern Festen,
Doch hielt ich diesen noch für den besten.

2.
Ich trank mit ihm aus einem Becher,
Ich aß mit ihm von einem Brod,
Und theilte mit dem – Lügen-Sprecher –
Was mir das karge Schicksal bot.

Ich mied die Fante[72] meiner Klasse
Und hielt nur zum Rekruten mich,
Der als ein Du** der letzten Klasse
In abgeschabten Lumpen schlich.

70 Konflux oder Konfluenz = Zusammenfluss.
71 Vgl. zum Verständnis Münchhausen: Rückblick (wie Anm. 9), S. 28.
72 Unreife junge Menschen.

Ich nahm ihn auf in meinem Zelte
Ich lud ihn in mein Winter-Haus,
Und wenn der Hund des Mangels bellte,
Da half ich ihm wie Bruder aus.

Auch für der Heimath Wasser-Reise
Besorgt' ich ihm dem Freund sogar,
daß er – beym Vetter*** – gleicherweise
Wie vor bey mir geborgen war.

Der hielt auch am gegeb'nen Worte,
Und that ihm seinen Vorrath auf,
Er schloß bey Bremen ihm die Pforte
Zu seinem weitren Lebenslauf.

Was halfs – er ließ sich wieder angeln –
So wie zu Vach – von Preussen nun:
Wo Demuth und Besinnung mangeln
Was ist für solche noch zu thun?

Beständig feil zum Musquetieren,
Und wenn das Schildern sauer schmeckt,
Viel feiler noch zum Desertieren
Ob da der Theologe steckt??

Nein, bey der Bowl' am Scheide-Mahle
Was war's wol, was er da geweint?
War's Trug, wie bey Graf Hohenthale[73]?
Der's auch so treu als ich gemeynt?

Nichts hat er, nichts von dem gehalten,
Was er beym Scheiden mir versprach:
„Selbst aus der Kaukasusse Spalten
Hallt Ihnen meine Stimme nach."

73 Friedrich Wilhelm Graf von Hohenthal (1742 - 1819), Besitzer u.a. der Rittergüter Knauthain und Lauer (ab 1775), Förderer des jungen Seume.

„Noch aus den Kratern des Vesuves
Und aus des Kaukasusse Schnee
Erschallt das Dank-Rohr meines Rufes,
Ob's wohl mir gehe, oder weh."

Nichts hat er, nichts von dem vollendet,
Was er beym Abschied mir verhieß,
Nicht eine Zeile mir gesendet,
der mich zehn Jahre suchen ließ!

Wie dort er einst davon geloffen,
So lief er auch bey mir davon –
Steht doch die Welt dem Narren offen,
Wie von dem Megaterion[74]!

Wol schien er ein besonderer Knaster,
Ein Bengel just so alt als ich –
Doch bleibt Undankbarkeit ein Laster,
Und fände sie bey Buben sich.

Was erst Erfahrung mir erklärte,
Das war noch da mir unbekannt;
Wie hoch ein Menschen-Schäumchen gährte,
Blieb mir ein unbekanntes Land.

Man wähnt oft im barocken Kopfe
Ein groß Original-Genie,
Und fällt der Deckel von dem Topfe
So kriecht darin nur Maden-Vieh.

Einst schaut' ich immer nur den Dichter,
Und so war auch der Mensch mir werth,
Den Gott aus einem Schwarm Gelichter
Als meine Fylgi'[75] mir beschert.

---

74 Megatherium = ausgestorbenes Riesenfaultier.

75 Fylgja = in der altnordischen Religion der persönliche Schutzgeist eines Menschen.

Doch da nach Jahren mir's gelungen.
Daß ich ihn endlich aufgespürt,
Was hat ich Großes mir errungen?
Ein Markt-Vieh, das zum Trog man führt.

Jetzt – nach dem Semis vom Jahrhundert
Les ich die Lüg-Biographie –
Da hab ich fast mich tod gewundert
Ob Hochmuth und Demagogie.

Die Data sämtlich ganz erlogen,
Die noch dazu er plump ersann;
So hat er seinen Freund betrogen,
Der war ihm nichts als – Edelmann!!

* Er schnitt drauf „plus ultra".

** Da ich ihn Sie nannte, sagt er: es heißt jetzt Du.

*** Auch ein Münchhausen, Hess. Garde-Lieutenant, da der Brüll-Oberst ihn nicht auf mein Schiff gebracht. [Der „Garde-Lieutenant" Münchhausen = Karl Wilhelm Freiherr von Münchhausen (9.8.1762 - 2.12.1792) begleitete die Truppentransporte 1782/83. „Brüll-Oberst" = der Kommandeur der Truppentransporte 1782/83 Maximilian Hatzfeld (19.8.1734 – 19.9.1794). Die Angaben Auerbachs zu diesem Münchhausen (Seume [wie oben Anm. 4], S. 160f. und 168f.) und Hatzfeld (ebd., S. 158f. Anm. 101) sind nicht fehlerfrei.]

Henner Löffler

Unzuverlässige und psychopathische Ich-Erzähler

Kein Mensch hat je behauptet, daß sich Roman und Erzählung vorwiegend mit sympathischen und tugendhaften Protagonisten zu befassen haben. Aber vom fiktiven Erzähler in der ersten Person erwartet der unerfahrene Leser dann doch, daß er zuverlässig, ehrlich und guten Charakters ist und die Dinge so von sich gibt, wie er sie nach bestem Wissen erinnert. Daß den Ich-Erzähler, den man auch Suberzähler nennen könnte, ein unsichtbares Band der Sympathie mit dem Leser verbindet, welcher sich ihm qua Lektüre in die Hand begibt. Und sich mit ihm, Reiz wie Gefahr dieses Romantyps, identifiziert. Eine Identifikation, die, zumindest im jugendlichen Alter, zugleich Flucht ist. Große Leser haben immer mit solchen Motiven begonnen und oft damit ihre Isolierung durch Tröstung noch verstärkt (*Hypothese 1*).

Zu dieser etwas naiven Verständniskomponente mag unseren fiktiven unerfahrenen Leser auch verleiten, daß gerade seine ersten, prägenden Leseerlebnisse von solchen einbödigen Ich-Erzählern geprägt worden sind. Jeder Leser war einmal ein naiver Leser, und gerade dann wird er mit diesem Erzähltyp konfrontiert. Welcher viellesende europäische wie nordamerikanische Jugendliche hat nicht auch *Robinson Crusoe, David Copperfield, Sherlock Holmes, Treasure Island, The Catcher in the Rye* und *Huckleberry Finn* verschlungen, Romane, deren fiktive Erzähler so sind, wie man es am liebsten hätte, und am allerliebsten in diesem Alter. Vielleicht nicht immer besonders klug, aber aufrecht und liebenswert. Ihnen kann man vertrauen, mit ihnen kann, ja muß man leiden, sich freuen, zittern, schlicht sich identifizieren, was in manchen dieser Fälle durch das kongruente Alter zwischen Erzähler und Leser gefördert wird.

Karl May ist der Sonderfall für junge deutsche Leser jedenfalls bisheriger Generationen und der eines solchen Typs von Ich-Erzähler, ein Schwindler nur auf der biographischen Ebene. Die Art, in der sich der Erzähler hier darstellt, kann zu einer hohen Identifikation mit dem Protagonisten beim jugendlichen Leser führen, die bei Allwissenden (oder Autor-)Erzählern, solchen in der dritten Person, wie z.B. denen von *Emil und die Detektive* oder *Harry Potter* nicht geringer sein *muß*, aber oft ist, obwohl gerade die beiden Beispiele eher in die andere Richtung deuten. Dies kann das spätere Apperzeptionsproblem auslösen, wenn Sie mir den hochgestochenen

Ausdruck nachsehen. „Alle Literatur ist Jugendliteratur" hat der im letzten Jahr verstorbene Wolfgang Iser gesagt.[1] Angespielt hat er damit auf eine für unser Thema wichtige *zweite Hypothese*, daß nämlich alle großen Leser die Leseerlebnisse ihrer Jugend zurückholen wollen, wobei die emotionale Reaktion auf die Lektüre eingeschlossen ist.

Dem schließt sich so zwanglos eine *dritte Hypothese* an, wonach alle großen Schriftsteller ihre eigene Jugend zurückholen oder verarbeiten. Dieser Zusammenhang nach Eisbergart (‚sechs Siebtel unter Wasser') geht in Richtung Autobiographie oder autobiographischer Elemente und damit tendenziell eher zur Icherzählung als zur Autorerzählung.

Dann gibt es das weite Feld von Autobiographien und Reiseerzählungen, die natürlich von Wahrheit oder wenigstens dem Willen zu solcher geprägt sind. Oder doch nicht? Auf Autobiographien soll hier gar nicht eingegangen werden, obwohl der hohe entsprechende Anteil von Romanen wie *Die Insel des zweiten Gesichts, Der Ekel, Hunger* oder *Wendekreis des Krebses* evident ist, trotz den auch hier zu findenden charakterlichen Deformationen der Erzähler, frustrierten, antriebsschwachen Misanthropen wie bei Sartre oder zunehmend verwirrten Haltlosen wie bei Hamsun. Und finden sich nicht bei fast allen Icherzählungen autobiographische Elemente? Eine gefährliche Unterstellung, der mit reichlichen Beispielen von Defoe über Hoffmann bis Nabokov begegnet werden kann. Aber auch diese können durchaus in Frage gestellt werden und wir sind nicht klüger als zuvor.[2]

Daß auch Reiseerzählungen Fiktionen sind, mit unzuverlässigen, nicht schwindelfreien Erzählern, ist bei näherem Hinsehen evident, Karl May das erste und oberste Beispiel: Schlicht und einfach alles erfunden. Und *Sternes* resp. *Yoricks empfindsame Reise durch Frankreich und Italien*? Phantasie von „In Frankreich, sagt' ich, verstehen Sie das Ding besser" bis „der Kammerjungfer ihre [...]" mit oder ohne Ergänzung durch Arno Schmidt.[3]

---

1 Jürgen Kaube: Nachruf auf Wolfgang Iser. FAZ, 26.01.2007.

2 Michael Maar hat dies zuletzt für Nabokov getan und überzeugende Hinweise darauf gegeben, daß Humbert Humbert auch in seiner Liebe zu Nymphen nicht frei ist von entsprechenden Neigungen seines Erfinders. Michael Maar: Solus Rex. Die schöne böse Welt des Vladimir Nabokov. Berlin: Berlin 2007, S. 127ff.

3 Arno Schmidt: Alas, Poor Yorick!, in: ders.: Zur Angelsächsischen Literatur. Zürich: Haffmans 1994, Bd. 1, S.17. Die Schmidt'sche Ergänzung lautet: „nämlich CUNT!, mein Herr".

Karl Philipp Moritz' Englandreise und Moritz August von Thümmels *Reise in die mittäglichen Provinzen von Frankreich im Jahr 1785 bis 1786*? Natürlich Romane (Seume hat Thümmels Werk lektoriert, wie wir von Irmgard Egger wissen[4], und kannte sicher auch Moritz und Sterne), was bei Thümmel schon am abweichenden Namen des Ich-Erzählers kenntlich wird und seiner eindeutigen Charakterisierung als neurotischer Hypochonder.

Und dann natürlich Seume selbst, sein *Spaziergang nach Syrakus im Jahre 1802*, auf den hier einzugehen ist, aber den ich als Thema auch bald wieder verlassen werde, um mich ins mehr Allgemeine zu begeben. Ein hochinteressantes Beispiel für das Überschreiten von Grenzen, welches für den Literaturwissenschaftler eigentlich immer wieder faszinierend sich darstellt. Fast zwei Jahrhunderte lang wurde das Buch als sachlicher Reisebericht behandelt, bis es endlich auffiel, daß es sich nicht direkt um einen Bericht handelt, wie er heute im Reiseteil der *FAZ*, vergessen wir Fragen des Umfanges, sich finden könnte. Auf einmal ist von „Selbststilisierung" die Rede[5], von „Inszenierung"[6], „Fragwürdigkeit"[7] oder „Unzuverlässigkeit"[8].

Aber von wem wird hier gehandelt? Wenn wir von einem Reisebericht ausgehen, ist der Vorwurf an Seume gerichtet. Wenn wir seine Bemerkung in der Vorrede zur 2. Auflage („Faktisch waren die Dinge so, wie ich sie erzähle"[9]), auch schon eine verdächtige Bemerkung, ernst nehmen, gilt sie auf den ersten Blick einem – sagen wir einmal lässig – ‚Angeber', der mit dem

---

4 Irmgard Egger: Strategien inszenierter *aisthesis*. Johann Gottfrieds Seumes *Spaziergang nach Syrakus*. In: Jörg Drews (Hg.): Seume. „Der Mann selbst" und seine „Hyperkritiker". Vorträge der Colloquien zu Johann Gottfried Seume in Leipzig und Catania 2002. Bielefeld: Aisthesis 2004, S. 309-322, hier S. 310.

5 Sabine Kyora, „Sich zeigen, wie man ist?" Seumes autobiographische Selbststilisierung. In: Drews (Hg.), Seume, (wie Anm. 4), S. 13-26, hier S.18. Sie fährt fort: „...als Individualist, der aus Freude an der Lektüre ständig antike Autoren mit sich herum trägt".

6 Egger, Strategien (wie Anm. 4), S. 312 und passim.

7 Jörg Drews: Vorwort. In: ders.. (Hg.), Seume (wie Anm. 4), S. 9-11, hier S. 9.

8 Albert Meier: Polemisches Reisen. Über die Unzuverlässigkeit von Johann Gottfries Seumes Beschreibung seiner Reise durch Italien und Frankreich. In: Drews (Hg.), Seume (wie Anm. 4), S. 323-333, Untertitel. Meier spezifiziert, daß man angesichts seiner ständigen Beteuerungen von Wahrheitsliebe und Rechtschaffenheit besonders „auf der Hut sein müsse" (S. 323).

9 Johann Gottfried Seume: Werke in zwei Bänden. Hg. von Jörg Drews. Frankfurt/M.: Deutscher Klassiker Verlag 1993, Bd. 1, S. 164.

Autor identisch ist. Ich begebe mich hier bewusst nicht in die komplexen Gefilde der Narratologie mit ihrem „homodiegetischen Erzähler".[10] Dennoch meine ich, den Erzähler Seumes auch als Sub- oder erfundenen Erzähler betrachten zu dürfen, und dann geht der Vorwurf ebenso am Thema vorbei wie er es bei *Humbert Humbert* täte. Es würde auch niemand *Herrn Geyrenhoff* oder *Kara Ben Nemsi* den Vorwurf unzuverlässigen Erzählens machen, denn diese Art des Erzählens ist ein Kunstgriff. Es bleibt jedoch anzumerken, daß Karl May auch lange versucht hat, der staunenden Öffentlichkeit weis zu machen, seine Romane seien realistische Reiseberichte, sogar mit einigem Erfolg, auch wenn dies angesichts ihres Inhaltes und der lächerlichen Photos in Beduinen- oder Trapperverkleidung heute kaum nachzuvollziehen ist. Nun ist Karl May sicherlich am gerade anderen Ende einer Vergleichslinie anzusiedeln, welche den Grad der Übereinstimmung zwischen Autor und Erzähler beschriebe.

Die zitierten Anmerkungen sind nicht reiseberichtsspezifisch, sondern könnten auch einer Autobiographie gelten. Wenn Seume seine Unzuverlässigkeit als Thema bewußt gesetzt und dafür Spuren gelegt hätte, dann allerdings wäre das Ganze tatsächlich als Roman zu kennzeichnen. Oder gilt dies schon, wenn man ihn, wie wiederum Albert Meier anmerkt, „bei dichterischen Fiktionen ertappt"?[11]

Zurück zum Thema des nun auch so benannten Romans. Die sympathischen (ich nenne sie ‚einbödigen') Suberzähler stehen ziemlich alleine dar, und dies zum Glück. Literatur wäre sonst einer ungeheuerlich interessanten Alternative beraubt und vieler verschiedener Varianten. Denn weniges reizt den Epiker mehr, als – mindestens in einem Werk – Ich-Erzähler ein- und vorzuführen, die entweder der Lage und der Wahrheit nicht gewachsen sind, dumm oder Verbrecher, unangenehme, abgedrehte Charaktere, widerliche,

10 Für einen konzentrierten Überblick über narratologische Fragen und umfassende Literaturangaben vgl. Yvonne Wolff: „...aus war's mit der Chronik. Ich war jetzt Akteur." Zur Erzählerproblematik in Heimito von Doderers Roman *Die Dämonen*. In: Gerald Sommer (Hg.): Gassen und Landschaften. Heimito von Doderers ‚Dämonen' vom Zentrum und vom Rande aus betrachtet. Schriften der Heimito von Doderer-Gesellschaft, Band 3., Würzburg: Königshausen & Neumann 2004, S. 309-324.

11 Meier, Polemisches Reisen (wie Anm. 8), bringt dafür viele Beispiele und bemerkt zusammenfassend (S.330): „Die wohl gängige Forschungsmeinung, Seume habe in seinem *Spaziergang* ‚kaum etwas frei erfunden', erscheint daher revisionsbedürftig."

unempathische Persönlichkeiten, Sadisten, Lügner, debil, Hypochonder, Einzelgänger, schwerst gestört oder wenigstens komplett neurotisch bis irre, kurzum: Unzuverlässig oder besser: Unglaubwürdig und/oder Psychopath.

In Edgar Allan Poes Erzählung *Das Fässchen Amontillado* beschließt der Erzähler, ein schlichtweg Wahnsinniger, womit er bei Poe nicht so allein dasteht, jemanden zu bestrafen, weil „er gar so dreist ward, schweren Schimpf auf mich zu häufen." Er zieht die Konsequenzen:

> Keine Antwort mehr. Da stieß ich eine Fackel durch die Wand und ließ sie drinnen fallen. Zurück kam nur ein Klinggeklirr der Schellen. Mir wurde schlimm im Herzen, wurde schlecht; das machte die Dumpfigkeit der Katakomben. Ich hastete, mein Werk zu enden. Ich zwang den letzten Stein in seine Lage; ich mauerte ihn ein. Vor dieser neuen Wand häufte ich wieder den Wall aus Knochen auf. Ein Halbjahrhundert hat kein Sterblicher sie gestört. In Pace requiescat.[12]

Ende der Erzählung, offensichtlich hat auch der Erzähler seine Ruhe nicht darüber verloren und noch mehr als fünfzig Jahre weiter gelebt.

Das geht nicht in ‚Er'-Form, schon wegen des feige-zynischen Schlußsatzes. „Er dachte: In pace requiescat?" Nein, unmöglich!

Der irre Mörder Poes steht damit auch in der Geschichte der Weltliteratur nicht allein. Da finden sich auch andere Schwach- bis Wahnsinnige, kaltblütige oder von sadistischen Wahnvorstellungen getriebene Mörder, Mörder, die der Entdeckung entgehen wollen, Pädophile (und Pharisäer dazu): Gogols *Propiscin* (*Aufzeichnungen eines Wahnsinnigen*), Tolstojs namenloser Erzähler in der Erzählung mit dem gleichen Titel, Ellis' *Patrick Bateman*, Agatha Christies *Dr. Sheppard*, Leo Perutz' *Freiherr von Yosch* (die Frage, ob er ein Mörder ist, bleibt offen), *Humbert Humbert*, der namenlose Erzähler in Russell H. Greenans gerade in Deutschland wieder frisch übersetztem und aufgelegtem Roman *It happened in Boston?* von 1968. Und natürlich als extremstes und zugleich zweitjüngstes Beispiel *Dr. Max Aue*, der Erzähler in Littells *Die Wohlgesinnten* sowie dessen – ganz anderer und dann doch wieder sehr ähnlicher – Vorgänger *Otto Dietrich zur Linde*, der Brahms-Anhänger und KZ-Kommandant in Borges' *Ein deutsches Requiem*.

---

12 Edgar Allan Poe: Der schwarze Kater. Erzählungen. Übersetzt von Hans Wollschläger. Zürich: Haffmans 1994, S. 511.

Es finden sich aber auch:

– Huren, Schwindler, Betrüger, Diebe und Fälscher: *Moll Flanders*, *Fanny Hill*, *Roderick Random*, *Felix Krull.* Am Rande: In allen herangezogenen Werken finden sich eine Autorin (Agatha Christie) und vier Erzählerinnen, also weniger als ein Zwanzigstel weibliche Protagonisten in allen herangezogenen Werken, davon zwei Huren, eine Gouvernante (Henry James), eine Heranwachsende (Ian McEwan).

– Simple Egozentriker, Snobs, selbstsüchtige Laffen, eitle Großmäuler: *Gil Blas*, die Erzähler in Mosebachs *Das Beben* oder von *Fear and Loathing in Las Vegas*, *Roderick Random*, *Kater Murr:*

> Mit der Sicherheit und Ruhe, die dem wahren Genie angeboren, übergebe ich der Welt meine Biographie, damit sie lerne, wie man sich zum großen Kater bildet, meine Vortrefflichkeit im ganzen Umfange erkenne, mich liebe, schätze, ehre, bewundere und ein wenig anbete.[13]

– Dämliche, charakterlose und/oder nur auf ihren Vorteil bedachte Menschen: Der *Walter Eggers* Arno Schmidts ist *Das steinerne Herz*, *Leutnant Gustl* (keine Icherzählung im strengen Sinn, sondern ein dramatisch strukturierter Text) ist der Prototyp des dummen Egoisten.

> Im vorigen Jahr bei den Manövern – ich hätt' was drum gegeben, wenn's plötzlich Ernst gewesen wär' [...] und der Mirovic hat mir g'sagt, es ist ihm ebenso gegangen. Und dann wie seine Hoheit die Front abgeritten sind, und die Ansprache vom Obersten – da muß einer schon ein ordentlicher Lump sein, wenn ihm das Herz nicht höher schlägt [...]. Und da kommt so ein Tintenfisch daher, der sein Lebtag nichts getan hat als hinter seinen Büchern gesessen, und erlaubt sich eine freche Bemerkung! [...] Ah, wart' nur, mein Lieber – bis zur Kampfunfähigkeit ... jawohl, Du sollst so kampfunfähig werden ...[14]

– Schwere Neurotiker: *Anja und Leonard* (*Der Liebeswunsch* von Dieter Wellershoff), *Austerlitz,* Knut Hamsuns Erzähler, *Patrick Bateman* aus *American Psycho.*

---

13 E.T.A. Hoffmann: Sämtliche Werke. Hg. v. Carl Georg von Maassen, 9./10. Band: Lebensansichten des Katers Murr nebst fragmentarischer Biographie des Kapellmeisters Johannes Kreisler in zufälligen Makulaturblättern. München: Georg Müller 1928, S. 7.

14 Stefan Zweig: Die Erzählungen. Frankfurt/M.: Fischer 1961, S. 341.

– Haltlose, versoffene Tagediebe: *Trilogie des laufenden Schwachsinns.*

> Zwei Tage später wurde es erneut ernst. Zusammen mit Erich Winter und seiner neuen Freundin Helga Niwea brach ich auf zu einer Exkursion nach Rothenburg ob der Tauber, eine Inspektion unseres gemeinsamen Freundes Dr. Horst Fäckel vorzunehmen, welcher damit als letzter Wirrkopf und Trinkfreund gerade noch rechtzeitig in meinen Roman einläuft bzw. stolpert. Denn dieser junge Arzt und Vollbluttrinker erwies sich anlässlich einer Führung durch den mittelalterlichen Stadtkern als äußerst schwankende Gestalt, dabei kehrte er unter dem Vorwand, das müssten wir alles gesehen haben, in jede zweite Restauration ein.[15]

Alle Eigenschaften bis hierhin: *Barry Lyndon* von William Makepeace Thackerey.

Neben diesen Erzählern, die alle den Begriff ‚Psychopath' im Sinne der simpelsten Definition, nämlich eines Menschen mit abartigem Charakter, vertragen, finden sich in Auswahl noch:

– Weinerliche, selbstmitleidige Schriftsteller und schwatzhafte Hypochonder, schwere, frustrierte Misanthropen: *Charles Citrine*, *Harry Haller*, *Wilhelm*, *Roquentin* (Bellow, Hesse, von Thümmel, Sartre).

– Schwache und unentschlossene, feige oder zögerliche Ich-Erzähler: Der *Marcel* der *Recherche*, Svevos *Zeno Cosini*, Max Frischs *Stiller.* So auch der *Anton Hofmiller* Zweigs, der eine menschlichere und weniger dumpfe Variante von Schnitzlers *Leutnant Gustl* ist, diesem aber in Beruf wie Priorität der Angst vor Blamage über die eigene Moral so erschreckend ähnlich ist. Auch im inneren Monolog, der zum Ende des Romans auch bei Stefan Zweig das Erzählen verdrängt.

– Unzuverlässige, perspektivisch beschränkte, auslassende und widersprüchliche bis regelrecht geschwätzige Erzähler: *Nicholas Jenkins* (der Erzähler von Anthony Powells *A Dance to the Music of Time*, einem Meisterwerk, das für immer neben der *Recherche* Bestand haben wird), wiederum *Marcel*, *Tristram Shandy*.

– Nicht besonders intelligente Erzähler: *Dr. Watson* versteht nicht immer ganz, was da um ihn herum passiert, sein Nachfolger *Adson von Melk* bei Umberto Eco kapiert noch weniger. Man denke auch an den fast namenlosen Erzähler von Dostojewskis *Dämonen*, den Rolf Vollmann so schön

---

15 Eckhard Henscheid: Geht in Ordnung – Sowieso – Genau. Frankfurt/M.: Zweitausendeins 1977, S. 527.

„einen Berichterstatter, der durchaus nicht ganz auf der Höhe dessen ist, was er berichtet“[16], nennt, und nach dem in einer seltsamen Parallele Doderers Sektionsrat *Geyrenhoff* (wie das Vorbild G-ff abgekürzt, wenn er von sich selbst spricht) geschaffen ist.

> Ich habe lange nicht das Wort genommen. Wenn ich es wage, den Leser jetzt – auf mich wieder aufmerksam zu machen, so muß daran erinnert werden, daß ich nach dem Verlassen der Wohnung des Hofrates [...] vor dem Haustore stehen geblieben war; gleichsam unter einem Überhang von widersinnigen Gedanken stehend wie unter einer Last, die drohte, sich auf mich herabzusenken; und ich fühlte mich ihr keineswegs gewachsen.[17]

– Widersprüchliche, sich selbst verleugnende Erzähler: *Stiller*, *Marlowe* (Conrad)

– Neben den schwärmerischen Kater E.T.A. Hoffmanns tritt Kafkas philosophierender Hund, den W.G. Sebald „als von einem perversen Forschungsdrang umgetrieben“[18] bezeichnet.

– Tramps und Obdachlose, Trinker: *Huckleberrry Finn*, der Ich-Erzähler in Knut Hamsuns *Hunger*, Paul Tordays *Wilberforce*, *Molloy* (wie auch andere Erzähler bei Samuel Beckett):

> Ich bin im Zimmer meiner Mutter. Ich wohne jetzt selbst darin. Wie ich hierher gekommen bin, weiß ich nicht. In einer Ambulanz vielleicht, bestimmt mit irgendeinem Gefährt. Man hat mir geholfen. Allein hätte ich es nicht geschafft. Vielleicht habe ich es diesem Mann, der jede Woche erscheint, zu verdanken. Er streitet es ab. Er gibt mir etwas Geld und nimmt das Geschriebene mit sich. So viele Seiten, so viel Geld. Ja, ich arbeite jetzt, ein wenig wie früher, nur verstehe ich mich nicht mehr aufs Arbeiten. Das macht nichts, wie es scheint.[19]

Wirklich beantwortet wird die Frage, warum ein seelischer wie geistiger Krüppel, der sich gerade noch fortschleppen kann oder im Bett seinem Ende

---

16 Rolf Vollmann: Die wunderbaren Falschmünzer. Ein Roman-Verführer. Frankfurt/M.: Eichborn 1997, S. 506.

17 Heimito von Doderer: Die Dämonen. Nach der Chronik des Sektionsrates Geyrenhoff. München: Biederstein 1956, S. 828.

18 W.G. Sebald: Die Beschreibung des Unglücks. Zur österreichischen Literatur von Stifter bis Handke. Frankfurt/M.: Fischer 1994, S. 17f.

19 Samuel Beckett: Molloy. Übersetzt von Erich Franzen. Frankfurt/M.: Suhrkamp 1954, S. 5.

entgegendämmert, eigentlich schreibt, nicht! Aber warum überhaupt erzählen Wahnsinnige? Bei Beckett wird es notdürftig plausibilisiert, bei den meisten Ich-Erzählern nicht.

Eigentliche Idioten – *Leutnant Gustl* ist sicher einer, wie Henscheids drei Erzähler, die trotz Intelligenz auch welche sind und natürlich sowieso ein einziger – finden sich am seltensten, obwohl mir der Widerspruch zwischen dieser Eigenschaft und dem Entschluß, etwas zu erzählen, auch nicht größer vorkommt als der vergleichbare bei Mördern oder Betrügern.

Die Beispiele lassen einen vorläufigen Schluß zu: Der psychopathische, neurotische, lügende, unzuverlässige, beschränkte oder verbrecherische Ich-Erzähler ist die Regel, der ‚normale', ‚ehrliche', ‚einbödige' die Ausnahme. Genau dies aber macht den Reiz des Typs Ich-Erzählung aus: Die Doppelbödigkeit nämlich, Sagen hier, Sein da, das (Katz- und Maus-) Spiel mit dem Leser, dessen Verwirrung, Verunsicherung, aber auch Faszination, welche der Verfasser anlegt; vor allem aber der Kontrast zwischen Denken und Sein, den nichts besser erzeugen kann als ein Typ des Erzählens, in dem Gedachtes direkt, umweglos zu Sprache wird. Denn keine der oben genannten Figuren sagt ja, was sie ist oder wenn, nicht in dem tatsächlichen Maße. Alle außer eigentlich denen Becketts – und noch nicht einmal dies ist ganz zutreffend – spielen sich auf, stellen sich als gutwillig dar, Opfer, Beleidigte, Zurückgestoßene, Pechvögel, unschuldig, hinreichend klug, liebenswert. Die Kunst besteht in der vom Leser herauszufindenden Diskrepanz zwischen Anspruch und Wirklichkeit, die nicht wie in der auktorialen Erzählung konstatiert wird, sondern sich als Widerspruch zwischen *Textteil A* (Selbstdarstellung des Suberzählers) und *Textteil B* (Dialoge, Abläufe, Drittschilderungen, Zusammenhang) ergibt. Erhöht wird dieser Kontrast noch, wenn, wie besonders in Thackerays *The Luck of Barry Lyndon,* der Erzähler, ein Schurke von hohen Graden, sich auch noch ständig als Gutmensch nicht nur bezeichnet, sondern auch tatsächlich *sieht.* Eine Differenzierung, der auch sonst im Einzelnen nachzugehen wäre, so unter anderem bei *Leutnant Gustl.*

Dies darzustellen wäre in einer Autorerzählung nur über Dialog oder Monolog möglich und damit weit weniger organisch. Am Beispiel Verfilmung, was ja eine Umsetzung von Ich-Erzählung zu Autorerzählung ist (die Kamera, sehr vereinfacht, als der allwissende Erzähler), läßt sich das leicht beweisen. Die meisterhafte Verfilmung von *Barry Lyndon* durch Stanley Kubrick kann die besondere Perfidie des Protagonisten, die eitle Bigotterie und Selbstgerechtigkeit nicht durchscheinen lassen, *Lyndon* kommt als

‚normaler' Schurke daher und damit besser weg als im Roman. Ähnlich und dann auch noch schlecht bei den Verfilmungen von *Lolita.*

Ein paar Ansätze, um sich an die Frage heranzutasten, was eigentlich der Reiz dieser Art des Erzählens ist für Autor wie Leser, oder um es professioneller auszudrücken, was die künstlerische Notwendigkeit herbeiführt. Endgültige Antworten kann ich nicht geben, aber Fragen aufwerfen und Lösungsansätze bieten. Fertig mit dem Thema wird man wohl kaum.

1. Warum eigentlich läßt der Romanverfasser jemanden erzählen, wenn er ihm selbst nicht traut? Warum dann erzählt er nicht gleich allwissend in der dritten Person?

2. Warum führt er in der Regel den Ich-Erzähler nur in einem Buch oder einem Teil seines Werks ein? Wieso gibt es so viele Dichter, die in beiden Formen geschrieben haben, vielleicht sogar mehr als solche, die sich für eine entschieden haben, nämlich die Autorerzählung, wie Fontane, Raabe, Heinrich Mann, Puschkin, Balzac, Flaubert, Zola. Für ausschließliche Verfasser von Ich-Erzählungen kann ich nur zwei Beispiele nennen, Defoe und Sterne, nicht gerade überzeugend. Und natürlich, wenn wir ihn dazurechnen wollen: Seume!

3. Warum führt der Autor den Ich-Erzähler gerade in diesem oder diesen Werk(en) ein? Die umfangreiche, vor allem englische Literatur zum Thema, sagt zu diesem Entscheidungsprozeß des Schriftstellers wenig. Unser Thema war ja lange selbst auch vor allem ein englisches. Von den fünf im 18. Jahrhundert maßgeblichen englischen Autoren (Defoe, Fielding, Richardson, Smollett, Sterne) neigten bis auf Fielding alle zur Ich-Erzählung, mit dem Sonderfall fingierter Tagebücher oder Briefromane, wie bei Richardson, dessen Briefromane dialogisierte Icherzählungen sind.[20]

4. Nicht anders sieht es bei den Autoren selbst aus, sie verraten uns nichts über die Motive des Entschlusses. Die umfangreichen Tagebücher Heimito von Doderers z.B., die sich bekanntlich viel mehr um sein Werk drehen als um die Umwelt, verraten uns auch nicht, warum er – *in einem einzigen* Roman, wie auch z.B. Dickens, Dostojewski, E.T.A. Hoffmann oder Salinger – die Form der Icherzählung benutzt hat. Gerade das aber verleitet zu der Annahme, die Entscheidung müsse eine zwangsläufige sein.

5. Gibt es eine Polarität zwischen den Suberzählern bei einem Verfasser oder ähneln sie sich? Thomas Manns *Zeitblom* und *Krull*, Defoes *Robinson*

---

20 Einen Briefroman hat auch Smollett geschrieben: The Expedition of Humphry Clinker, London: Johnston/ Salisbury: Collins 1771.

Crusoe und *Flanders*, Nabokovs *Doppel-Humbert* und *Kinbote* sind äußerst verschieden, allerdings sind sie alle, auch die auf den ersten Eindruck ‚harmlosen' *Serenus Zeitblom* und *Robinson* gerade dies nicht.

6. Zu den wirklich harmlosen allerdings zähle ich – und es ist kein Werturteil, sondern gemeint als Gattungsbegriff: *Simplicissimus*, den *Ishmael* Melvilles, die Ich-Erzähler von W.G. Sebald, den *Heinrich* Gottfried Kellers, der ja nun, einzigartig unter allen Romanen, der Ich-Erzähler einer zweiten Version ist, deren erste auktorial war. Und den Erzähler von *Die Insel des zweiten Gesichts* (Albert Vigoleis Thelen), der vielleicht ein wenig übertreibt und sich besser darstellt als er ist, aber ansonsten überwiegend autobiographisch bleibt.

7. Was begründet die Fiktion der Ich-Erzählung? Poes *Ms. Found in a Bottle*, *Dr. Watsons* alte Kiste mit Aufzeichnungen im Bankfach? Oder ist alles nur eine Frage der Evidenz? Muß begründet werden, warum da ein fiktives Ich erzählt? Schon der Urvater des Genres, Daniel Defoe, tut dies nicht. Bei Stefan Zweig allerdings übergibt der Autor im Vorwort – überflüssigerweise – an den Erzähler: „Nicht ich, sondern der Erzähler beginnt jetzt zu erzählen".[21] Ähnlich: "I just sat down and began to write, as if it was the most natural thing in the world, which of course it is not."[22]

Und dennoch wird dadurch nichts überzeugender. Es ist die absurdeste aller Fiktionen, die dem Akt vorangehen, den man ‚Lesen von Literatur' nennt. Wir wissen, daß es Fiktion ist, und doch tauchen wir auf einer eigenen Subebene in die Ich-Erzählung ein wie in etwas Reales. Die Frage, wer und warum da erzählt, bleibt im Hinterkopf, es sei denn, wir lesen nur analytisch, was eigentlich eine Farce ist. Unausgesprochen, also bei einem ‚unbegründeten' Suberzähler, ist die Situation jedoch keine andere. Insgesamt aber fördert keine Erzählform so sehr die Identifikation mit dem Erzähler und Illusion von Wahrheit wie die Ich-Erzählung.

Dennoch gibt William Makepeace Thackeray uns wie Stefan Zweig unter dem uns an P.G. Wodehouse erinnernden Pseudonym *G.S. Fitz-Boodle* einen Herausgeber, der sich von seinem Erzähler ebenso wie der Hermann Hesses deutlich distanziert. Fiktive Herausgeber gibt es öfter, z.B. auch bei E.T.A. Hoffmann (er selbst), Leo Perutz und Stefan Zweig. Nabokov treibt in *Lolita* mittels des Herausgebers *Dr. phil. John Ray jun.* mit all dem seinen dreifachbödigen Scherz und setzt dem Konzept eine verwirrende Krone

21 Stefan Zweig: Ungeduld des Herzens. Frankfurt/M.: Fischer 2004, S. 13.

22 John Banville: The Untouchable. New York: Vintage 1998, S. 5.

auf. Natürlich sagt er damit auch, daß es solcher Spielchen nicht bedarf, daß die Ich-Erzählung nicht plausibel gemacht werden muß. Noch komplizierter geht es bei Ian McEwan zu, wo die Ich-Erzählerin erst im Epilog auftaucht: Sie hat den auktorial verfassten Roman geschrieben – mit sich als Protagonistin.

Doderers ironische auktoriale Anspielungen auf *Geyrenhoffs* Schwächen als Chronist („Der Sturz vom Steckenpferd" oder „Aus war's mit dem Chronisten!") seine Sammlung von diversen horizontalen Ich-Erzählern in einem Werk, die man nur noch bei Dieter Wellershoff (drei und in Kombination mit einem auktorialen Erzähler) und bei Julian Barnes (je drei in *Talking it over* und *Love etc.*) bewundern kann, gehen in eine ähnliche Richtung der geplanten Leserverwirrung. W.G. Sebald führt in *Austerlitz* einen vertikalen zweiten, also Suberzähler des Suberzählers ein[23], und der Subsub ist die – ebenso hochintelligente wie sympathische, aber schwer gestörte – Hauptperson: „Ich glaube, sagte Vera zu mir, sagte Austerlitz."[24]

Dieser bis dato in dieser verdoppelten Erzählfunktion einzigartige Ansatz gestattet dem Autor natürlich, ein Manko des Typs auszugleichen, daß nämlich der Protagonist nicht so exakt sich selbst beschreiben kann wie der Autor. Sein Denken und sein Charakter werden in der Regel äußerst klar, sein Äußeres und sein Auftreten weniger. Manche der erwähnten Werke geben uns davon sehr wenig bekannt.

Insgesamt gehe ich von dem vereinfachenden Modell der zwei Möglichkeiten des Erzählens aus, Autor- und Ich-Erzählung, ignoriere das Verschwinden des Autors in Teilen der modernen Narratologie, andere Definitionen des unzuverlässigen Erzählens (Booth), komplexere Aufspaltungen des Erzählers in ‚ludens, arbitrans, moderans' (Dietrich Weber) oder den in diesem Kontext besonders interessanten Ansatz des ‚Avis au lecteur' (es findet sich bei mehr als der Hälfte der zitierten Werke). Es soll jedoch festgehalten sein, daß, wiederum nach Weber, die Icherzählung in die Varianten ‚Erzählen' (Beispiel Henry James), ‚Schreiben' (Nabokov) und ‚Innerer Monolog' (Schnitzler) aufgeteilt werden kann mit der vierten Form der nicht eindeutig identifizierbaren Technik (Salinger).

Auch widme ich mich nicht ausführlich der engeren Grenzziehung zwischen Autobiographie, Reisebericht und Ich-Erzählung sowie den Fragen

---

23 So auch Tolstoj in der *Kreutzersonate*, aber der erste Suberzähler hat, anders als bei Sebald, kaum mehr als eine Überleitungsfunktion und ist daher nicht in die Liste aufgenommen worden.

24 W.G. Sebald: Austerlitz. Frankfurt/M.: Fischer 2003, S. 257.

von Anrede des Lesers (in der Mehrheit der Ich-Erzählungen) und Alter Ego (bei Vischer ist es der Reisegefährte des Erzählers, *AE* = Auch Einer + Alter Ego, der neurotisch ist). Obwohl die Mehrzahl der Bücher unserer Liste umfangreiche autobiographische *Elemente* enthält, nämlich mindestens die Werke von Conrad, Dickens, Doderer, Frisch, Hamsun, Henscheid, Hesse, Keller, Henry Miller, Nabokov, Poe, Powell, Proust, Salinger, Sartre, Schmidt, Sterne (mit dem Sonderfall, daß diese nicht beim Erzähler liegen, sondern beim Ortsgeistlichen, aber bei Sterne ist sowieso alles anders), Svevo, Twain und Stefan Zweig. Aber ist nicht alles Schreiben auch Erinnerung, und lädt die Form der Ich-Erzählung nicht gerade ein zum Einschmuggeln solcher Elemente? Und solche Elemente zur Wahl der Erzählform?

Eine Zwangsläufigkeit besteht jedoch hier nicht und Doderer wie Nabokov könnten leicht als Gegenbeispiele herhalten. Von ersterem ist viel mehr in *Stangeler* und *Döblinger* als in *Geyrenhoff*, und von letzterem mehr in *Professor Pnin* als in *Humbert Humbert*.

Niemand hat sich vehementer als Proust dagegen gewehrt (in ‚Contre Sainte-Beuve'), eine fiktive Autobiographie mit der des Autors in eins zu setzen, und niemand hat weniger Erfolg damit gehabt als er. Auch heute noch verschwimmt bei manchen Proust-Exegeten *Marcel* mit seinem Verfasser, der, wenn er sein Alter Ego wirklich so darstellen wollte, wie er es tat, nämlich als geschwätzigen, wert- und urteilsunfähigen, egozentrischen, verzärtelten, arroganten und haltlosen, peinlichen Laffen, nicht nur extrem mutig war, sondern auch ein noch größerer Dichter als man ihm nachsagt. Ich selbst bin da nicht sicher, dazu sieht man, daß das Problem unangebrachter Identifikation auch noch eine andere Ebene hat. Die eine kann beim Leser den Hitchcock'schen Effekt auslösen, daß er, obwohl er *Humbert Humbert* als extrem üblen Menschen erkannt hat, mit ihm wegen der Gefahr des Erwischtwerdens fiebert: Nabokov wird es genossen haben, diesen Effekt herbeizuführen und dann kurz vor der vernichtenden Entlarvung als deus ex machina in letzter Sekunde einen „großen, schwarzen, glänzenden Packard" auftauchen zu lassen.[25] Die Angst davor, entlarvt zu werden, ist unabhängig von Moral, und ich sehe in deren erfolgreichem Einsatz auch eine Bestätigung meiner Hypothese vom Erleben eines Kunstwerkes als Rückkehr zur eigenen Jugend.

25 Vladimir Nabokov: Lolita. Gesammelte Werke. Hg. von Dieter Zimmer, Band VIII. Hamburg 1989: Rowohlt, S. 159.

Die andere Ebene führt immer noch und immer wieder dazu, daß Leser fest davon ausgehen, Keller, Proust, Powell und Dickens hätten uns in *Der grüne Heinrich*, *Recherche*, *Dance* und *Copperfield* ihr Leben geschildert. So ganz wird auch Nabokov den Ruf, kleine Mädchen hätten ihn erotisch gereizt, nicht loswerden.[26] Soviel zu den Risiken des Erzählens in der Ich-Form!

Ich komme zurück zu meinen begonnenen Erklärungsversuchen. Zunächst einmal bereitet jedem Schriftsteller, allerdings wenigen so ausgeprägt wie Doderer, Nabokov oder Laurence Sterne, das Spiel mit dem, das Werben um den aufmerksamen Leser, den sie auch ebenso gerne wie häufig anreden, Spaß. Denn natürlich stellt sich, wie ich schon sagte, keiner ihrer Erzähler hin und sagt, wes Geistes und Charakters Kind er tatsächlich ist. In der Regel hält er sich selbst für einigermaßen großartig und nur der Text oder gar nur der Subtext läßt wissen oder ahnen, wie es um den Erzähler bestellt ist. Wenn dann der Leser sozusagen hereinfällt und sich mit dem erzählenden Protagonisten identifiziert oder ihn nicht/nicht ganz durchschaut, reibt sich der Verfasser zufrieden die Hände. Dies gilt auch für den nur unzuverlässigen Suberzähler, wie immer sein Charakter beschaffen sein mag. Die Unzuverlässigkeit, das Scheitern des Erzählers muß sich aus einem internen Widerspruch zwischen seinen Aussagen oder einem zwischen diesen und anderen Teilen des Romans ergeben. Insofern muß der Autor Spuren legen. Er kann dies auch oder zusätzlich tun, indem er wie Doderer per Anrede des Lesers auf die Schwächen des Ich-Erzählers hinweist oder wie Doyle durch den Mund der nicht erzählenden Hauptperson *Sherlock Holmes*, der sich ständig über die Einfalt des Erzählers Dr. Watson lustig macht.

Wenn Agatha Christie am Ende von *The Murder of Roger Ackroyd* den erzählenden ‚braven' Landarzt sich als Mörder zu erkennen geben läßt, verstößt sie gegen unausgesprochene Regeln des Kriminalromans, da in Folge eben dieses Tricks die Spuren auch für den aufmerksamen Leser nur im Nachhinein zu identifizieren sind, aber sie verstößt nicht gegen solche des Romans. Daß sie mit dem Leser Katz und Maus spielt, sogar in diesem Maße, gehört nach meiner Überzeugung gerade zum Wesen der doppelbödigen Suberzählung.

Denn der Ich-Erzähler und nur der Ich-Erzähler kann dumm, dreist, unverschämt, verlogen sein, die Wahrheit nicht kennen, nicht kennen wollen, keine Ahnung haben. Nie der allwissende Autorerzähler. Er ist dazu gezwungen, die Wahrheit und nichts als die Wahrheit zu sagen, sei diese

26 Maar, Solus Rex (wie Anm. 2).

auch nur fiktiv. An der Nase herumführen kann der Verfasser seine Leser nur per Suberzählung. Im ‚normal' verfassten Roman kann, nachdem der Leser durch das Aufschlagen des Buches die Geschäftsbedingungen akzeptiert hat, nämlich daß es sich um eine Fiktion handelt, jede handelnde Person bewußt lügt, aber nicht der Verfasser. Er ist insoweit der liebe Gott und auch für die Berührungspunkte mit der Realität (Daten, Wetter usw.) verantwortlich. Wenn in einem deutschen auktorialen Gegenwartsroman ein Flugzeug abends in Frankfurt abfliegt (ein nicht fingiertes Beispiel) und morgens in New York landet, ist das als physikalische Unmöglichkeit ein Schnitzer. Wenn dieser hingegen dem Ich-Erzähler unterläuft, stellt sich die Frage, warum er falsch berichtet. Ist er z.B. nur dumm oder lügt er bewußt? Will er etwas verbergen? Will er den Leser hereinlegen oder ihn darauf stoßen, daß er, der Erzähler, einen Defekt hat?

Insofern gestattet die Ich-Erzählung dem Autor auch größere Freiheiten. Es nimmt nicht wunder, daß deshalb die meisten es jedenfalls probiert haben. Und ich meine, auch insofern mit Erfolg, als ein Qualitätsabfall gegenüber dem anders gestalteten Werk in keinem einzigen Falle konstatiert werden kann. Vor allem aber scheint es mir so, daß es keine Alternative gab. Nehmen wir noch einmal Thomas Mann. Die in Ansatz und Durchführung, Rolle des Protagonisten, Sujet und Stil so verschiedenen Icherzählungen *Dr. Faustus* und *Felix Krull* haben doch gemeinsam, daß sie notwendigerweise so geschrieben werden mußten. Ich kann mir ebenso wenig vorstellen, wie *Leverkühn* anders als durch *Zeitbloms* Augen hätte gesehen werden können, wie ich beim *Krull* auf den arroganten, ironischen, altertümlichen, angeberischen Stil des Erzählers verzichten könnte, den der Autor nur als Grundton des Werkes einbringen konnte, weil *Krull* so ist, wie er schreibt.

Deshalb sprach ich schon von einer zwangsläufigen Entscheidung, die dem Charakter des fiktiven Erzählers entspricht. Der psychopathische Suberzähler ist überzeugender als der erzählte, der unzuverlässige oder beschränkte Erzähler muß Suberzähler sein. Bleiben wir einen Moment beim letzten Fall und zitieren wir Martin Amis zu diesem Phänomen im Werk Nabokovs: „Let us remember that Nabokov was capable of writing entire fictions – *Despair, The Eye, Pale Fire* – in which the narrators have no idea of what is going on at all."[27]

---

27 Martin Amis: The War against Cliché. Essays and Reviews 1971-2000. London: Vintage 2002, S. 475.

Das passt nun nicht auf *Lolita. Humbert Humbert* weiß nur allzu gut, was los ist. Eben solche Unterschiede finden sich zwischen den Ich-Erzählern Defoes und Thomas Manns, wie schon gesagt. Soviel zum Thema der Variabilität des Ich-Erzähler-Defektes bei einem Autor: Es ist künstlerische Notwendigkeit. Die Unfähigkeit des Erzählers, die Lage zu erkennen, bringt in der Regel, aber nicht immer, die Erzählung in Fahrt.

Im Übrigen ist es nicht einfach, doppelbödig zu schreiben, und auch dazu möchte ich den klugen Erzähler und Analytiker Martin Amis zitieren:

> I was reminded of the great modernist convention of the Unreliable Narrator – the ‚I' whose version of events is not to be taken at face value. If the trick is to work, the unreliable narrator must in fact be very reliable indeed: reliable partly, reliably unaware of his own egotism[...] Kinbotee, the devouring ‚editor' in Nabokov's *Pale Fire*, who thinks, wrongly, that the poem he sets out to annotate is an admiring version of his own lifestory.[28]

Der unzuverlässige oder psychopathische Suberzähler macht es für den Autor nicht einfacher, sondern schwieriger. Es ist komplizierter, Widerspruch zu planen als Konsistenz, Lüge als Wahrheit, Neurose als Normalität, Neurose dazu, die sich nicht nur im Handeln niederschlägt, sondern im Denken und Sprechen. Ich kann die einzelnen charakterlichen Deformationen der Ich-Erzähler aus Platzmangel nicht per Analyse und Zitat nachreichen, dazu beschränke ich mich zum Schluss auf ein Werk.

Jeder Erzähler ist unzuverlässig, der sich anders sieht als er ist und die Dinge anders als sie sind. Die erstere Unzuverlässigkeit ist eine Gemeinsamkeit aller dieser Werke bis auf die paar Ausnahmen, die ich ‚einbödig' genannt habe. Auch Poes erzählender Mörder aus *The Cask of Amontillado* sieht sich ja als jemand, den man einmal zuviel geärgert hat. Sie sind alle im Recht und nehmen es sich, die *Gustls* und *Humberts* und *Lyndons*. Aber dieser Widerspruch macht es ja gerade so spannend. Und das hat Poe genau so gut gewußt wie derjenige, der für mich der Gründer des Ganzen ist, auch wenn er nicht der erste war: Daniel Defoe, eigentlich der einflußreichste englische Prosaist überhaupt.

Zusammenfassend meine ich, daß

– die jeweilige Entscheidung zur Ich-Erzählung nicht willkürlich geschieht, sondern jeweils erzählerischer Notwendigkeit entspringt (*Hypothese 4*). Für

28 Martin Amis: Experience. London:Vintage 2002, S. 380.

den Autor bedeutet sie eine Herausforderung, zugleich komplexe neue Aufgaben und Risiken, auch des Scheiterns;

– diese Technik dem Autor eine Erweiterung der Möglichkeiten gegenüber der Autorerzählung bringt. Nicht besser, sondern mehr (*Hypothese 5*). Dem steht die Schwierigkeit gegenüber, das Äußere des Protagonisten lebendig werden zu lassen.

– doppelbödige Ich-Erzähler weit häufiger vorkommen als einbödige, was dem Reiz auch für den Verfasser gedankt ist (*Hypothese 6*);

– in der Geschichte der Weltliteratur rein auktorial erzählende Autoren überwiegen, dicht gefolgt oder überholt im Fortgang der Jahrhunderte vom 17. ins 21. von solchen, die beide Techniken anwenden. Die Zählung wäre sinnlos, Literaturwissenschaft ist, wie Beckett in seinem Proust-Aufsatz gesagt hat, kein Fischhandel. Sehr selten jedenfalls sind Erzähler, die nur Icherzählungen verfasst haben;

– die Gefahr der Identifikation des Lesers mit dem Erzähler ebenso zu beachten ist wie die des Autors mit dem Erzähler durch den Leser.

Zu ergänzen ist, daß die Autoren der einbödigen wie der doppelbödigen Suberzählung sich in ihre Erzähler versetzen sollten, aber nur erstere dürfen sich, unabhängig von autobiographischem Inhalt, mit ihnen identifizieren. Das ist an so verschiedenen Schriftstellern wie Dickens, Karl May und Salinger leicht zu illustrieren: Identifikation. Die Gegenprobe ist über Thackeray, Zweig oder Nabokov kaum minder evident: keine Identifikation. Dies bleibt auch nicht ohne Konsequenz für die Identifikationsbereitschaft des Lesers.

Auch fällt auf, daß beide Gattungen (‚ein'- wie ‚zweibödig') die Version der kompletten – fiktiven – Autobiographie, sozusagen von der Wiege bis zur Bahre erlauben, *David Copperfield* wie *Recherche, Dance to the Music of Times* und *Lolita*, sehr viele Ich-Erzählungen beider Arten aber nur solche eines Lebensabschnittes sind, der sogar extrem kurz sein kann: *The Catcher in the Rye, Der Meister des jüngsten Tages, Trilogie des laufenden Schwachsinns.*

Kommen wir zum Schluß und dem Meisterwerk, zugleich dem der speziellen Gattung des psychopathischen Erzählers.

> Der Icherzähler, der das Buch offenbar im Schuldturm schreibt, in dem er dann als Alkoholiker stirbt, erzählt das Leben eines prahlenden Angebers, der offenbar selber nicht wahrhaben will, daß er ein armer Kerl ist, oder durch den Autor sagen lassen will, daß alle, die wir für große Leute halten, ein so hohles Selbstbewusstsein haben wie der Selbsterzähler.

Das sagt Rolf Vollmann in seinem schon zitierten Roman-Verführer *Die wunderbaren Falschmünzer.*[29] Er spricht von *Barry Lyndon*.

Die englische Reihe Defoe – Richardson – Smollett – Thackeray hat nämlich noch eine andere Besonderheit: Die chronologische Steigerung von der etwas skrupellosen Abenteurerin (um von Defoe *Moll Flanders* zu nehmen) über den selbstgefälligen Liebhaber und geschickten, aber nur beschränkt unsympathischen Ganoven zum Monster.

Barry Lyndon ist dieses Monster: Ein Angeber, Großmaul, Lügner (der ständig betont, nur der Wahrheit verpflichtet zu sein). Ein Säufer, Dieb, Falschspieler, Betrüger, Mörder, ein dummer, undankbarer, rücksichtsloser, grausamer, cholerischer, egozentrischer, skrupelloser, selbstverliebter, eitler, ausschließlich auf seinen Vorteil bedachter, brutaler Mensch, der seine Frau ebenso wie seine Söhne prügelt, den Leser aber mehr noch als durch all dies dadurch aufbringt, daß er ständig betont, ehrlich, großzügig, intelligent und liebenswürdig zu sein. All das, was er von seinen Untaten erzählt, wurde ihm aufgezwungen durch das Verhalten seiner Umwelt, meint dieser in seinen eigenen Augen wundervolle Mensch. Jeder, der etwas von ihm will, ist unverschämt, sei es nun ein sein Geld fordernder Gläubiger oder ein Sohn, der sich nicht mehr täglich mit der Reitpeitsche verprügeln lassen will.

Die ständigen Hinweise des Erzählers auf Charaktereigenschaften, die er nicht nur nicht besitzt, sondern geradezu deren exaktes Gegenteil er verkörpert („A man of my warm and affectionate nature"[30]), wobei auch der naivste Leser merkt, wie unwahr sie sind, ist ein kontinuierlicher Prozeß der Distanzierung des Autors von seinem Erzähler. Ich meine, daß solche Distanzierung bei jeder Icherzählung der hier behandelten Art aufscheint und geradezu als Kriterium benutzt werden kann *(Hypothese 7)*. Danach wären Seume, Dikkens und Thelen auszusondern.

Das Gleiche gilt für Aussagen, welche der Erzähler als Lob seiner Person betrachtet, die sich aber in einer ihm selbst entgehenden Doppeldeutigkeit als nur zu wahr herausstellen: „When I have once carried my point, I am one of the most placable creatures in the world."[31]

---

29 Vollmann, Falschmünzer (wie Anm. 17), S. 296.

30 William Makepeace Thackeray: The Memoirs of Barry Lyndon. In: The Works of William Makepeace Thackeray. London: Smith, Elder & Co. 1911, Vol. VII, S. 198.

31 Ebd., S. 277.

Hier geht es darum, daß der Protagonist dann, wenn man ihm zur Gänze sich unterworfen hat, und nur dann, friedlich ist, es sei denn, er ist besoffen: „For the first three years I never struck my wife but when I was in liquor. When I flung the carving-knife at Bullingdon, I was drunk, as everybody present can testify."[32]

Na dann, viel zynischer geht es nicht, aber wer ist der Zyniker? Der Erzähler ist vor allem ein Selbstbetrüger. Schön zusammengefaßt findet es sich zu einer Bitte des gemeinsamen Sohnes auf dem Sterbebett um Frieden zwischen seinen Eltern: „I wish [my wife] had enabled me to keep the counsel which the dying boy gave us."[33]

Das Schlimmste ist, daß er all dies glaubt, das Phantastischste, daß der Autor es für uns glaubwürdig gemacht hat. Er entlarvt die Figur und natürlich geht es auch um den Typus.

Wenn erst zu Ende des Romans klar wird, daß der Erzähler zur Zeit der Niederschrift im Schuldgefängnis sitzt, restlos heruntergekommen und dem Tode nahe, erinnert dies an die Situation *Humbert Humberts* in *Lolita,* eines anderen großen Monsters der Literaturgeschichte, der in solcher Perfektion als Ich-Erzähler daher kommen *mußte,* nicht nur konnte. Er schreibt in Untersuchungshaft, in der er wegen Mordes sitzt und nach Fertigstellung des Manuskriptes verstirbt. Sein Herausgeber *Dr. phil. John Ray jr.,* der Kollege *Fitz-Boodles,* distanziert sich ebenso von ‚seinem' Autor und schreibt auf weniger als einem halben Dutzend Seiten mehr Unsinn als man sich vorstellen kann. Ganz am Rande die komischste Einführung der Weltliteratur. Nun ist *Lolita* überhaupt nicht nur ein bedeutender, sondern auch ein immens komischer Roman, was letzteres man von Thackerays Werk nicht sagen kann. Die Spannweite ist, wie man sieht, riesig.

Primärliteratur (Auswahl)

H.J.C. von Grimmelshausen, Der abentheuerliche Simplicissimus, 1668
Alain René Lesage, Histoire de Gil Blas de Santillane, 1715-35
Daniel Defoe, Robinson Crusoe, 1719
Daniel Defoe, Moll Flanders, 1722
Tobias Smollett, Roderick Random, 1748

32 Ebd., S. 290.
33 Ebd., S. 306.

John Cleland, Memoirs of a Woman of Pleasure, 1749
Laurence Sterne, Tristram Shandy, 1759 ff.
Henri Joseph du Laurens, Le compère Mathieu, 1766
Karl Philipp Moritz, Reisen eines Deutschen in England im Jahre 1782, 1783
Moritz August von Thümmel, Reise in die mittäglichen Provinzen von Frankreich, 1791
Johann Gottfried Seume, Spaziergang nach Syrakus im Jahre 1802, 1803
E.T.A. Hoffmann, Lebensansichten des Katers Murr, 1819 ff.
Nikolaj Gogol, Aufzeichnungen eines Wahnsinnigen, 1835
William M. Thackeray, The Memoirs of Barry Lyndon, Esq., 1844
Edgar Allan Poe, The Cask of Amontillado, 1846
Charles Dickens, David Copperfield, 1849f.
Hermann Melville, Moby Dick; or the Whale, 1851
Fjodor Dostojewskij, Die Dämonen, 1873
Friedrich Theodor Vischer, Auch Einer, 1878
Gottfried Keller, Der grüne Heinrich, 1879/80 (zweite Fassung)
Robert Louis Stevenson, Treasure Island, 1883
Mark Twain, Huckleberry Finn, 1884
Arthur Conan Doyle, A Study in Scarlet, 1887
Knut Hamsun, Hunger, 1890
Henry James, The Turn of the Screw, 1898
Joseph Conrad, Das Herz der Finsternis, 1899
Arthur Schnitzler, Leutnant Gustl, 1900
Marcel Proust, Au Recherche du Temps Perdu, 1913 ff.
Tolstoj, Aufzeichnungen eines Wahnsinnigen
Franz Kafka, Forschungen eines Hundes, 1922
Leo Perutz, Der Meister des jüngsten Tages, 1923
Italo Svevo, La Conscienza di Zeno, 1923
Agatha Christie, The Murder of Roger Ackroyd, 1926
Hermann Hesse, Der Steppenwolf, 1927
Henry Miller, Tropic of Cancer, 1934/39
Robert Graves, I, Claudius / Claudius the God, 1934
Stefan Zweig, Ungeduld des Herzens, 1938
Jean Paul Sartre, La Nausée, 1938
Jorge Luis Borges, Deutsches Requiem (in: Der Aleph), 1949
Jerome D. Salinger, The Catcher in the Rye, 1951
Samuel Beckett, Molloy, 1951
Anthony Powell, A Dance to the Music of Time, 1951 ff.
Albert Vigoleis Thelen, Die Insel des zweiten Gesichts, 1953
Thomas Mann, Felix Krull, 1954
Max Frisch, Stiller, 1954

Vladimir Nabokov, Lolita, 1955
Heimito von Doderer, Die Dämonen, 1956
Arno Schmidt, Das steinerne Herz, 1956
Gabriel García Márquez, Hundert Jahre Einsamkeit, 1967
Siegfried Lenz, Deutschstunde, 1963
Russell H. Greenan, It happened in Boston? 1968
Hunter S. Thompson, Fear and Loathing in Las Vegas, 1971
Saul Bellow, Humboldt's Gift, 1973
Eckhard Henscheid, Trilogie des laufenden Schwachsinns, 1976–1978
Umberto Eco, Il Nome della Rosa, 1980
Thomas Bernhard, Auslöschung. Ein Zerfall, 1983
Julian Barnes, Talking it over, 1991
Brett Easton Ellis, American Psycho, 1991
Mordecai Richler, Barney's Version, 1997
John Banville, The Untouchable, 1997
Dieter Wellershoff, Der Liebeswunsch, 2000
W.G. Sebald, Austerlitz, 2001
Ian McEwan, Atonement, 2001
Martin Mosebach, Das Beben, 2005
Thomas Glavinic, Das bin doch Ich, 2007
Jonathan Littell, Les Bienveillantes, Paris 2006
Paul Torday, The Irresistible Inheritance of Wilberforce, 2008

Egon Freitag

Der „lebendige Keim" einer „Freundschaft"[1]
Seume und Wieland

Mit Wielands Werken war Seume wahrscheinlich seit seiner Jugend vertraut. Vor allem die Romane *Der Goldne Spiegel* und *Agathodämon* bereiteten ihm höchsten ästhetischen Genuß. In einem Brief an den Autor bekannte Seume:

> Sie Selbst haben in meiner Jugend diesen Naturtakt[2] durch Ihren *goldenen Spiegel* fester machen helfen. Ich bedaure die Leute, die nur den Roman lesen und nicht die tiefere Weisheit des Buches in Hinsicht der Rechtsbegriffe fassen. Ich zweifle, wo man Ihnen jetzt erlauben würde, ihn drucken zu lassen. Ich habe Ihrem Scherz in meiner Selbstbildung mehr zu danken, als vielen andern grämlichen Knasterbärten, die nur ihre Systeme vortrugen.[3]

Der 45-jährige Seume gestand der 20 Jahre jüngeren Freundin Johanna Devrient:

> So ernsthaft Sie mich kennen, weiß ich doch, daß ich über einem Blatt von Wieland vom Tische aufgesprungen bin und die Verse im Zimmer abgetanzt habe; so himmlisch rhythmisch war die herrliche Sprache. [...] [Wieland] hat keinen Riesenschritt, er tanzt wie eine ätherische Erscheinung; er predigt keine tiefsinnige Weisheit; er schreibt aus dem Tagebuche der Grazien.[4]

---

1 Christoph Martin Wieland an Karl August Böttiger, 28. Juni 1810. In: Wielands Briefwechsel. Hg. von der Deutschen Akademie der Wissenschaften zu Berlin. Institut für deutsche Sprache und Literatur [ab Bd. 2, 1968: durch Hans Werner Seiffert; ab Bd. 3, 1975: Hg. von der Akademie der Wissenschaften der DDR, Zentralinstitut für Literaturgeschichte, durch Hans Werner Seiffert; ab Bd. 7, 1992: Hg. von der Akademie der Wissenschaften, Berlin durch Siegfried Scheibe ab 1993: Hg. von der Berlin-Brandenburgischen Akademie der Wissenschaften. Berlin: Akademie 1963-2007] (im folgenden zitiert mit: BW und Angabe der Band- und Seitenzahl); hier: BW 18.1, S. 146.

2 Seume meint damit seine Neigung zum Naturrecht.

3 Johann Gottfried Seume an Wieland, nach dem 10. Januar 1810. In: BW (wie Anm. 1) 18.1, S. 62.

4 Seume an Johanna Devrient, 1808. In: Oskar Planer und Camillo Reißmann: Johann Gottfried Seume: Geschichte seines Lebens und seiner Schriften. Neue

Besonders schätzte Seume die stilistische Virtuosität des Älteren, der unermüdlich an der Verbesserung und Vervollkommnung seiner Dichtungen arbeitete, um den Stoff in höchster Vollendung zum Ausdruck zu bringen. Wieland bezeichnete dies als „Poesie des Stils“ und sprach von der „Harmonie der Verse“, die „das Glück eines Gedichtes“ ausmachen.[5] Auch einen Teil seines Romans *Agathodämon* hatte Wieland „mehr als sechsmahl von neuem durch- und einige Hauptstellen ganz umgearbeitet, und des Feilens und Polierens wollte kein Ende werden.“[6] Seume lobte diesen Roman und schrieb begeistert an Gleim: Es ist „ein neues Meisterwerk seiner Dichtung in einer ganz neuen Manier.“[7]

Eine erneute und intensive Beschäftigung Seumes mit Wielands Schriften erfolgte während seiner Tätigkeit als Korrektor bei Göschen in Leipzig, also in der Zeit von Oktober 1797 bis etwa Dezember 1801.[8] Seume hatte damals die letzten Bände von Wielands *Sämtlichen Werken* betreut, doch

---

Ausgabe. Leipzig: Göschen 1904, S. 591f. (im folgenden zitiert als Planer/Reißmann).

5 Christoph Martin Wieland: Geron der Adelige. Eine Erzählung. An den Leser. In: Wielands Werke, hg. von Heinrich Düntzer. 40 Teile (in 16 Bänden). Berlin: Hempel 1879/80, 4. Teil, S. 119. – Vgl. dazu: Friedrich Beißner: Poesie des Stils. Eine Hinführung zu Wieland. In: Wieland. Vier Biberacher Vorträge 1953. Gehalten von Friedrich Beißner, Emil Staiger, Friedrich Sengle, Hans Werner Seiffert. Wiesbaden: Insel 1954, S. 5-34; Dass. in: Christoph Martin Wieland. Hg. von Hansjörg Schelle (= Wege der Forschung; Bd. 421). Darmstadt: Wissenschaftliche Buchgesellschaft 1981, S. 67-92.

6 Wieland an Georg Joachim Göschen, 28. Februar 1799. In: BW (wie Anm. 1) 14.1, S. 461.

7 Seume an Johann Wilhelm Ludwig Gleim, 14. April 1799. In: Planer/Reißmann (wie Anm. 4), S. 208.

8 Vgl. Dirk Sangmeister: „Leute die viel wißen wollen auch manchmal zu viel beßer wißen“. Johann Gottfried Seume als Lektor und Korrektor im Dienst von Georg Joachim Göschen. In: Jörg Drews (Hg.): Seume: „Der Mann selbst“ und seine „Hyperkritiker“. Vorträge der Colloquien zu Johann Gottfried Seume in Leipzig und Catania 2002. Bielefeld: Aisthesis 2004, S. 113-137; vgl. auch: Peter Goldammer: „Mitleiden drückt nieder, aber Teilnahme tut wohl“. Ein autobiographisches Bekenntnis Johann Gottfried Seumes an Christoph Martin Wieland. In: Impulse. Aufsätze, Quellen, Berichte zur deutschen Klassik und Romantik. Im Auftrag der Nationalen Forschungs- und Gedenkstätten der klassischen deutschen Literatur in Weimar hg. von Walter Dietze und Peter Goldammer, Folge 4. Berlin/Weimar: Aufbau 1982, S. 195. – Neben seiner

dieser klagte mitunter heftig über die vielen Druckfehler. So beschwerte er sich bei Göschen:

> Gott verzeihe dem Korrektor [...] die vielen u[nd] zum Theil schweren Sünden, die er an meinem armen *Aristipp* begangen hat. – Aber freylich, *eilen thut kein Gut*, und nichts ist für einen Correktor verführerischer als Druckfehler. [...][9]

Mit dem langweiligen Korrekturlesen war Seume unterfordert. Aber gerade diesen Altersroman *Aristipp und einige seiner Zeitgenossen* nennt Seume „das Lieblichste, was Wieland noch geschrieben hat."[10] Darin behandle er „den griechischen Geist sehr wohlfeil und doch sehr gut." Das mögen ihm alle danken, „die aus der Quelle schöpfen wollen und nicht können."[11] Der *Aristipp* entstand in Oßmannstedt.

In der Vorrede zur zweiten Ausgabe seiner Gedichte bemerkte Seume:

> Besonderen Fleiß habe ich angewendet, den Abschnitt des Verses zu berichtigen, der die Rhythmik so sehr befördert, und den leider auch unsere guten Dichter oft nicht genug beachten. Hier[bei] ist [aber] Wieland der große Meister.[12]

Für die Neuausgabe von Alxingers Rittergedicht *Bliomberis* verfaßte Seume ein Vorwort, das er Wieland widmete. Darin heißt es:

Tätigkeit als Korrektor betrachtete Seume dieses Amt zugleich als das eines wissenschaftlichen und sprachlichen Redaktors.

9 Wieland an Georg Joachim Göschen, 12. Oktober 1800. In: BW (wie Anm. 1) 15.1, S. 266; vgl. auch: Thomas C. Starnes: Christoph Martin Wieland – Leben und Werk. Aus zeitgenössischen Quellen chronologisch dargestellt. 3 Bände. Sigmaringen: Thorbecke 1987. (Im folgenden zitiert als Starnes, Bandangabe und Seitenzahl); hier: Starnes III, S. 39. – Drei Tage zuvor, am 9. Oktober 1800 hatte Wieland noch eingeräumt, daß der Korrektor an den vielen Verbesserungen unschuldig sei. (vgl. Starnes III, S. 38).

10 Seume an Johann Wilhelm Ludwig Gleim, August 1800. In: Planer/Reißmann (wie Anm. 4), S. 268.

11 Seume an Johann Wilhelm Ludwig Gleim, 6. Februar 1800. In: Planer/Reißmann (wie Anm. 4), S. 248.

12 Johann Gottfried Seume: Prosaische und poetische Werke (10 Teile in vier Bänden). Berlin: Hempel o.J. (1879), Bd. 5, S. 14.

> Es ist mir eine große Belohnung, daß ich bei dieser Gelegenheit Ihnen meine unbegrenzte Hochachtung und meinen warmen Dank bezeigen darf. Denn wenn ich in irgendeiner Stelle glücklich gewesen bin, so bin ich es vorzüglich dem Studium Ihrer Schriften schuldig. [...][13]

In seiner Zeitschrift *Der Teutsche Merkur* (seit 1790 heißt sie *Der Neue Teutsche Merkur*) hatte Wieland auch Beiträge von Seume veröffentlicht, einen Nekrolog auf den Maler Adam Friedrich Oeser[14], also Goethes Zeichenlehrer während seiner Leipziger Studienzeit, und eine Elegie mit dem Titel *Oesers Manen*.[15]

Am 20. November 1801 fand die erste persönliche Begegnung zwischen Seume und Wieland statt. Seume kam in Begleitung des Engländers Henry Crabb Robinson und des Malers Veit Hans Friedrich Schnorr von Carolsfeld. Es war kurz bevor Seume seinen ‚Spaziergang nach Syrakus' antrat, und dies lediglich „mit neun Talern und dem Tacitus in der Tasche"[16], wie er selbst bekannte. Dieser „Gang nach Sicilien war vielleicht der erste ganz freie Entschluß von einiger Bedeutung"[17] nach den Schicksalsschlägen in seinem Leben. Die Ankömmlinge sprachen mit Wieland über historische und politische Themen, über die Reformation, die Französische Revolution und Napoleon sowie von Wielands Übersetzungen.[18]

---

13 Johann Gottfried Seume: Vorbemerkung zur Neuausgabe von Johann Baptist von Alxingers Bliomberis. Ein Rittergedicht in 12 Gesängen. Neue Auflage. Leipzig: Göschen 1802, S. XII.

14 Johann Gottfried Seume: Nekrolog. Über Oeser. Grimma, den 26. Mai [1799]. In: Neuer Teutscher Merkur, 1799, II, S. 152-159 (gez. „Seume"). – Adam Friedrich Oeser war am 18. März 1799 in Leipzig gestorben.

15 Johann Gottfried Seume: Oesers Manen. In: Neuer Teutscher Merkur, 1799, I, S. 365-368 (gez. „Seume").

16 Johann Gottfried Seume: Spaziergang nach Syrakus im Jahre 1802. Hg. und mit einem Nachwort versehen von Jörg Drews. Mit zahlreichen Abbildungen (= insel taschenbuch 2780). Frankfurt/M. und Leipzig: Insel 2001, S. 13; Dass. in: Seumes Werke in zwei Bänden, hg. von Jörg Drews unter Mitarbeit von Sabine Kyora. Frankfurt/M.: Deutscher Klassiker Verlag 1993, Bd. 1, S. 155-540.

17 Ebenda, S. 14.

18 Aufzeichnungen von Henry Crabb Robinson. In: Starnes III (wie Anm. 9), S. 80-83. – Wieland äußerte sich lobend über Napoleon, denn er glaubte, dieser würde die schönen Künste und Wissenschaften fördern.

Auf dem Rückweg aus Italien und Frankreich kam Seume im August 1802 erneut nach Weimar, wo es zu einer Wiederbegegnung mit Wieland kam, und zwar im Schloß Tiefurt, das Seume als ein „Heiligthum der Humanität“ bezeichnete.[19] Er wurde „mit freundschaftlicher Wärme“[20] und „väterlicher Güte“[21] aufgenommen. Den Abend bei der Herzoginmutter Anna Amalia zählte er zu „einen der schönsten Abende der ganzen Reise.“[22] In dieser Gesellschaft waren auch Karl August Böttiger und Friedrich Hildebrand von Einsiedel anwesend.

Seume weilte nur zwei Tage in Weimar, „von Sizilianischer Sonne gebräunt“ und „voll Ingrimms gegen Napoleons Täuschungskünste.“[23] Er hatte bei der Herzogin seine Gedichte *Trauer der Ceres* und *Die Rosen von Pästum*[24] vorgelesen und erntete großen Beifall. Diese Gedichte habe er an Ort und Stelle gedichtet, wie er erklärte.[25]

Im Herbst 1802 sandte Seume das Rittergedicht *Bliomberis* von dem Wiener Lyriker und Epiker Johann Baptist Edler von Alxinger an Wieland. Es war die 2. Auflage und Seume fungierte als Herausgeber, denn Alxinger war 1797 gestorben. Seine Vorrede widmete er „Dem Herrn Hofrath Wieland“. Darin heißt es: „Nach dem Tode des Verfassers haben Sie das nächste litterärische Recht auf das Gedicht“, denn „er war ihr Freund, und Sie nehmen [...] noch den wärmsten Antheil an allem, was das Andenken des Verstorbenen betrifft.“ Seume zollte Wieland seine „unbegränzte Hochachtung“ und erklärte: „Denn wenn ich in irgend einer Stelle glücklich gewesen bin, so bin ich es vorzüglich dem Studium Ihrer Schriften schuldig.“[26] Seume wartete

19 Seume an Sophie von La Roche, 28. Oktober 1802. In: Starnes III (wie Anm. 9), S. 109.

20 Seume: Spaziergang nach Syrakus. Zweiter Teil (wie Anm. 16), S. 383.

21 Seume an Johann Wilhelm Ludwig Gleim, September 1802. In: Planer/Reißmann (wie Anm. 4), S. 383; vgl. auch BW 16.2, S. 27.

22 Ebenda.

23 Karl August Böttiger an Johann Wilhelm Ludwig Gleim, undatiert. In: BW (wie Anm. 1) 16.2, S. 27.

24 Seumes Gedicht *Die Rosen von Pästum* ist eine Klage darüber, daß dort keine Rosen mehr blühen. (Starnes III (wie Anm. 9), S. 108 (Anm.).

25 Ebenda; vgl. auch BW (wie Anm. 1) 16.2, S. 27.

26 Seume an Wieland, Oktober (?) 1802. In: BW (wie Anm. 1) 16.2, S. 39f. [Der Brief ist nicht erhalten; bezeugt: Seume an Böttiger, o.D.]; abgedruckt in: Planer/Reißmann (wie Anm. 4), S. 390.

„begierig“, wie es „der alte Herr aufnehmen wird.“[27] Wieland hatte im Januar 1803 noch nicht auf diesen Brief geantwortet, was Seume als ein schlechtes Zeichen ansah.

Göschen sandte Wieland Ende Dezember 1804 die Vorrede von Seume zur *Beschreibung des Vorgebirgs der guten Hoffnung* von Robert Percival, die Seume übersetzt hatte, und Wieland antwortete:

> Die Vorrede unsres Freundes Seume zur Übersetzung des *Percifallschen* Werks habe ich mit großem Interesse gelesen. Es ist eine Freude, derbe Wahrheiten so freymüthig u[nd] kräftig und doch so manierlich gesagt zu hören. *Seume* kann nun sicher seyn, daß Niemand glauben noch sagen wird, daß Englische Guineen oder goldne Napoleons aus ihm sprechen. Ich habe von jeher große Stücke auf die ächten Cyniker gehalten, deren Ideal Lucian in seinem Cyniskus so trefflich aufgestellt. Der ächte Cyniker ist der ächteste Mensch und der wahre Weise. [...] Das alte Griechenland hatte ihrer kaum ein halb Dutzend binnen 500 Jahren aufzuweisen; und in unsern Tagen ist Seume der Einzige, den *ich* wenigstens kenne.[28]

Zu dieser Zeit verwirklichte der Verleger Göschen seine Idee, monatlich eine Frauenzeitschrift herauszugeben. Dazu plante er folgende Themengebiete: Poesie und Kunst, Schilderungen von Naturszenen und Reisebeschreibungen, Einblicke in die Psychologie, in die Moral, die Klugheitslehre und deren Anwendung auf diese Welt, die Erziehung, auch Gebiete der Wissenschaft, z.B. die Astronomie, auch Zeichnungen und Musikstücke. Einige Beiträge stammten von Frauen außerhalb Deutschlands und ermöglichten somit einen Einblick in andere Kulturen, Lebensweisen und Einstellungen. Göschen lag viel daran, daß an diesem Journal „lauter Damen und keine rohen Männerhände antheil nehmen sollen.“[29]

Im Januar 1805 erschien erstmals das *Journal für deutsche Frauen von deutschen Frauen geschrieben*. Im Untertitel heißt es: „Besorgt von Wieland, Schiller, Rochlitz und Seume. Leipzig 1805-1806.“ Johann Friedrich Rochlitz soll das Journal redigieren, während Schiller und Wieland hierbei

27 Seume an Karl August Böttiger, Oktober (?) 1802. In: BW (wie Anm. 1) 16.1, S. 50.

28 Wieland an Georg Joachim Göschen, 30. Dezember 1804. In: BW (wie Anm. 1) 16.1, S. 369.

29 Luise von Göchhausen an Karl August Böttiger, 14. Dezember 1804. In: Starnes III (wie Anm. 9), S. 189.

beratende Funktion hatten. Wieland und Schiller sollten mit ihrem Namen auf dem Titelblatt von Anfang an der Zeitschrift Ansehen verschaffen. Im Allgemeinen wurden ausschließlich weibliche Autorinnen engagiert, denn der Herausgeber hatte es sich zur Aufgabe gemacht, ein weibliches Publikum zu unterhalten. Doch aus Mangel an Beiträgen von Frauen finden wir vermehrt auch Artikel von Männern.

In der Zeitschrift *Der Freimüthige oder Ernst und Scherz* erschien eine Rezension über diese Frauenzeitschrift, worin betont wird: „[...] Welche Bürgschaft leisten nicht die glänzenden Namen auf dem Titelblatte! Es sind [...] Wielands und Schillers, die geistvollen Rochlitz und des schlichten, wackern Seume. O, bei einer solchen Ankündigung kann man die eignen Namen sparen." Ironisch heißt es: „Die Herren, die sich auf dem Titel nicht *Herausgeber*, sondern *Besorger* nennen, haben in der That einen passenden Ausdruck gewählt, denn so viele geistreiche Damen zu einem Zwecke zu vereinigen, dürfte fast mit etwas Sorge verknüpft seyn. Doch ist ihnen der Dank der deutschen Frauen gewiß."[30]

Die Zeitschrift erschien nur von 1805 bis 1806. Danach wurde sie von Johann Friedrich Rochlitz allein unter dem Titel *Selene* fortgeführt.

Im Herbst 1805 kam es zur dritten Begegnung mit Wieland. Es war unmittelbar nach Seumes zweiter großer Reise, die ihn durch Ost- und Nordeuropa geführt hatte. Er wollte Maria Pawlowna die Grüße ihrer Mutter Maria Feodorowna überbringen, die ihn in Pawlowsk empfangen hatte.[31] Wegen einer Unpäßlichkeit der Erbprinzessin wurde Seume nicht vorgelassen, aber die Herzoginmutter Anna Amalia und die Prinzessin Karoline Luise[32] hatten Seume eingeladen.

Im Sommer 1795 hatte Seume einen verwundeten russischen Major nach Leipzig begleitet. Mit einer Eingabe an den Zaren erwirkte Seume schließlich seine ehrenvolle Entlassung aus der russischen Armee. Aber er hatte keinen

30 R.L.: Neue Zeitschriften. In: Der Freimüthige oder Ernst und Scherz. 19.1.1805, Nr. 14, S. 53f. Abgedruckt in: BW (wie Anm. 1) 16.2, S. 383f.

31 Maria Feodorowna war die Gemahlin des Zaren Pawel I., der 1801 ermordet wurde. – Von Oktober 1792 bis Ende 1796 diente Seume als russischer Offizier im Rang eines Leutnants. Er hatte als Sekretär des Generals Otto Heinrich von Igelström gedient, der nach der 2. Teilung Polens als Generalgouverneur die von Rußland besetzten polnischen Provinzen verwaltete. Nach einem von Kościuszko geleiteten Aufstand war Seume mehrere Monate in polnischer Gefangenschaft.

32 Karoline Luise war eine Tochter Karl Augusts.

Anspruch auf eine Pension. Als er infolge anhaltender schwerer Krankheit praktisch arbeitsunfähig geworden war und seinen Lebensunterhalt nicht mehr bestreiten konnte, entschloß er sich, doch noch um die russische Pension zu bitten. Im Juni 1809 wandte er sich an Friedrich Maximilian Klinger, dem er in Rußland mehrmals begegnet war. Seume schrieb ihm:

> Ich habe keinen Heller Vermögen, kein Amt, kein anderes Erwerbsmittel. Als Siechling kann ich also nicht leben; arbeiten kann ich nicht, und betteln mag ich nicht. [...] Ihr Kaiser ist der einzige Mensch der Erde, den ich einigermaßen als Schuldner anzusehen berechtigt bin. Es war eine Zeit, wo ich [ihm] wesentliche Dienste leistete. [...] Würden Sie die Güte haben, meine Sache dem Kaiser vorzutragen? [...] Wenn ich von Petersburg nichts erhalte, und dieser Sommer meine Gesundheit nicht einigermaßen herstellt, [...] so bin ich ein Mann des Todes. [...][33]

Klingers Antwort auf diesen Brief ist nicht überliefert, aber Wieland, dem sich Seume anvertraute, setzte sich für die Pension ein. Am 10. Januar 1810 schrieb Wieland an Seume: „Ich will *Klingern* nicht von allem Vorwurf freisprechen. Wenn er neuerlich ein Höfling geworden ist“, so wird sein Kredit „bei Hofe sehr gefallen sein. [...] Was er Ihnen von Veränderung der *Zeiten, Personen u[nd] Umständen* in Petersburg angedeutet hat, ist leider! nur allzuwahr.“[34]

Wieland erklärte sich bereit, ein Schreiben Seumes an die russische Zarinmutter Maria Feodorowna über deren Tochter Maria Pawlowna nach Petersburg zu lancieren. Dafür benötige Wieland aber „eine kleine Skizze“ seiner „Lebensgeschichte“ und seiner erlittenen „Schicksale“.[35]

Seume nahm Wielands Angebot dankbar an und schickte sein Gesuch an die Zarinmutter zusammen mit einem Begleitbrief an Wieland. Dieser Brief ist undatiert und ohne Anrede und hat einen Umfang von 14 Seiten. Seume erklärt darin:

> Mitleiden drückt nieder, aber Theilnahme thut wohl und hilft die Kräfte heben, die noch da sind. Auf Ihren Rath habe ich gewagt, der Kaiserin Mutter zu schreiben, der ich nicht unbekannt bin.[36]

33 Planer/Reißmann (wie Anm. 4), S. 619f.
34 Wieland an Seume, 10. Januar 1810. In: BW (wie Anm. 1) 18.1, S. 55.
35 Wieland an Seume, 10. Januar 1810. In: BW (wie Anm. 1) 18.1, S. 56.
36 Seume an Wieland, nach dem 10. Januar 1810. In: BW (wie Anm. 1) 18.1, S. 56.

Im gleichen Brief heißt es:

> Vater Wieland ist eine von den schönen liebenswürdigen kindlichen Seelen, die man zehen Mahl täuscht und die das elfte Mahl mit reinem Vertrauen auf das Göttliche in der Menschennatur sich dem guten Schein wieder hingeben. Ich weiß, verehrungswürdiger Freund, daß man Sie sehr oft hintergangen hat, und weiß doch nur sehr wenig. Solche Naturen, die doch noch Glauben halten, sind himmlische Juwele auf Erden. Sie sind jetzt fast der einzige dieser Art, den ich kenne [...].[37]

Auch Wieland hat Seume sehr geschätzt. Dessen Trauerspiel *Miltiades* befand sich in Wielands Bibliothek,[38] aber auch seine *Gedichte*, der Bericht *Mein Sommer 1805* und zwei weitere Werke.[39]

Über das Trauerspiel *Miltiades* äußerte sich Wieland begeistert und teilte Seume mit: „Seit langer Zeit hat mich weder ein modernes Geistesproduct noch Kunstwerk so ganz in die Zeit des Sofokles u[nd] in das Gefühl der Nähe seines Geistes versetzt." Zwar eigne es sich nicht für eine Bühnenaufführung, doch wäre Wieland „im Besitz von Merlin's Zauberstab und könnte mit einem Schlag desselben ein griechisches Theater, Attische Zuhörer und von Sokrates gebildete Schauspieler aus der Erde aufsteigen lassen", so sollte Seumes Drama, trotz einiger Einwände, „eine sehr schöne Wirkung auf den Brettern thun."[40] Seumes „Philippica" lehnte Wieland jedoch ab. Sie sei „grausenhaft" wahr „und schrecklich schön." Damit ist dessen „Praefatio ad

37 Ebenda, S. 57.

38 Johann Gottfried Seume: Miltiades. Ein Trauerspiel in fünf Aufzügen. Leipzig: Hartknoch 1808. – Vgl. Klaus-P. Bauch/Maria-B. Schröder: Alphabetisches Verzeichnis der Wieland-Bibliothek. Bearbeitet nach dem „Verzeichniß der Bibliothek des verewigten Herrn Hofraths Wieland. 1814." (Schriftenreihe des Antiquariats Klaus-P. Bauch; Bd. 1). Hannover: Internationalismus Verlag 1993, Nr. 790, 3 (WB 1682).

39 Johann Gottfried Seume: Gedichte. Leipzig: Hartknoch 1801 (WB 1559); Gedichte. 3. vermehrte und verb. Ausgabe. o.O. [Jena: Frommann & Wesselh.] 1810 (WB 1560); Mein Sommer 1805. Leipzig: Göschen 1806 (WB 1561); Kampf gegen Morbona bey der Genesung niedergeschrieben im Februar 1809 [Hrsg. u. Vorw.: Chr. August Tiedge] Germanien 1809 [Elberfeld: Schönian]. (WB 1558); Ein Nachlaß moralisch-religiösen Inhalts. Kurzes Pflichten- und Sittenbuch für Landleute [Vorw. v. J. S. V. Schieck]. Leipzig: Göschen, 1811 (WB 1144).

40 Wieland an Seume, 10. April 1809. In: BW (wie Anm. 1)17.1, S. 578f.

fasciculum observationum et conjecturarum in locos Plutarchii difficiliores“ [Vorwort zu einem Bändchen Bemerkungen und Konjekturen zu schweren Stellen des Plutarch] gemeint.[41] Es ist Seumes politisches Bekenntnis und zugleich die radikalste Schrift der zeitgenössischen deutschen Publizistik, in der mit der Parole „Rettung des Vaterlands“ patriotische Ideen von 1813 vorweggenommen werden.

Wieland erkannte sofort die Brisanz und die Aktualität dieses *Vorworts zu einem Bändchen [...] des Plutarch* und schrieb an Seume:

> Ich danke dem Himmel für die Gewißheit, daß Sie, vorausgesetzt, er [der Verleger] wisse, was er drucken ließe, in allen fünf Welttheilen keinen so verwegenen Muttersohn finden werden. Und wäre es möglich, daß sich einer fände – o mein theurer Freund, welches Gute könnten Sie sich versprechen, dem Menschengeschlecht durch die Aufstellung und Bekanntmachung eines so entsetzlichen, schauderlichen, einem nur halb menschlich fühlenden Leser alle Haare auf dem Kopf emporstarren machenden Gemäldes unsrer Zeit verschafft zu haben? [...] In der riesenhaften Stärke, womit Sie mit Ihrer aus Furienschlangen geflochtenen Geißel auf die großen und kleinen Sünder in und außer Deutschland ohne alle Barmherzigkeit lospeitschen,

ließe Seume sogar Cicero weit hinter sich. Aber

> die Ehre, [...] von Welt und Nachwelt für den strengsten Zuchtmeister des freilich leider! tief gesunkenen Menschengeschlechts anerkannt zu werden, würde durch Ihr fruchtloses Marterthum zu theuer erkauft seyn.[42]

Doch verständnisvoll räumte Wieland ein, er könne es Seume

> nicht verdenken, daß er seinem, durch den Anblick und das aufs Höchste gereizte Gefühl aller Thorheiten und Erbärmlichkeiten, aller Greuel und Abscheulichkeiten unsrer Zeiten und des unendlichen Elends, das dadurch über die mißhandelte, herabgewürdigte und an einem langsamen physischen und moralischen Martertode verschmachtende Menschheit in apokalyptischen Zornschaalen ausgegossen ist, zusammengepreßten Herzen auf diese Weise Luft zu machen gesucht hat; aber im Grunde ist dieses Gemählde – mit aller seiner *Wahrheit im Einzelnen* – gleichwohl, aus dem rechten Stand- und Gesichtspunkt betrachtet, *nicht wahr*, und kann es nicht seyn, wie Sie selbst,

41 Entstanden 1808; gedruckt lateinisch 1819, deutsch 1879.
42 Wieland an Seume, 10. April 1809. In: BW (wie Anm. 1)17.1, S. 579.

> so bald Sie sich auf jenen Standpunkt stellen, so gut und besser als ich einsehen müssen.[43]

Aber Wieland bewunderte Seumes linguistische Intelligenz und meinte, er habe die „Stärke [...] der Sprache Ciceros und Juvenals". Deshalb bedaure er, wenn dieses Vorwort „den Freunden der ächten Literatur" deshalb vorenthalten bliebe, „weil sich kein Verleger noch Drucker ohne offenbare Lebensgefahr entschliessen kann, sie mit dieser Vorrede in die Welt zu fördern."[44]

Wie Wieland richtig prophezeit hatte, wurde die Veröffentlichung dieser Schrift untersagt. Erst neun Jahre nach Seumes Tod konnte sie in lateinischer Sprache erscheinen, während die deutsche Übersetzung erst 1879 publiziert wurde. 1809 veröffentlichte Seume ein Gedicht mit dem Titel *Kampf gegen Morbona bey der Genesung niedergeschrieben.*[45] Als Wieland die Ankündigung las, schrieb er dem Verfasser begeistert: „Denken Sie sich selbst die Freude, die mir diese Ankündigung machte, und wie ungeduldig ich diesem Gedicht selbst entgegensehe", das „eine Danksagung an die Natur und Ihren Arzt für [die] Wiederherstellung Ihrer Gesundheit enthalten soll." Wieland bemerkte dazu:

> Große und kaum erträgliche körperliche Qualen machen auch die Leiden der Seele schärfer und brennender. Befreit von jenen, wird sich, wie ich hoffe, auch Ihr Geist und Gemüth erheitern und sänftigen.

Seume hatte seinen Brief an den Ritter Wieland adressiert, denn dieser war im Oktober 1808 von Napoleon zum Ritter der französischen Ehrenlegion ernannt worden. Wieland verbat sich dies und teilte Seume mit: Verschonen Sie mich „mit dem *Ritter*" und „lassen Sie es bei dem althergebrachten Hofrath bewenden, der, um mich dem Postbriefträger kenntlich zu machen, mehr als hinlänglich ist." Wieland schloß den Brief mit den Worten: „Leben Sie wohl, lieber, theurer *Einziger!* Mir ist leid um die Menschheit und um unser Vaterland, *daß* Sie einzig sind."[46]

---

43 Ebenda.

44 Ebenda.

45 Seume: Kampf gegen Morbona (wie Anm. 39).

46 Wieland an Seume, 10. April 1809. In: BW (wie Anm. 1) 17.1, S. 580.

Seume nannte Wieland respektvoll „Patriarch“[47] und „väterlicher Freund“[48] und vertraute ihm einen Plan an, über dem er „schon lange brüte“. Er schrieb ihm:

> Ich kenne und schätze alles Gute der alten und neuen Systematiker über die Politik; aber niemand hat den Gegenstand noch mit gehöriger Strenge behandelt. Plato ist zu sehr Dichter und hat noch keine haltenden Grundbegriffe.

Aristoteles und Cicero entsprachen dem auch nicht. „Hobbes ist ein Despotler, Grotius ein Frömmler; die übrigen bauen Utopien.“ Nur Rousseau habe den „rechten Weg nicht verfehlt, hat ihn aber nicht vollendet.“

Seume mochte die Ausbeute seiner „Gedanken und Erfahrungen kosmischpathologisch, strenge logisch, naturrechtlich politisch gern in ein System bringen“ und dies alles möglichst „in gutem attischen Griechisch“ niederschreiben. Es war ein umfangreiches Projekt. „Dazu gehört freylich noch ungeheure Arbeit, zu der ich nicht weiß, wie ich Zeit und Kraft finden soll. Gedacht habe ich viel darüber; angefangen noch nicht.“[49] Seume zitierte daraufhin eine Maxime von Properz, die lautete: „Bei großen Dingen genügt auch das bloße Wollen.“[50] „Man lachte auch, als ich nach Syrakus gehen wollte; ich ging und kam wieder und niemand hält es mehr für eine Donqvischottiade.“[51]

Die Pensions-Angelegenheit für Seume stieß auf neue Schwierigkeiten. So teilte er Wieland mit:

> Da sehen Sie Selbst, sobald nur jemand wohlthätig in mein Schicksal mit eingreifen will, tritt ihm ein bösartiger Kobolt in den Weg. [...] Die Sache in P[etersburg] mag glücken oder nicht, so ist Ihr Verdienst um mich immer das nehmliche.[...][52]

---

47 Johann Gottfried Seume: Prosaische und poetische Werke (wie Anm. 12), Bd. 3, S. 159.

48 Seume an Wieland, Ende Januar/Anfang Februar 1810. In: BW (wie Anm. 1) 18.1, S. 78.

49 Seume an Wieland, nach dem 10. Januar 1810. In: BW (wie Anm. 1) 18.1, S. 62.

50 Properz: Elegien II, 10,6 .

51 Seume an Wieland, nach dem 10. Januar 1810. In: BW (wie Anm. 1) 18.1., S. 62. – Donqvischottiade: Anspielung auf *Don Quijote* von Cervantes.

52 Seume an Wieland, Ende Januar/Anfang Februar 1810. In: BW (wie Anm. 1) 18.1, S. 78.

Wieland nahm ernsthaft Anteil am Schicksal Seumes und eröffnete ihm im Januar 1810: „Einziger Trost *für mich selbst* ist, daß Sie mich würdig halten (und gewiß bin ich es, dem ernstlichen Willen nach), mich unter Ihre *Freunde vom engern Ausschuß* zu zählen."[53]

Seumes vierte und letzte Begegnung mit Wieland fand im Mai 1810 statt. Seume berichtete darüber an Christoph August Tiedge:

> Die Hauptabsicht meiner Reise war, wie Sie wissen, den alten Herrn zu sehen, der sich immer so patriarchalisch freundlich meiner angenommen hat, und den ich mit jedem neuen Wiedersehen höher schätze und lieber gewinne. Seine Sieben und siebzig sind nur in so fern zwey böse Sieben, als sie wahrscheinlich nicht länger halten als andere Zahlen und dann nicht wieder kommen; übrigens ist er heiter und munter, sprüht nicht selten von Witz, wie man ihn nur in der schönsten Zeit erwarten konnte, scherzt lebhaft wie ein Zwanziger, nur züchtiger und feiner, und die Grazien scheinen noch alle ihre Gaben neu und frisch über das Antlitz ihres Lieblings ausgegossen zu haben.[54]

Während seines Aufenthalts in Weimar kam es auch zur einzigen Begegnung Seumes mit Maria Pawlowna, und zwar in Begleitung Wielands.

Einen Monat später, am 13. Juni 1810, starb Seume in Teplitz. Wieland war von der Nachricht tief erschüttert und bemerkte, nichts habe ihn seit Herders Tod „so tief u[nd] schmerzlich gerührt".[55] Gegenüber Böttiger erklärte er, daß sein Briefwechsel mit dem Verstorbenen

> eine Freundschaft zwischen uns stiftete, wovon wir den lebendigen Keim zwar schon lange in unserm Herzen trugen, der aber nun auf einmal sich so schnell entfaltete, daß eine so enge Verbindung unsrer Gemüther daraus entstand, als ob wir schon zwanzig Jahre in einer immer wachsenden Vertraulichkeit mit einander gelebt hätten.[56]

53 Wieland an Seume, 10. Januar 1810. In: BW (wie Anm. 1) 18.1, S. 55.

54 Seume an Christoph August Tiedge, 16. Mai 1810. In: BW (wie Anm. 1) 18.2, S. 111.

55 Wieland an Karl August Böttiger, 28. Juni 1810. In: BW (wie Anm. 1) 18.1, S. 145.

56 Wieland an Karl August Böttiger, 28. Juni 1810. In: BW (wie Anm. 1) 18.1, S. 145f.

In einem Brief an Göschen bekannte Wieland:

> Seume hatte [...] mein ganzes Herz auf immer gewonnen. [...] Gott! Welch ein Geist, welch ein Herz, welch ein Charakter, ist mit diesem seltnen Mann aus der Welt verschwunden! Daß sein Verlust für *mich* unersetzlich ist, ist das Wenigste: die *Menschheit* hat an ihm eine ihrer größten – leider! unerkannten Zierden verloren! Wie viel hätte er *ihr sein* können, wenn sie seinen Werth gekannt hätte[...][57]

Wieland hatte sich um die Pension Seumes bemüht. Zwei Tage nach dem Eintreffen der Todesnachricht erhielt Wieland durch die Erbprinzessin Maria Pawlowna die Antwort der Zarinmutter, daß Seumes Gesuch positiv entschieden worden war. Einen Nachruf auf Seume hat Wieland zwar nicht verfaßt, entgegen seiner ursprünglichen Absicht, aber voller Anerkennung von Seumes Verdiensten um die Menschheit erklärte er:

> Er hat nichts verloren – wir, seine Freunde desto mehr: ja Sein Tod ist ein, zwar unerkannter, aber eben darum desto größerer Verlust für die Menschheit. Jahrhunderte können vergehen, bis Natur und Schicksal sich vereinigen, wieder einen Mann wie Er hervorzubringen.[58]

Zu seinem 77. Geburtstag, am 5. September 1810, erhielt Wieland zu seiner größten Freude ein Porträt seines früh verstorbenen Freundes. Es war eine Kopie von Caroline Bardua nach dem Original von Gerhard von Kügelgen. Wieland bemerkte dazu:

> Ich weiß nichts, was mich über den Verlust unsers unvergeßlichen Seume kräftiger trösten könnte, als diese so glücklich gelungene Copie eines Bildes, worin der ganze individuelle Charakter des herrlichen Mannes, [...] so wahr, so zart, so lebendig u[nd] kräftig dargestellt ist, daß es Jeden, der (ihn zumal in seiner lezten Lebensperiode) nur einmal in der Nähe gesehen und nur eine Viertelstunde reden gehört, auf den ersten Blick so völlig mit seinem eigensten Ton anspricht, u[nd] daß man, bei der Unmöglichkeit ihn selbst ins Erdeleben

57 Wieland an Georg Joachim Göschen, 21. Juni 1810. In: BW (wie Anm. 1) 18.1, S. 144.

58 Wieland an Karl August Böttiger, 28. Juni 1810. In: BW (wie Anm. 1) 18.1, S. 146.

zurük zu rufen, sich keinen bessern Stellvertreter Seiner Gegenwart wünschen kann als dieses treffliche Bild.[59]

Wieland fand in diesem Bild Linderung seines Schmerzes über Seumes frühen Tod. Böttiger berichtete: „Zu dem Stein, der Seume's leicht abgestreifte Hülle auf dem Begräbnißplatze in Töplitz birgt, trug Vater Wieland, als einer der ersten, sein Goldstück bei."[60]

---

59 Wieland an Karl August Böttiger, 4., 6. und 9. September 1810. In: BW (wie Anm. 1) 18.1, S. 188.

60 Böttiger, Karl August: Ungedruckte Briefe großer und edler Männer. In: Frauenzimmer-Almanach zum Nutzen und Vergnügen für das Jahr 1819. Leipzig 1819, S. 31f. In: BW (wie Anm. 1) 18.2, S. 162.

Gabi Pahnke

„Es ist wohltätig, wenn sich verwandte Menschen treffen [...]" Johann Gottfried Seume und Carl Ludwig Fernow zwischen Rom und Weimar[1]

„[...] Pulcrum Exemplar erat noster Fernovius omni/ Doctrina ad Tiberim, moribus atque bonis. [...]"[2] Dieser Ausschnitt eines kurzen Distichons von Seume auf Carl Ludwig Fernow von Ende Dezember 1808 wirft – selbst in Anbetracht seines postumen Blickes[3] – ein Schlaglicht auf das Verhältnis der beiden Männer.[4] Das Ende der Beziehung zeigt kurz und präzise die Hal-

1 Für die freundliche Unterstützung bei der Entstehung dieses Aufsatzes danke ich herzlich Margrit Glaser (Jena) und Georg Seiderer (Erlangen). – Zitat: Seume an Georg Joachim Göschen, 2.3.1802. In: Johann Gottfried Seume: Briefe. Hg. von Jörg Drews und Dirk Sangmeister unter Mitarbeit von Inge Stephan. Frankfurt/M.: Deutscher Klassiker Verlag 2002, S. 401. Die Formulierung taucht fast identisch nur ergänzt um ein „überall" („es ist überall wohlthätig [...]" wieder auf in: Seume: Spaziergang nach Syrakus. In: Ders.: Werke in zwei Bänden. Hg. von Jörg Drews unter Mitarbeit von Sabine Kyora. Bd. 1. Frankfurt/M.: Deutscher Klassiker Verlag 1993, S. 288.

2 Übersetzung: „[...] Unser Fernow war ein schönes Vorbild in jeder/ Wissenschaft am Tiber und in den guten Sitten [...]", Seume an Carl August Böttiger, Ende Dezember 1808, Briefbeilage. In: Seume, Briefe (wie Anm. 1), S. 578 und ebd. Kommentar, S. 1122.

3 Der Nachruf hatte sich seit der Mitte des 18. Jahrhunderts zu einer den Verstorbenen durchaus kritisch würdigenden Gattung entwickelt, statt sich allein postumer Verehrung zu widmen, vgl. dazu: Ralf Georg Bogner: Der Autor im Nachruf. Formen und Funktionen der literarischen Memorialkultur von der Reformation bis zum Vormärz. Tübingen: Niemeyer 2006, S. 294-319.

4 Seume hatte den Nachruf trotz großer Beeinträchtigung durch seinen schlechten Gesundheitszustand verfaßt und bedauerte, „daß meine Kräfte mir nicht erlauben etwas würdiges über unsern Fernow zu schreiben", Seume an Böttiger, Ende Dezember 1808. In: Seume, Briefe (wie Anm. 1), S. 577. Der Nachruf wurde aus unbekannten Gründen nie publiziert, während es zwei Nekrologe von Böttiger im *Neuen Teutschen Merkur* (3. Bd., Dezember 1808, S.273-302) und in Cottas *Morgenblatt für gebildete Stände* (Nr. 303, 19.12.1808, S. 1209-1210) gab, vgl. Seume, Briefe/Kommentar (wie Anm. 1), S. 1121; zu Seumes Gesundheitszustand auch: Veit Hans Schnorr von Carolsfeld an Böttiger,

tung, die Seume Fernow in der gesamten Dauer ihrer Bekanntschaft entgegengebracht zu haben scheint, nämlich die einer neidlosen Anerkennung von Fernow als Gelehrtem und Menschen.

Angesichts der positiven und respektvollen Bezeichnungen, die Seume für den „Freund", den „braven" oder „wackere[n]", „freie[n], unbefangene[n], kenntnisvolle[n] Mann", mit „Herz und Kopf gehörig im Gleichgewicht" im Verlauf ihrer Bekanntschaft fand, ist zu vermuten, daß die kleinen Meinungsverschiedenheiten zwischen den Männern, auf die noch einzugehen sein wird, ihr Verhältnis nicht gestört haben.[5]

Seume, die Gelehrsamkeit und das Gute im Menschen

Bemerkenswert ist das für Seume insofern, als er sowohl dem Gelehrtentum, dessen Vertreter Fernow unzweifelhaft war, eine deutliche Skepsis entgegenbrachte als auch den menschlichen Charakter generell wenig optimistisch einschätzte.[6] Für Fernows Charakter fand er dagegen nur lobende Worte.

18.12.1808. In: Oskar Planer/ Camillo Reißmann: Johann Gottfried Seume. Geschichte seines Lebens und seiner Schriften. 2. Auflage. Leipzig: Göschen 1904, S. 605f.

5 Seume an Göschen, ca. 8.5.1802; Seume an Johann Wilhelm Ludwig Gleim, 24.12.1802; Seume an Böttiger, Ende Dezember 1808. Alle in: Seume, Briefe (wie Anm. 1), S. 402; 427; 577; Seume, Spaziergang (wie Anm. 1), S. 442.

6 Trotz seiner resignierenden Haltung gegenüber der Erfahrungswelt bewahrte Seume sich den Glauben an das Ideal, das er in seiner Schrift *Über Atheismus im Verhältnis zu Religion, Tugend und Staat* formuliert hatte und mit dem er Ernst Platners anthropologischer Moralphilosophie folgte. Seumes Schrift geht – stark vereinfacht gesagt – davon aus, daß der Mensch zwar eigennützig Glückseligkeit suche, diese aber nur durch tugendhaften Umgang mit anderen erreiche. Die Schrift über den Atheismus wurde erstmals publiziert in: Johann Gottfried Seume: Obolen. Bd. 1. Leipzig: Martini 1796, außerdem in: Johann Gottfried Seume: Prosaschriften, mit einer Einleitung von Werner Kraft. Darmstadt: Melzer 1974, S. 1205-1242, bes. S. 1215. Vgl. zu Seumes Rezeption Platners und zu Platner selbst: Rainer Baasner: „...glückselig zu seyn bey den widrigen Schicksalen des gegenwärtigen Lebens". Johann Gottfried Seumes Rezeption der Philosophie Ernst Platners. In: Lenz-Jahrbuch. Sturm- und Drang-Studien. Bd. 4. St. Ingbert: Röhrig 1994, S. 196-208, 201f. und 205f.; Alexander Košenina: Ernst Platners Anthropologie und Philosophie. Der phi-

Exemplarisch für Seumes Kritik am gelehrten Dasein, die auch seinen eigenen Unwillen oder eben sein Unvermögen zu demselben einschloß, ist ein frühes Gedicht in einem Brief an Karl von Münchhausen, den früheren Gefährten in militärischen Diensten in Amerika.

Ich will das Denken fliehen,
Man denkt sich nur zur Qual;
Und will vor Denkern allemahl
Drey große Kreuze ziehen.
Die rabenschwarze Farbe
Sitzt Denkern auf der Stirn,
Und in dem gährenden Gehirn,
Ist alles Wund und Narbe.

Und schrieb ich zehn Kritiken,
Gelehrt und trist, wie Kant,
Das Dreyeck in der Hand;
Es wären doch nur Krücken […][7]

Hier, wie an vielen anderen Stellen, verweist Seume auf den inneren Aufruhr, den das Denken verursache, ohne zu endgültigen Gewißheiten zu führen.[8] Mit der Nennung Immanuel Kants (1724-1804), der als der bedeutendste der zeitgenössischen Gelehrten galt, trifft er das kalte Gelehrtentum, ausgestattet mit dem „Dreyeck in der Hand“, also dem Meßinstrument des Mathematischen, ins Herz – in das Herz, dessen Fehlen er eben indirekt

losophische Arzt und seine Wirkung auf Johann Karl Wezel und Jean Paul. Würzburg: Königshausen und Neumann 1989, S. 11-41.

7 Seume an Karl von Münchhausen, ca. Februar 1792. In: Seume, Briefe (wie Anm. 1), S. 51.

8 So berichtet Seume von seinem Besuch bei dem italienischen Gelehrten Saverio Landolina (1743-1813), der ihm eine Erörterung mit anderen Archäologen über eine Bodenvertiefung schilderte, die sich hernach als von einem angrenzenden Bauern ausgehobene Futtergrube herausstellte. In: Seume, Spaziergang (wie Anm. 1), S. 363. Ähnliche Stellen, in denen Seume seine Abneigung gelehrt zu werden, begründet, vgl. Seume, Spaziergang (wie Anm. 1), S. 331f.; Seume an Gleim, 30.8.1798. In: Seume, Briefe (wie Anm. 1), S. 184, u.v.m.

beklagt.[9] Zugleich erteilt er ihm seine Billigung – „Drey große Kreuze" ziehend – ohne jedoch die eigene Distanz zum Gegenstand aufzugeben.[10]

Die Skepsis gegenüber einer im Menschen verwurzelten Güte behielt er zumindest gegen sich selbst ebenso wie gegen andere: „Das ist nun so das menschliche Herz, ein selbstisches, unzufriedenes, geiziges, ungenügsames Ding."[11] Aber auch schon viel früher hatte er vor dem Menschen per se gewarnt:[12]

> [...] Trau nicht den Menschen; dicker Firnis decket
> Die wahre Farbe, welche tief verstecket
> Sich selten, in der Leidenschaft nur zeigt [...][13]

Eine Ausnahme mag Fernow für Seume also nicht nur in Anbetracht der postumen Worte gewesen sein. Wie kam es nun dazu? Die Annäherung zwischen Seume und Fernow zu klären, bedarf einerseits der Erläuterung von Fernows Vita und andererseits der Offenlegung von Beginn und Verlauf der Beziehung zwischen den Männern in Rom und Weimar.

Zu Fernow

Carl Ludwig Fernow, wie Seume geboren im Jahr 1763, kam in Blumenhagen in der Uckermark, also im Brandenburgischen, zur Welt und entstammte

9 Geometrische Meßgeräte waren im 18. Jahrhundert allgemein bekannt. Als eines der Standardwerke zu diesem Thema galt bereits zeitgenössisch das Werk des Leipziger Instrumentenbauers Jacob Leupold (1674-1727): Theatrum arithmetico-geometricum, Das ist: Schau-Platz der Rechen- und Meßkunst, Leipzig 1727.

10 Seumes Nennungen von Kant lehnen sich immer an dieses Muster einer Billigung oder gar Würdigung von Kants Leistungen an, etwa Seume an Karl von Münchhausen, ca. Mitte Februar 1803. In: Seume, Briefe (wie Anm. 1), S. 441 oder Seume, Spaziergang (wie Anm. 1), S. 173.

11 Seume über sich selbst an Johanna Devrient, Ende Februar 1810, vgl. ähnlich auch: Seume an Wilhelmine Röder, ca. Mitte Dezember 1796. Beide in: Seume, Briefe (wie Anm. 1), S. 618 und 99.

12 Vgl. auch: Inge Stephan: Johann Gottfried Seume. Ein politischer Schriftsteller der deutschen Spätaufklärung. Stuttgart: Metzler 1973, S. 109ff.

13 Seume: Abschiedsschreiben. Meinem Freunde von M..... In: Neue Thalia. 1792. 2. Bd., S. 40-51, S. 46.

bäuerlichen Verhältnissen. Darin, wie in der finanziellen Unterstützung des talentierten Jungen durch eine ortansässige Adelsfamilie ähnelt Fernows Lebenslauf demjenigen Seumes. Auch Fernow nahm weiterhin nicht den direkten Weg zu einer akademischen Ausbildung, sondern den Umweg über eine Apothekerlehre in Anklam. Von dort entfloh er 1785 vor preußischen Werbern in eine Anstellung in einer Apotheke nach Lübeck, wo seine intellektuellen Talente neben der Arbeit vor allem durch die Person des Malers Asmus Jakob Carstens (1754-1798) weit mehr angesprochen wurden als bisher, so daß er sich bei dessen Fortgang nach Berlin entschloß, ein Studium der Philosophie in Jena anzutreten. Dort gelangte er ab spätestens 1792 in den näheren Umkreis des als Kantianer bekannten Philosophen und Illuminaten Karl Leonhard Reinhold (1757-1823)[14], und lernte den deutsch-dänischen Dichter Jens Immanuel Baggesen (1764-1826), ebenfalls Illuminat, kennen.[15] Letzterer lud ihn nach Bern ein, von wo aus die Männer gemeinsam zu einer Italienreise aufbrachen.[16] Wieder mit adeliger Förderung gelangte

14 Reinhold, geborener Wiener, hatte Kontakte zum Kreise der Wiener Illuminaten, etwa zu Aloys Blumauer. Er studierte kurzzeitig bei Ernst Platner in Leipzig, ehe er ab 1784 bei Wielands *Der Teutsche Merkur* als Redakteur tätig wurde, welch letzterer ihm schließlich zur Jenaer Professur verhalf. Vgl. Artikel Reinhold. In: Walther Killy: Literaturlexikon. Autoren und Werke deutscher Sprache. Bd. 9. Gütersloh/ München: Bertelsmann-Lexikon 1989, S. 373f. Ein Kontakt zu Seume geht aus dessen Schriften nicht hervor. In Jena versammelten sich um Reinhold etwa Friedrich Immanuel Niethammer, Johann Benjamin Erhard und Novalis, vgl. zu Reinholds Kontakten insgesamt und insbesondere zu den Illuminaten: Harald Tausch: Von Jena nach Rom. Beobachtungen zur Genese von Fernows Wissenschafts- und Kunstverständnis im Beziehungsgeflecht zwischen Karl Leonhard Reinhold, Johann Gottlieb Fichte und Johann Benjamin Erhard. In: Reinhard Wegner (Hg.): Kunst als Wissenschaft. Carl Ludwig Fernow – ein Begründer der Kunstgeschichte. Göttingen: Vandenhoeck und Ruprecht 2005, S. 11-59, S. 14f.

15 Vgl. Artikel Baggesen. In: Killy, Literaturlexikon (wie Anm. 14), Bd. 1. S. 291f. Seume selbst bezeugt nur an einer Stelle, nämlich rein rezeptiv durch eine lobende, aber wenig differenzierte Kommentierung von Baggesens Dichtung *Parthenäis oder die Alpenreise. Ein idyllisches Epos in neun Gesängen* (1803), daß ihm selbiger zumindest namentlich bekannt war, vgl. Seume an Böttiger, Ende Januar/Februar 1803. In: Seume, Briefe (wie Anm. 1), S. 439.

16 In Zürich begegneten Fernow und Baggesen dem Philosophen Johann Gottlieb Fichte (1762-1814), von dessen Philosophie sie zunächst begeistert waren, was sich später änderte, vgl. hierzu Tausch, Von Jena nach Rom (wie Anm. 14),

Fernow bis nach Rom, wo er seit 1794 seine zweite Heimat fand. Dort traf er erneut Carstens, mit dem ihn fortan eine enge Freundschaft verband und anhand dessen Künstlervita er seine kunsttheoretischen Ansätze präzisierte.[17] Sein Tätigkeitsschwerpunkt verschob sich in dieser Zeit von der eigenen künstlerischen Praxis, die er seit der Lübecker Zeit betrieb, hin zu Kunstgeschichte und -theorie, die ihn spätestens seit Jenaer Zeiten beschäftigte.[18] Sie sollte ihn in die Nachfolge des Kunstwissenschaftlers Johann Joachim Winkkelmann (1717-1768) stellen, indem er dessen Phänomenologie eine theoretische Ebene hinzufügte und eine Systematisierung wenn nicht vollendete, so doch anstrebte.[19] Darüber hinaus beschäftigte sich der vielseitige Gelehrte

S. 38ff. Seume wird mit großer Wahrscheinlichkeit während seines zweiten Leipziger Studiums dem im Jenaer Kreis um Reinhold verkehrenden Dichter Novalis (1772-1801) begegnet sein, könnte aber auch Fichte schon beim abgebrochenen ersten Studium kennengelernt haben, der – wie er – bei Platner hörte, vgl. Košenina, Platners Anthropologie (wie Anm. 7), S. 33ff. An Seumes Grab jedenfalls standen Fichte und seine Gattin, ohne daß bislang eine Verbindung zwischen Seume und Fichte auszumachen gewesen wäre – außer eben einer Beschäftigung beider mit dem Atheismus und politisch-zeitkritischen Gedanken, vgl. Seume: Mein Leben/ Fortsetzung. In: Seume, Werke. Bd. 1 (wie Anm. 1), S. 151, und: Jörg Drews: Was Johann Gottfried Seume las, als die Klassiker schrieben. Eine erste Skizze von Seumes Lesesozialisation und Lektüreschwerpunkten. In: Jörg Drews: Seume – „Der Mann selbst" und seine „Hyperkritiker". Vorträge der Colloquien zu Johann Gottfried Seume in Leipzig und Catania. Bielefeld: Aisthesis 2004, S. 89-111, S. 110. Zu erwähnen ist in diesem Zusammenhang aber auch, daß Fichte aufgrund einer Kur ohnehin in Teplitz weilte, vgl. Fichte an seinen Vater, Christian Fichte, 10.6.1810. In: Johann Gottlieb Fichte: Gesamtausgabe der Bayerischen Akademie der Wissenschaften. Hg. von Reinhard Lauth und Hans Gliwitzky. III: Briefe. Bd. 6: Briefwechsel 1806-1810, Stuttgart und Bad Cannstatt: Frommann 1997, S. 337.

17 Karl Ludwig Fernow: Leben des Künstlers Asmus Jakob Carstens, ein Beitrag zur Kunstgeschichte des achtzehnten Jahrhunderts. Leipzig: Hartknoch 1806.

18 Vgl. Tausch, Von Jena nach Rom (wie Anm. 14), S. 35.

19 Schriften Fernows dazu in Auswahl: Über den Bildhauer Canova und dessen Werke. Zürich: Gessner 1806; Römische Studien. Zürich: Gessner 1806. Unvollendet blieb eine Schrift Fernows über die Ästhetik für bildende Künstler, vgl. dazu: Herbert von Einem: Carl Ludwig Fernow: eine Studie zum deutschen Klassizismus. Berlin: Deutscher Verein für Kunstwissenschaft 1935, S. 15. Zur Einordnung Fernows als Kunsttheoretiker vgl. v.a. Harald Tausch: Entfernung

mit Studien zur italienischen Sprache und Literatur und mit biographischen Arbeiten.[20] Seine Beiträge erschienen in den einschlägigen Zeitschriften des ausklingenden Jahrhunderts, also im *Neuen Teutschen Merkur*, in der *Neuen Thalia*, im *Morgenblatt für gebildete Stände* oder etwa im *Journal des Luxus und der Moden;* alles Organe, in denen auch Seume publizierte. Nicht wenig war dieser Erfolg auch der zeitgenössischen Italienbegeisterung geschuldet.

In Rom heiratete Fernow 1800 die Römerin Maria Therese Fini (1773-1808), ohne daß er es anderen ‚Deutschrömern‘ mit einer Konversion gleichtat.[21] Trotz seiner Anerkennung als Gelehrter und Autor blieb seine finanzielle Situation schlecht. Unterstützung fand er im Reich bei dem Verleger Johann Friedrich Cotta (1764-1832), der ihm immer wieder Gelder vorstreckte, ohne je eine entsprechende Gegenleistung zu erhalten.[22] Endlich erhielt Fernow durch Vermittlung des Publizisten Carl August Bötti-

---

der Antike. Carl Ludwig Fernow im Kontext der Kunsttheorie um 1800. Tübingen: Niemeyer 2000, S. 1-9 und 257-259.

20 Auch hier in Auswahl etwa: Italienische Sprachlehre für Deutsche. Tübingen: Cotta 1804; Leben Lodovico Ariosto's des Göttlichen. Zürich: Gessner 1809; Tasso, Torquato: La Gerusalemme liberata, esattamente copiata dalla ed. di Bodoni da C[arl] L[udwig] Fernow. Jena: Frommann 1809; La divina Commedia di Dante Alighieri, esattamente copiata dalla edizione romana del P. [Baldasarre] Lombardi. S'aggiungono le varie lezioni, le dichiarazioni necessarie, e la vita dell'autore nuovamente compediata da C[arl] L[udwig] Fernow. Jena: Frommann 1809. Unvollendet blieben seine Ausgabe von Johann Joachim Winckelmanns Werken, die dann durch Heinrich Meyer und Johann Schulze fortgesetzt wurde und sukzessive zur Publikation gelangte, und ein Wörterbuch der italienischen Sprache, vgl. Einem, Fernow (wie Anm. 19), S. 15.

21 Die Diplomaten und Altertumswissenschaftler Wilhelm Uhden (1763-1835) und Georg Zoëga (1755-1809) etwa waren im Zuge ihrer Eheschließung zum Katholizismus konvertiert, vgl. Erhard Ross: Wilhelm Uhden – Vierzig Jahre preußischer Beamter in Rom und Berlin 1795-1835. In: Oswald Hauser (Hg.): Preußen, Europa und das Reich. Köln und Wien: Böhlau, 1987, S. 151-193, S. 156; Artikel Zoëga, Georg. In: Allgemeine Deutsche Biographie. Hg. durch die Historische Commission bei der Königl. Akademie der Wissenschaften. Bd. 45. Leipzig: Duncker & Humblot 1900, S. 391.

22 Erstaunlich ist, daß Fernow immer wieder Ansprüche an Cotta stellte, obwohl er ihm nur die *Italienische Sprachlehre* (vgl. Anm. 20) geliefert hatte, welche die Ausgaben, die Cotta für ihn getätigt hatte, längst nicht gedeckt haben dürfte, vgl. dazu etwa die Briefe Fernows an Cotta im Literaturarchiv Marbach/ Cotta Br. (1.11.1801, 15.1.1802, 2.4.1803).

ger (1760-1835) eine Professur für Ästhetik in Jena und verließ nach langen Verzögerungen in der Hoffnung auf regelmäßige Einkünfte zusammen mit seiner Frau und dem neugeborenen Kind 1803 das geliebte Rom. Doch die Hoffnungen sollten sich als trügerisch erweisen. Nicht nur die durch ein auf der Reise entstandenes und ständig wiederkehrendes Fieber verminderten Erwerbsmöglichkeiten, auch die von der Universität geforderten Antrittsgelder, das geringe Gehalt und die Kosten zur Überstellung seiner kostbaren italienischen Bibliothek verhinderten eine einträgliches Einkommen für Fernow. Die Ernennung zum Bibliothekar von Anna Amalia von Sachsen-Weimar-Eisenach (1739-1807) im Frühjahr 1804 nach dem Tode des vorigen Bibliothekars Christian Joseph Jagemann (1735-1804) vereinfachte die finanzielle Situation der Familie, doch eine Verbesserung von Fernows gesundheitlichem Zustand trat trotz mehrerer Kuren nur zeitweise ein und die Sehnsucht nach Italien ließ nicht nach. Ein Trost war für den unaufhörlich arbeitenden Fernow seit 1806 der intensive Kontakt zu Johanna Schopenhauer und die Teilnahme an ihrem Salon.[23] Sein letztes großes Werk, eine kritische Ausgabe der Werke Johann Joachim Winckelmanns sollte unvollendet bleiben. 1808 ereilte Fernow der Tod durch ein Aneurysma.[24]

Biographische Parallelen

Auffällig sind die Parallelen einiger biographischer Koordinaten bei Seume und Fernow: der Geburtsjahrgang[25], die einfache Herkunft, die Wechselhaf-

23 Sie nahm sich zudem nach dessen Tod seiner Biographie an, wie auch Seume wußte, vgl. Johanna Schopenhauer: Carl Ludwig Fernow's Leben. Tübingen: Cotta 1810; Seume an Christoph August Tiedge, 16.5.1810. In: Seume, Briefe (wie Anm. 1), S. 633.

24 Zu den biographischen Angaben vgl. ADB (wie Anm. 21), Bd. 6, S. 716f; Killy, Literaturlexikon (wie Anm. 14), Bd. 3, S. 358; Einem, Fernow (wie Anm. 19), S. 5-15. Der Ergänzung der biographischen Kenntnisse über Fernow wird sicherlich auch eine Briefedition der Fernow-Briefe dienen, die von Margrit Glaser, Harald Tausch und Reinhard Wegner unter Förderung der Deutschen Forschungsgemeinschaft betrieben wird.

25 Zur Problematik der Pauschalisierung von Erfahrungszusammenhängen durch das Konzept der Generation vgl. schon für zeitgeschichtliche Kontexte: Bernd Weisbrod: Generation und Generationalität in der Neueren Geschichte. In: Generationen – Gerechtigkeit. In: Aus Politik und Zeitgeschichte (Beiblatt

tigkeit des Lebenslaufes, der Wunsch nach Bildung, der Aufstieg in die akademische Welt und die Publikationstätigkeit, die finanziellen Krisen und die Sehnsucht nach Italien, wo sie gleiche Interessen, darunter die Antike, in Rom zusammenführen sollten, schließlich der frühe Tod beider durch Krankheit. Anzunehmen ist auch eine Überschneidung von Erfahrungshorizonten hinsichtlich ihres Verhältnisses zu Frauen. Das Gedicht *Abschied von Fanny* läßt darauf schließen, daß auch Fernow Enttäuschungen und Liebeskummer nicht fremd gewesen waren, ohne daß darüber bisher mehr bekannt wäre:

> [...] Sieh! Ich gab mit argwohnfreier Seele
> Dir mein ganzes, offnes Herz dahin.
> Wähnte Dich ein Mädchen ohne Fehle
> Hielt Verstellung für geraden Sinn;
> Für Natur, für unbefangne Jugend,
> jene Offenheit, die mich entzückt;
> freute mich der seltnen Mädchen Tugend.
> War beglückt, in meinem Wahn beglückt.[...][26]

Wie kam es nun also zur Bekanntschaft der beiden Aufsteiger?

Empfehlung nach Rom

Der Usus der Empfehlung knüpfte das erste Band zwischen Fernow und Seume. Empfehlungsschreiben für Reisende eröffneten entweder durch vorherige Ankündigung langfristig oder durch Überbringung des Reisenden auch kurzfristig Tür und Tor des Adressaten, um den Empfohlenen nicht nur gesellschaftlicher und sozialer Orientierung, sondern manchmal auch schlicht materiellen Geleites vor Ort zu versichern.

---

zu: Das Parlament). Hg. von der Bundeszentrale für politische Bildung. Nr. 8. 2005, S. 3-9 (http://www.bpb.de/publikationen/XF3FP1.html).

26 Karl Ludwig Fernow: Abschied von Fanny. In: Neue Thalia. 1793. 3. Bd., S. 110-112. In diesem Zusammenhang könnte auch ein – allerdings nicht als Liebesbrief erkennbares – Schreiben an eine Frau stehen, die Fernow mit „Fritze“ anredet – bei beiden Namen dürfte es sich um Kosenamen des Namens Franziska handeln, vgl. Fernow an Unbekannt, 12.6.1792. Freies Deutsches Hochstift Frankfurt/M.. Sig. 3055.

Die Empfehlung für Seume an Fernow ging vom Altertumsforscher und Publizisten Karl August Böttiger aus, was in einem Brief Fernows an Böttiger belegt ist, der zugleich Fernows Hochachtung für den „interessanten" und „biedere[n]"[27] Besucher widerspiegelt:

> Die Einlage wird Ihnen sagen, daß der biedere Seume[28] glücklich bei uns eingewandert ist. Ich danke Ihnen daß Sie mir Gelegenheit verschafft haben, diesen interessanten Pilgrim, den ich schon lange aus einigen Gedichten in Schillers Thalia kannte, persönlich kennen zu lernen.[29]

Fernow wie Seume verbanden schon länger geschäftliche sowie private Beziehungen mit Böttiger. Besonders über Beiträge zum *Neuen Teutschen Merkur*, altertumswissenschaftliche Fragestellungen und den Verleger Georg Joachim Göschen (1752-1828) gab es Querverbindungen.[30] Böttiger blieb

27 Zur Bedeutung der Adjektivs „bieder" ist im *Zedler* wie folgt formuliert: „ein ehrbarer, aufrichtiger Mann, oder beyder Mann, ein Mann von Ehren, so bey den Theilen eine Sache zu dem Besten aufhebt, verträgt oder beylegt" und „Bieder heißt Bauer und Bürger". In: Johann Heinrich Zedler: Grosses vollständiges Universal Lexikon aller Wissenschafften und Künste [...]. Bd. 3. Halle und Leipzig: Zedler 1733, S. 898. Ähnlich definiert auch der von Seume häufig gebrauchte *Adelung* „Bieder" als „fromm, tugendhaft, rechtschaffen, ehrlich, tapfer" und den „Biedermann" als „Patrioten". In: Johann Christoph Adelung: Grammatisch-kritisches Wörterbuch der hochdeutschen Mundart. Bd. 1. Mit D.W. Soltau's Beyträgen, rev. und berichtiget von Franz Schönberger. Wien: Pichler 1808, S. 1003.

28 Zeitgenössisch gebräuchlich ist die auch in dieser Handschrift vorgenommene Unterstreichung des Personennamens.

29 Fernow an Böttiger, Rom, 19.3.1802. Sächsische Landesbibliothek (künftig: SLUB) Dresden, h 37, 4°, Bd. 50, Nr. 7. Zitiert nach: Seume, Briefe/ Kommentar (wie Anm. 1), S. 971f. Bei der genannten Einlage handelte es sich vielleicht um Seumes Brief an Göschen vom 2.3.1802, der durch Einschluß übersandt worden sein könnte. Bei den erwähnten Gedichten, die Fernow von Seume in der *Neuen Thalia* gelesen haben könnte, muß es sich um *Der Wilde* (1793. 3. Bd., S. 155-160) und *Abschied von Münchhausen* (1792. 2. Bd., S. 40-51) gehandelt haben.

30 Briefe an bzw. von Böttiger sind bei Seume belegt ab Mitte 1798, vgl. Seume, Briefe (wie Anm. 1), S. 175f. Briefwechsel zwischen Fernow und Böttiger sind für den Zeitraum ab 1797 in der SLUB Dresden erhalten, vgl. Jochen Golz:

auch später – seinem Ruf als umtriebiger Mediator gerecht werdend – Vermittler zwischen den Männern, pflegte zu beiden intensive Kontakte.[31]

Humanität versus Gelehrsamkeit? Das Altertum als Konnex

Die freundliche Aufnahme in Rom, vor allem durch Fernow „mit Humanität“[32], entspricht ganz dem Bild der Gelehrtenbegegnung, das Seume im *Spaziergang nach Syrakus* in vielen Details untermauerte, obwohl er wenig von den Inhalten der Treffen in Rom berichtete und obgleich er so häufig Kritik an den Gelehrten geübt hatte, denen er sich nun selbst zuordnete.[33] Er lobt Fernow und den zum selben deutschen Kreis in Rom gehörigen Altertumsforscher und Diplomaten Wilhelm Uhden (1763-1835) in ihrer Rolle als gelehrte Schriftsteller, aber noch mehr lobt er sie als Menschen: „Du kennst die Männer aus ihren Arbeiten, welche gut sind; aber sie selbst sind noch besser, welches nicht immer der Fall bei literärischen Männern ist.“[34] Diese Skepsis gegenüber den „literärischen Männern“ scheint mit der oben beschriebenen Skepsis gegen das Gelehrtentum vergleichbar zu sein. Doch durch die Atmosphäre klassischen Geistes in Rom vermochte Seume seine

---

Fernow in Weimar. In: Michael Knoche/ Harald Tausch (Hg.): Von Rom nach Weimar – Carl Ludwig Fernow. Tübingen: Narr 2000, S. 1-19, S. 3 und 15.

31 Seume an Böttiger, Anfang Oktober 1802. In: Seume, Briefe (wie Anm. 1), S. 418. Zu Böttigers Ruf als „Magister Ubique“ und seinem Kontakt zu Fernow vgl. Anja Schmidt-Funke: Karl August Böttiger (1760-1835). Weltmann und Gelehrter. Heidelberg: Winter 2006, S. 78-84 und 71. Zu dem Kontakt zwischen Böttiger und Fernow vgl. auch die von Böttiger in der Folge seines Nekrologes im *Neuen Teuschen Merkur* publizierten Briefe Fernows an ihn, vgl. Karl Ludwig Fernow: Auszüge aus Briefen,...an B-. In: Der neue Teutsche Merkur. 1808. Bd. 3, S. 303-326.

32 Seume an Göschen, Rom, 2.3.1803. In: Seume, Briefe (wie Anm. 1), S. 401.

33 Zum Typus der Gelehrtenbegegnung wären etwa auch Seumes Zusammentreffen mit den italienischen bzw. französischen Altertumswissenschaftlern Saverio Landolina (1743-1813) und Aubin-Louis Millin (1759-1818) zu zählen, vgl. Seume, Spaziergang (wie Anm. 1), S. 351ff. und 506.

34 Seume, Spaziergang (wie Anm. 1), S. 286.

kritische Haltung zum Gelehrtendasein durch die Liebe zum Altertum und die für ihn damit im Zusammenhang stehende Humanität zu tilgen.[35]

> Eben habe ich Canova gesehen und unsere Freunde, Reinhart und Fernow. Es ist überall wohltätig, wenn sich verwandte Menschen treffen; aber wenn sie sich auf so klassischem Boden finden, gewinnt das Gefühl eine eigene Magie schöner Humanität.[36]

Bezeichnend ist, daß der Begriff der Humanität bei Seume immer wieder im Zusammenhang mit Gelehrtenbegegnungen Anwendung findet.[37] Viel später, im Jahr vor seinem Tod und diesen durch Krankheit vor Augen, wird dieses Ideal geradezu beschworen, eine Transzendenz desselben akzentuiert:

> [...] An der Tiber und der Seine fanden
> In den Sälen alten Reichtum oft
> Sich die bessern Seelen-Anverwandten,
> Magisch, ungesucht und unverhofft [...][38]

Weiter berichtete er über seinen römischen Aufenthalt von gemeinsamen Besichtigungen mit Fernow und anderen[39]. Den Blick von der Peterskir-

---

35 Hier sei angefügt, daß unklar ist, ob diese Atmosphäre antiken Geistes von Seume tatsächlich schon in Rom empfunden, ihm also de facto zuteil wurde, oder erst retrospektiv durch ihn entworfen wurde.

36 Seume, Spaziergang (wie Anm. 1), S. 288.

37 Vgl. Seume über Begegnungen mit Gelehrten in Wien und Weimar bzw. Empfehlungen: an Böttiger, 31.12.1801; an Göschen, 1.1.1802; an Sophie von La Roche, 28.10.1802. Alle in: Seume, Briefe (wie Anm. 1), S. 379, 388, 420.

38 Johann Gottfried Seume: Kampf gegen Morbona bey der Genesung niedergeschrieben. Germanien [Elberfeld: Schönian] 1809, in der Ausgabe: Johann Gottfried Seume: Werke in zwei Bänden. Hg. von Jörg Drews unter Mitarbeit von Sabine Kyora. Bd. 2. Frankfurt/M.: Deutscher Klassiker Verlag 1993, S. 519.

39 Es ist an dieser Stelle nur von zwei weiteren Personen die Rede. Folgt man der frühen Seume-Biographie von Planer und Reißmann, wird es sich bei der dritten Person statt um Uhden um den französischen Botaniker und Übersetzer Auguste Duvau (1771-1831) gehandelt haben, so berichtet zumindest letzterer in einem Brief an Böttiger von einer gemeinsamen Besteigung der Kuppel der Peterskirche, 25.6.1802, abgedruckt in: Planer/ Reißmann, Seume (wie Anm. 4), S. 354f. Vgl. dazu auch unter Berücksichtigung der editorischen

che, den er auch mit Fernow gemeinsam genoß, verarbeitete er in antiken Bezügen und Kirchenkritik.[40] Die literarisierten Formen, in denen er den gemeinsamen Besuch der Kuppel überlieferte, rücken weit weg von einer Realität des möglicherweise Gesprochenen. Dies gilt gattungsuntypisch für die aphoristische Darstellung der Situation in den *Apokryphen* kaum mehr als für Seumes Bericht im *Spaziergang nach Syrakus*.[41] Wir wissen nicht, worüber die Männer sich tatsächlich austauschten. Seumes literarische Selbstdarstellung dringt durch: Seume als einsamer Wanderer und kritischer Denker und daraus folgend Seume als Liebling gebildeter und überlegener Gelehrter, Herrscher oder Militärs.

Die Berichte vom Rückweg von Syrakus, auf dem Seume im Mai 1802 zum zweiten Mal Rom besuchte, stellen einige Kontakte in ihren Inhalten etwas klarer dar und weisen darauf hin, daß es sich bei den beschriebenen Begegnungen mit Gelehrten und Künstlern, also auch Fernow, vermutlich um Stilisierung, aber nicht allein um Fiktion handelte. Ein Beispiel dafür ist sein Bericht über einen Ausflug in die Gegend um Rom mit Uhden.[42] Gelehrte Gespräche über den antiken Felsenkanal am Albaner See werden paraphrasiert, was erneut die Antike als gängiges Gesprächsthema hervorhebt. Ungeachtet aller Stilisierung, die Seume hier möglicher- oder wahrscheinli-

Mängel dieser popularwissenschaftlichen Arbeit und der Ermangelung (noch! vgl. Anm. 24) einer historisch-kritischen Edition: Livia Gerhardt: Carl Ludwig Fernow. Leipzig: Haessel 1908, S. 116 und 121. Hier wird auch von einem gemeinsamen Besuch des kapitolinischen Turms berichtet. Der bei Planer/ Reißmann abgedruckte Brief bzw. die bei Gerhardt genannten Stellen finden sich auch in der ergiebigen Edition der Briefwechsel zwischen Böttiger und Duvau, vgl. Klaus Gerlach/ René Sternke (Hg.): Karl August Böttiger. Briefwechsel mit Auguste Duvau. Berlin: Akademie 2004, Briefe Nr. 50 und 57.

40 Seume, Spaziergang (wie Anm. 1), S. 453. Dazu und zu der Problematik der Identifikation der anwesenden Personen vgl. auch: Rupert Gaderer: J.G. Seume – J.C. Reinhart – C.L. Fernow: Rom, Blicke. In: Drews: Hyperkritiker (wie Anm. 16), S. 243-260, S. 254ff.

41 Seume, Apokryphen. In: Ders., Werke. Bd. 2 (wie Anm. 38), S. 96; Seume, Spaziergang (wie Anm. 1), S. 453. Zum Gattungstypus des Aphorismus insbesondere bei Seume vgl. Urs Meyer: Politische Rhetorik. Theorie, Analyse und Geschichte der Redekunst am Beispiel des Spätaufklärers Johann Gottfried Seume. Paderborn: mentis 2001, S. 234-251.

42 Sie besuchten Marino, Grottaferrata, Frascati und den Albaner See, vgl. Seume, Spaziergang (wie Anm. 1), S. 445f.

cherweise einfließen ließ, ist diese Darstellung insofern nicht undenkbar, als Seume sich hier in einem Kreis bewegte, in dem die Antike der Mittelpunkt aller Betrachtungen war, nur eben in professionellerer Weise als bei Seume. Ausgehend von Böttiger und mit Georg Zoëga (1755-1809), dem dänischen Generalkonsul in Rom und Schüler des berühmten Göttinger Altertumswissenschaftlers Christian Gottlob Heyne (1729-1812), und dem preußischen Diplomaten Wilhelm Uhden befand sich Seume unter den Gelehrten, die mitbegründend für die Etablierung der Archäologie als universitäre Disziplin waren.[43]

Neben einer Aufweichung von Seumes Kritik des akademischen Gelehrtenbildes durch den Begriff der Humanität und durch die antiken Bezüge ist allerdings gerade hinsichtlich Fernow zu bemerken, daß jener sich selbst gegen die starren Rollenmerkmale des Gelehrten gewendet hatte und sich nicht auf eine rein theoretische Wissenschaft beschränken ließ, sondern aus ihr auch lebensweltliche und politische Konsequenzen zog.[44]

---

43 Seume scheint Heyne nur rezipiert zu haben, vgl. Seume, Spaziergang (wie Anm. 1), S. 366, 368 und 415. Eine Begegnung mit Zoëga ist wegen seiner Präsenz im römischen Leben von Uhden und Fernow als höchstwahrscheinlich anzunehmen. Zu Fernows Wertschätzung Zoëgas als Wissenschaftler vgl. auch ein Brief Fernows (ohne Angabe des Adressaten, vermutlich an Böttiger) vom 10.2.1805. In: Gerhardt, Fernow (wie Anm. 39), S. 165f. Zur Etablierung der Archäologie vgl. Detlev Kreikenbohm: Der Archäologe Christian Daniel Wilhelm Otto Uhden. In: Heinrich Gentz: Reise nach Rom und Sizilien. 1790-1795. Aufzeichnungen und Skizzen eines Berliner Architekten. Hg. von Michael Bollé und Karl-Robert Schütze. Berlin: Arenhövel 2004, S. 367-372, v.a. S. 370f, und die Ausstellung: *Antike für den deutschen Leser. Archäologische Stichwerke des 18. Jahrhunderts*, Universitätsbibliothek Augsburg, 26.4.-2.6.2007 (http://www.bibliothek.uni-augsburg.de/de/ausstellungen/archiv_2007/antike.html). Zu Böttigers Stellung im archäologischen Diskurs vgl. Schmidt-Funke, Böttiger (wie Anm. 31), S. 85-124; René Sternke: Böttiger und der archäologische Diskurs. Berlin: Akademie 2007.

44 Das bedeutete konkret etwa die Einführung einer Lesegesellschaft in Rom durch Fernow, seine Vorlesungen zur Ästhetik für die breitere Öffentlichkeit, seine Funktion als Auslandskorrespondent etc., vgl. Tausch, Von Jena nach Rom (wie Anm. 14), S. 35 und 46ff.

Cicerone des römischen Alltags

Bei Seumes zweitem Aufenthalt in Rom nahm ihn Fernow sogar in seinem Haus am Spanischen Platz als Gast auf und berichtet Böttiger unter höchstem Lob des Wanderers von dessen ausgedehntem Besuch[45]:

> [...] Vierzehn Tage lang hatte ich das Vergnügen, den trefflichen Seume [...] bei mir zu beherbergen. Sein Umgang hat mir einen Genuß gewährt, wie ich ihn lange nicht mehr in Rom gehabt habe.[46]

Als Führer durch die fremde Stadt, als Cicerone, erscheint Fernow bei Seume explizit dagegen erst Jahre später: Zuerst in einer Beilage eines Briefes an Böttiger auf Fernows Tod 1808, dem eingangs bereits auszugsweise zitierten Distichon: „Omne per urbis iter duxque comesque fuit.“[47] Dann 1809 in seinem Gedicht *Kampf gegen Morbona bey der Genesung niedergeschrieben*, das Seume mit Blick auf seine Krankheit, selbst dem Tode nahe, schrieb:

> [...] Herrlich war es; Fernow, Reinhart waren
> Meine Leiter um das Kapitol.
> Denk' ich noch, wie wir herumgefahren,
> Wird es mir auch unter Schmerzen wohl. [...][48]

Beide Stellen überhöhen Fernow lyrisch in einer nostalgischen Erinnerung an die Zeit in Rom; so stark sogar, daß sie dem Schwerkranken noch die Schmerzen gelindert haben sollen. Zugleich werden die Angaben von Fernow selbst in der Sache – zumindest für den ersten Rom-Aufenthalt – bestätigt:

> Wir haben uns während seines [Seumes] nur viertägigen Aufenthaltes in Rom täglich einige Stunden lang gesehen, und sowohl Uhden als ich haben, so viel

45 Seume an Göschen, ca. 8.5.1802. In: Seume, Briefe (wie Anm. 1), S. 402.

46 Fernow an Böttiger, 28.5.1802. Zitiert nach Gerhardt, Fernow (wie Anm. 39), S. 114f, vgl. dazu auch Anm. 29 zum betreffenden Zitat. Interessant ist an dieser Stelle die genaue Angabe über die Aufenthaltsdauer Seumes, der derlei Daten selbst häufig unterschlug, so auch in diesem Fall, vgl. Seume, Spaziergang (wie Anm. 1), S. 438-457.

47 Übersetzung: „Auf jedem Wege durch die Stadt war er Führer und Gefährte“, Seume an Böttiger, Ende Dezember 1808. In: Seume, Briefe (wie Anm. 1), S. 578 und ebd. Kommentar, S. 1122.

48 Seume: Kampf gegen Morbona (wie Anm. 38), S. 519.

> wir vermochten, gesucht, ihm seinen kurzen Aufenthalt angenehm zu machen, und ihm das Nützlichste, was wir wußten, für seine ferne Reise geraten.[49]

Insgesamt hebt Seume demnach das freundschaftliche Verhältnis zu Fernow, aber auch zu dem oben erwähnten Maler Johann Christian Reinhart (1761-1847) retrospektiv hervor:[50] Diese Betonung spiegelt sich gleichfalls sprachlich. Während in einem Brief an Göschen aus Rom noch die Rede ist von: „unsern Reinhart und Fernow"[51], verändert die fast wortgetreue Einarbeitung dieses Briefes in seinen Reisebericht *Spaziergang nach Syrakus* die Formulierung nur minimal zu dem die Aussage verstärkenden „unsere Freunde Reinhart und Fernow".[52] Anders als bei Reinhart läßt sich in Bezug auf Fernow aber nicht feststellen, daß Seume ein gutes Verhältnis zu ihm nur ‚erschrieben' hätte.[53]

Die geschilderte Nähe zwischen beiden Männern erwies sich im beinahe Alltäglichen des römischen Miteinanders noch auf andere Weise. Möglicherweise daraus nämlich war Fernows Wissen um den Raubüberfall auf Seume bei Aricia hervorgegangen. In einem Brief an Böttiger schildert er den Vorfall so detailgetreu, daß man glaubt, Seume habe ihm die Szene diktiert.[54] Im *Spaziergang nach Syrakus,* aber mehr noch in einem Brief an Göschen beschrieb Seume das Erlebnis mit Worten, die Fernow wieder aufzunehmen

49 Fernow an Böttiger, Rom, 19.3.1802, SLUB Dresden, h 37, 4°, Bd. 50, Nr. 7. Zitiert nach dem Abdruck in: Gerhardt, Fernow (wie Anm. 39), S. 113. Dazu auch: Seume an Göschen, ca. 8.5.1802. In: Seume, Briefe (wie Anm. 1), S. 402.

50 Zum Verhältnis zwischen Fernow und Reinhart, die in Rom lange zusammen wohnten, und zu ihren kunsttheoretischen Auseinandersetzungen vgl. Markus Bertsch: Fernow und Reinhart. Strategien der Naturaneignung um 1800. In: Wegner, Kunst als Wissenschaft (wie Anm. 14), S. 98-130.

51 Seume an Göschen, Rom, 2.3.1802. In: Seume, Briefe (wie Anm. 1), S. 401.

52 Seume, Spaziergang (wie Anm. 1), S. 288.

53 Das Verhältnis zwischen Seume und Reinhart kann entgegen Seumes Aussagen als stark erschüttert beschrieben werden, vgl. Gaderer, Rom, Blicke (wie Anm. 40), S. 245-253.

54 Dies konnte aber nicht der Fall sein, weil Seume zum Zeitpunkt der Abfassung des Briefes Rom schon verlassen hatte, vgl. Fernow an Böttiger, 28.5.1802. In: Gerhardt, Fernow (wie Anm. 39), S. 115.

schien und gleich einem Medium weitergab, und möglicherweise war genau das auch Seumes Absicht.[55]

Die Kunstkritik

Die Kunst entwickelte sich zu einem wichtigen Thema zwischen Seume und Fernow. Von dem Besuch einer Kunstsammlung, der Galeria Doria in Rom, berichtet Seume, daß er von der Identifizierung einer porträtierten Dame als Johanna von Neapel nicht überzeugt sei, weshalb er Fernow um Rat bat:[56]

> Als ich nach Hause kam, fragte ich Fernow; und dieser sagte mir, ich habe Recht; es sei nun ausgemacht, daß es eine gewisse Gräfin aus Oberitalien [eigentlich: Johanna von Aragon] sei. Ich freute mich, als ob ich eine Kriminalinquisition los wäre.[57]

Er frohlockte über seine eigenen Kenntnisse, die er zur Schau stellte und wies zugleich Fernow als Autorität in dieser Frage aus. Das steht wiederum im Widerspruch zu seiner mehrfach bekundeten Ablehnung einer Kennerschaft in der Kunst:

> Du kennst meine Saumseligkeit und Sorglosigkeit in gelehrten Dingen und Sachen der Kunst. Was soll ich Laie im Heiligtum? Die Galerie sah ich nicht, weil ich dazu noch einmal hätte Schuhe anziehen müssen; den Antikensaal sah ich nicht, weil ich den Inspektor das erste Mal nicht traf, und das übrige

55 Vgl. Seume, Spaziergang (wie Anm. 1), S. 440f.; Seume an Göschen, 8.5.1802. In: Seume, Briefe (wie Anm. 1), S. 404. Selbst wenn die Darstellung des Überfalls gegen Fernow oder andere Bekannte nicht bewußt stilisiert war, so ist doch angesichts der eindringlichen und unveränderten Wiederholung zumindest ein deutliches Maß an Selbstdarstellung zu unterstellen.

56 „Das kann Johanna nicht sein, sagte ich, unmöglich; ich wäre für das Original von Leukade gesprungen: das kann die Neapolitanerin nicht sein. Wenn sie es ist, hat die Geschichte gelogen, oder die Natur selbst ist eine Falschspielerin.“, Seume, Spaziergang (wie Anm. 1), S. 447.

57 Seume, Spaziergang (wie Anm. 1), S. 447. Zur Identifikation der Porträtierten vgl. ebenfalls Seume, Spaziergang/ Kommentar (wie Anm. 1), S. 933.

> nicht, weil ich zu indolent war. Du verlierst nichts; ein anderer wird Dir alles besser erzählen und beschreiben.[58]

Daß Seumes Haltung auch in diesem Punkt oszilliert, bezeugen schon die Zeitgenossen. Trotz dieser demonstrativen Bagatellisierung bewies er nämlich durchaus Kennerschaft in Fragen der Kunst. Der Maler Veit Hans Schnorr von Carolsfeld kommentiert den gemeinsamen Besuch mit Seume bei dem klassizistischen Wiener Maler Friedrich Heinrich Füger (1751-1818) folgendermaßen:

> [...] mich dünkt, Seume zeigt hier [bei Füger], daß er nicht so sehr Profaner war, als er [...] selbst sagt. Er hatte für Kunstwerke, besonders nach seiner Zurückkunft aus Italien, einen sehr richtigen Takt, vorzüglich, was den Charakter und Ausdruck betrifft. Ich habe seinem Umgange auch in dieser Hinsicht vieles zu danken. Seine Äußerungen waren fast immer treffend.[59]

Auch die Bitte des Mediziners Johann Georg Doppelmair (1753-1826) um Schnorr von Carolsfelds und Seumes Rat bei der Begutachtung von Bildern für die Sammlungen der neugegründeten Universität Dorpat, spricht für Seumes Kenntnisse: Beide seien, so Doppelmair, „große Kunstkenner".[60] Diese Bemerkungen zu Seumes Kunstverständnis beziehen sich hauptsächlich auf die Zeit nach der Italienreise: Hatte Seume dort soviel über Kunst gelernt? Und beträchtlich auch von Fernow gelernt?

Ob Bescheidenheit, Unsicherheit oder fishing for compliments – Seume war sich vollkommen darüber im Klaren, daß er Fernow bei der Beurteilung von Kunst nicht viel entgegenzusetzen hatte. Das läßt sich insbesondere bei

---

58 Seume über die Kunstsammlungen in Dresden. In: Seume, Spaziergang (wie Anm. 1), S. 169.

59 Veit Hans Schnorr von Carolsfeld: Anmerkungen zum Spaziergang nach Syrakus. In: Johann Gottfried Seume: Spaziergang nach Syrakus im Jahre 1802. 3. Auflage. 3 Bde., [Leipzig: Hartknoch] 1811; nach der Ausgabe Seume, Prosaschriften (wie Anm. 6), S. 606.

60 Johann Georg Doppelmaier an Karl Simon Morgenstern, o.D. [Leipzig 1802], UB Tartu: Mgr CCCXLII, Bd. 4, Bl. 57-58. Zitiert nach Dirk Sangmeister: „Froh machte mich seine Erscheinung, aber unruhig auch." Seume in den Briefen und Tagebüchern von Karl Morgenstern. In: Ders./ Wolfgang Griep: Ausflucht in den Norden. Über Johann Gottfried Seumes Reise im Sommer 1805. Eutin: Eutiner Landesbibliothek 2004, S. 49-98, S. 73.

der Beurteilung des italienischen Bildhauers Antonio Canova (1757-1822), des wichtigsten Vertreters des italienischen Klassizismus, beobachten.[61]

> Meine Seele ist jetzt voll von einem einzigen Gegenstande: von Canovas Hebe. Ich weiß nicht ob Sie die liebenswürdige Göttin schon kennen; mich wird sie lange, vielleicht immer beherrschen.[62]

Dies schrieb Seume schon aus Venedig, nahm es in seinem Reisebericht nochmals auf. Daß er ausgerechnet Hebe, die Göttin der Jugend, so wortreich schilderte, mag nicht wenig auch seinem Frauenbild geschuldet sein, hatte er doch stets für weit jüngere Frauen geschwärmt.[63] Fast schon symptomatisch erscheint in diesem Zusammenhang auch, daß die Göttin als Tochter von Göttervater Zeus und seiner Gemahlin Hera und als spätere Frau des Herakles Unerreichbarkeit symbolisiert. Wahrscheinlich ist die Verehrung der Hebe als Niederschlag dessen zu sehen, was Seume auch im Umgang mit Frauen, vorwiegend in den enttäuschten Beziehungen zu den Kaufmannstöchtern Wilhelmine Röder (1777-1813) und Johanna Loth (1784-1857), entwickelte bzw. weiterentwickelte: ein sakralisiertes Frauenbild, eine Geliebte, die aus der Distanz Anbetung erfuhr, ohne daß sie als das ihm eigene Heiligtum je entweiht wurde, wie die Hebe aus dem kühlen, klaren, weißen Marmor.[64] Berauscht von der Hebe, wagt er sich – in der

---

61 Vgl. speziell über Canovas Verhältnis zur antiken Kunst und über seinem Ruhm: Irene Favaretto: Riflessione su Canova e l'antico und Fernando Mazzocca: La fama di Canova. Beide in: Giuseppe Pavanello: Antonio Canova, Katalog zur Ausstellung, 22.3. – 30.9.1992, Museo Correr/ Venedig. Venedig: Marsilio 1992, S. 61-66 und 77-87.

62 Seume an Böttiger, 6.2.1802. In: Seume, Briefe (wie Anm. 1), S. 395f., oder die leicht veränderte Version der Stelle im *Spaziergang nach Syrakus* (wie Anm. 1), S. 240f. Die Stelle ist beispielhaft für mehrere Kommentare, die in gleichem Tenor Seumes Verehrung für Canovas Kunstwerke widerspiegeln.

63 Für den Hinweis auf diesen Zusammenhang danke ich Rupert Gaderer (Wien).

64 Auf die ursprünglich bunte Bemalung der antiken Skulpturen ließ die klassizistische Bildhauerei sich in der Folge von Johann Joachim Winckelmanns Diktum vom Weiß als schönster „Farbe“ noch nicht ein, obwohl schon bekannt war, daß die Antiken nicht monochrom waren. Erst im 19. Jahrhundert verfaßte Johann Martin Wagner eine aufsehenerregende Abhandlung, welche die Gegenposition stärkte, vgl. Bericht über die Äginetischen Bildwerke im Besitz Seiner Königl. Hoheit des Kronprinzen von Baiern, Stuttgart: Cotta 1817. In

Dichtung nun doch – näher an sein Heiligtum, haptisch, „der Sterblichkeit entflogen" in Wagemut oder Wahnsinn, um den Kampf mit dem Gott, dem Alciden[65] – Herkules – zu provozieren[66]:

> Ich stand, von süßem Rausche trunken,
> Wie in ein Meer von Seligkeit versunken;
> Mit Ehrfurcht vor der Göttin da,
> Die hold nach mir herunter sah,
> Und meine Seele war in Funken:
> Hier thronte mehr als Amathusia[67]
> Ich war der Sterblichkeit entflogen,
> Und meine stillen Blicke sogen
> Verwegen mit Ambrosia[68]
> Und Nektar in dem Göttersaale,
> Und stand mir auch des Zeus Vernichtung nah
> Ich wußte nicht wie mir geschah,
> Vermessen griff ich nach der Schale,
> Mit welcher sie die Gottheit reicht;
> Und jetzt hätt' ich mit dem Alciden
> Um seinen Lohn zu kämpfen nicht vermieden.[69]

den letzten Jahren beschäftigte sich die Stiftung Archäologie mit der Erforschung der antiken Polychromie, vgl. Vinzenz Brinkmann: Die Polychromie der archaischen und frühklassischen Skulptur. München: Biering und Brinkmann 2003.

65 Beiname des Herkules.

66 Ganz ähnlich deutet es auch Irmgard Egger: Strategien inszenierter *aisthesis*: Johann Gottfried Seumes *Spaziergang nach Syrakus*. In: Drews, Hyperkritiker (wie Anm. 16), S. 309-322, S. 312ff.

67 Beiname der Venus nach einem – nur noch in Überresten erhaltenen – Tempel der Göttin in Amathus auf dem heutigen Zypern.

68 Bezeichnet in der griechischen Mythologie eine göttliche Speise, die Unsterblichkeit verleiht, aber auch eine Salbe zur Erhöhung der Schönheit, die von Hebe gereicht wurde.

69 In der unmittelbareren Version des Briefes: Seume an Böttiger, 6.2.1802. In: Seume, Briefe (wie Anm. 1), S. 395f. Die gleiche Stelle unter verschiedenen Änderungen von leichter Abschwächung in: Seume, Spaziergang (wie Anm. 1), S. 241.

Nachdem er die *Hebe* in Venedig zu Gesicht bekommen hatte, befand er außerdem: „Nun glaube ich, die Neuen haben die Alten erreicht.“[70] Ob Seume die Modernität Canovas entgegen der zeitgenössischen, vor allem italienischen Kunstkritik erfaßte oder sich dem Lob der reinen Nachahmung der Antike anschloß, wird an dieser Stelle nicht ganz klar. Schon während des ersten Romaufenthaltes aber kritisierte er – möglicherweise unter Einfluß des Canova anfechtenden Fernow – die zweite, für Joséphine de Beauharnais (1763-1814) gearbeitete *Hebe*.[71] Ihre Mängel sah er nun auch in der ästhetischen Anlage, allerdings nicht in der Frage nach dem künstlerischen, sondern schlicht in jener nach dem weiblichen Ideal. „Es bleibt an allen ihren [der Franzosen] schönen Weibern immer noch etwas von dem Charakter aus dem alten Palais Royal zurück.“[72] Daß diese Hebe ihn an die Prostituierten um den Palais Royal erinnerte, konnte den die kühle, abweisende *Hebe* liebenden Seume, der sie in gleicher Weise als fernes Heiligtum verehrte wie er die Frauen aus Fleisch und Blut auf Distanz hielt, auch ohne kunsttheoretische Begründung nicht begeistern.[73] Die prinzipielle Verehrung Canovas blieb.[74] Anders als Fernow begeisterte ihn die venezianische Hebe weiterhin.[75]

Aus Seumes eigenen Äußerungen geht auch hervor, daß er sich bewusst war, daß Fernow seinem „Liebling“, nämlich Canova, nicht unkritisch gegenüber stand: „Auf meinen Liebling Canova ist er nicht so ganz gut zu sprechen; und ich glaube in vielen Punkten hat er Recht.“[76] Tatsächlich hatte Fernow Canovas Arbeiten mit einer die Klassizität als modernes Phänomen enthüllenden Kritik bedacht, die für die große zeitgenössische Verehrung des Künstlers als Kind der Antike ein Schlag ins Gesicht war.[77] Nach früheren

70 Seume an Böttiger, 6.2.1802. In: Seume, Briefe (wie Anm. 1), S. 395.

71 Seume, Spaziergang (wie Anm. 1), S. 288. Gemeint ist die *Hebe* Canovas, die sich heute in der Eremitage in St. Petersburg befindet.

72 Seume, Spaziergang (wie Anm. 1), S. 288 und Kommentar, S. 898.

73 Zum Palais Royal als Zentrum der Pariser Prostitution vgl. etwa: Anonym: Liebschaften der Freudenmädchen im Palais Royal. 2 Teile. In: Allgemeine deutsche Bibliothek. 1765-96. 1792. Bd. 110. 2. St., S. 608-610, und Bd. 112. 1. St., S. 106-107.

74 So berichtet er noch zum Ende des Spaziergangs aus Paris, daß man trotz aller bewunderungswürdigen Künstler und Kunstraube eben keinen Canova bei sich habe, vgl. Seume, Spaziergang (wie Anm. 1), S. 526.

75 Vgl. Seume an Böttiger, Oktober 1802. In: Seume, Briefe (wie Anm. 1), S. 421.

76 Seume an Böttiger, Oktober 1802. In: Seume, Briefe (wie Anm. 1), S. 421.

77 Vgl. Tausch, Entfernung der Antike (wie Anm. 19), S. 187ff.

Bezügen Fernows auf Canova im *Sitten und Kulturgemälde von Rom*, die Seume bereits vor der Publikation kennengelernt hatte, fanden seine Ausführungen in einer Canova-Monographie Raum.[78]

Viel später erst, 1805, stellte Seume in der Dresdener Antikensammlung fest, daß die *Hebe* keine Formfindung Canovas war, daß dieser also das antike Vorbild nur nachgeahmt hatte und es nicht übertraf.[79]

> Es ist mir ziemlich wahrscheinlich, daß Canova die schöne Stellung seiner Hebe von dem jungen Faun zu Dresden genommen hat. Sie ist fast ganz dieselbe; und was meine Vermutung verstärkt, er selbst hat vorher die Statüe in Dresden wiederholt lange mit stillem Enthusiasmus beschaut.[80]

Die Begegnung mit der ‚Göttin' hatte Seume den kritischen Sinn genommen, für den er auch in Kunstsachen bekannt war.[81] Nicht umsonst steht sie für das ewig Weibliche und als Objekt der Begierde für, so Seume, „mehr als alle veneres cupidinisque".[82] Er war ihr nicht als Einziger erlegen, das verrät ein Gedicht auf die Hebe vom bayerischen Kronprinzen Ludwig, des späteren Ludwig I. (1786-1868).[83] Seume fand folglich mehr Zugang zu einer Ästhetik des Schönen: Canovas Fechter nach dem Geschichtsschreiber

78 [Carl Ludwig Fernow]: Sitten und Kulturgemälde von Rom [auch: Gemälde von Rom]. In: Gemählde der merkwürdigsten Hauptstädte von Europa. Ein Taschenbuch auf das Jahr 1803. Gotha: Perthes 1802. Im *Spaziergang nach Syrakus* berichtet Seume, das Manuskript gesehen zu haben, vgl. Seume, Spaziergang (wie Anm. 1), S. 442; Carl Ludwig Fernow: Über den Bildhauer Canova und dessen Werke. Zürich 1806.

79 Vgl. Tausch, Entfernung der Antike (wie Anm. 19), S. 200.

80 Seume: Mein Sommer 1805. In: Seume, Werke. Bd. 1 (wie Anm. 1), S. 561. Unklar ist, woher Seume die Gewißheit nimmt, Canova habe den Faun in Dresden lange bewundert.

81 Schnorr von Carolsfeld: Anmerkungen Spaziergang (wie Anm. 59), S. 606.

82 Zur Deutung der Hebe und der Leerung des von ihr gereichten Bechers vgl. Tausch, Entfernung der Antike (wie Anm. 19), S. 199 (Anm. 43); freie Übersetzung: „Liebesreize und Leidenschaften"; Seume an Böttiger, 6.2.1802. In: Seume, Briefe (wie Anm. 1), S. 395, und ebd. Kommentar, S. 969.

83 „Verloren stand ich da in Glutverlangen, / Ich sah dich mir entgegen nun bewegen, / Und Lieb' und Sehnsucht in mein Herz sich legen, / In neue Welt sich die Gefühle schwangen. // Ich konnte mich der Stelle nicht entrücken, / In deinem Anblick war mein ganzes Leben, / Ich schwamm, dich Hebe sehend, in Entzücken.", Auszug aus: Ludwig I. von Bayern: Sonett – Vor Canovas Hebe

Pausanius (2. Jh. n. Chr.) interessierten ihn nicht, da sie „keine nahe Beziehung auf reine, schöne Humanität haben [...]: denn Furcht und Grimm sind Leidenschaften, von denen ich gerne mich wegwende.“[84] An dieser Stelle scheint wieder der Humanitätsbegriff auf, den Seume schon für die Gelehrtenbegegnungen herangezogen hatte. Nach dem lateinischen Stamm bedeutet „humanitas“ unter anderem „Menschlichkeit“, „Milde“, „Höflichkeit“, „höhere Bildung“, „Geschmack“, „Anstand“.[85] Die Bedeutung blieb für das 18. Jahrhundert, jedenfalls in Zedlers *Universal Lexikon*: „Humanität heisset Höflichkeit und Leutseligkeit.“[86] Der dem Lemma folgende, lange Artikel über die Pflichten der Humanität, zeigt Nähe zu Seumes Auslegung des Humanitätsbegriffes, der wiederum – wie im Zusammenhang mit Seumes ästhetischer Bildung im Folgenden angedeutet wird – von seinem Leipziger Lehrer Ernst Platner entlehnt ist.[87] Neben den Begriffen von „Wahrheit“ und „Gerechtigkeit“ fügt er sich bei Seume in eine praktische Lebensphilosophie im Sinne des „common sense“.[88]

Fernows Kunstkritik trotz allerlei Einwänden nicht völlig ablehnend, behielt sich Seume vor, er habe zumindest bei Canovas *Perseus* hartes Urteil

---

zu Venedig im Dezember 1804. In: Gedichte des Königs Ludwig von Bayern. Erster Theil. München: o.V. 1829, S. 107.

84 Seume, Spaziergang (wie Anm. 1), S. 288.

85 Lemma humanitas. In: Langenscheidts Taschenwörterbuch, Lateinisch-Deutsch, Deutsch-Lateinisch. Hg. von Hermann Menge, Bearbeitung von Erich Pertsch. Berlin u.a.: Langenscheidt 1998, S. 253.

86 Zedler, Universal Lexikon (wie Anm. 27). Bd. 13. Halle/ Leipzig: Zedler 1735, S. 599. Im *Adelung* (wie Anm. 27) gibt es keinen Artikel zum Humanitätsbegriff.

87 Vgl. Baasner, Rezeption Platner (wie Anm. 6).

88 Zu den Begriffspaarungen vgl. etwa Seume an Böttiger, Ende Juli/ August 1798. In: Seume, Briefe (wie Anm. 1), S. 179; zu Seume und dem „common sense“ vgl. Stephan, Seume (wie Anm. 12), S. 119ff. Seume meint eine moralische Haltung, die nicht ständisch oder national gebunden ist, aber Voraussetzung für eine gerechte Politik sein sollte, vgl. Seume an Böttiger, 12.6.1799, und 29.7.1799 und Seume an Münchhausen, 30.3.1799. Alle in: Seume, Briefe (wie Anm. 1), S. 263, 287 und 242. Zu Seumes Verständnis des Humanitätsbegriffes vgl. auch seine briefliche Auseinandersetzung mit Gleim über den russischen General Alexander W. Suworow (1729-1800), 20.6.1800 und 26.6.1800. Beide in: Seume, Briefe (wie Anm. 1), S. 336 und 339.

walten lassen, überlasse jedoch den Kennern das Übrige.[89] Die Grenzen seiner eigenen Kennerschaft waren für ihn augenfällig. Aber worauf gründete sich diese Kennerschaft bei Seume, die durch Fernows Urteil und die italienischen Erfahrungen geschärft worden war?

Exkurs: Seumes ‚Leipziger Schule'

Ein Grundstock klassizistischer Kunstauffassung sowie anthropologischer Philosophie war bei Seume wohl schon durch die Vorlesungen des Leipziger Philosophieprofessors Ernst Platner (1744-1818) gelegt worden, bei dem Seume gehört und nachweisbar auch über Kant gehört hatte, obwohl Platner, wenn nicht zu den Kant-Gegnern, so doch zu den Kant-Skeptikern gehörte.[90] Wie stand nun Seume zu Kant? Die wenigen Male, die er ihn nannte, tat er das undifferenziert, sich nur auf Kant als Lichtgestalt der Aufklärung und als Gelehrten beziehend, der in diesen beiden Eigenschaften – trotz seines Gelehrtenstandes – zu schätzen sei.[91] Anzunehmen ist, daß Seume hinsichtlich seiner Auffassungen von Kunst und Philosophie eher von Platner – dem Mann, dem er später die erste Ausgabe seiner *Obolen* widmete[92] – Deutungsmuster übernahm. Ähnliches ist jedenfalls im Hinblick auf andere Leitgedanken der Zeit zu beobachten: Platners Entwicklung der Anthropologie, sein Skeptizismus, seine Auseinandersetzung mit dem Atheismus und schließlich auch seine kaschierte Nähe zu republikanischen Auffassungen.[93] Diese Materie bewegte auch Seume zeitlebens.

---

89 Vgl. Seume an Böttiger, Oktober 1802. In: Seume, Briefe (wie Anm. 1), S. 422.

90 Vgl. Johann Gottfried Seume: Kollegheft, Museum Schloß Lützen, Inv.-Nr. 1006. Zu Platners Einschätzung von Kant vgl. Košenina, Platners Anthropologie (wie Anm. 6), S. 18ff.

91 Vgl. die Beispiele in Anm. 10.

92 Vgl. Seume, Obolen (wie Anm. 6). In: Ders: Prosaische und poetische Werke. Berlin: Hempel o.J. [ca. 1879]. Bd. 7, S. 7f.

93 Vgl. Košenina, Platners Anthropologie (wie Anm. 6), S. 25ff.; Baasner, Rezeption Platner (wie Anm. 6), S. 199ff.; Detlef Döring: Die Französische Revolution von 1789 und ihre Auswirkungen im Urteil der Universität Leipzig. In: Ders. (Hg.): Universitätsgeschichte als Landesgeschichte. Die Universität Leipzig in ihren territorialgeschichtlichen Bezügen. Leipzig: Evangelische Verlagsanstalt 2008, S. 417-465, S. 448ff.

Seume war nicht eigentlich ein Schüler des für die Entwicklung des Frühklassizismus so bedeutenden Adam Friedrich Oeser (1717-1799)[94], dem Lehrer Johann Wolfgang von Goethes (1749-1832) und Freund Winckelmanns, aber er war mit dem Künstler wohl bekannt, über den er postum einen biographischen Abriß verfaßte und den er noch Jahre später poetisch würdigte.[95]

Auch mit dessen Schüler und späteren Nachfolger in der Leitung der Kunstakademie in Leipzig, dem Künstler Veit Hans Schnorr von Carolsfeld (1764-1841), war Seume befreundet.[96] Daß er Schnorr von Carolsfeld als Künstler wie als Freund schätzte und förderte, ist bekannt, daß dieser umgekehrt auch Seumes Kennerschaft in Fragen der Kunst anerkannte, wurde bereits beschrieben.[97] Von Oesers Kunstauffassungen geprägt waren auch dessen Schüler Goethe, der sich später im Kreise der Weimarer Kunstfreunde im Rahmen der Schillerschen Autonomieästhetik vom Lehrer distanzierte, und der Freund Winckelmann, von dessen Schriften Fernow beeinflußt war.[98]

In Abgrenzung zu Goethe, von dem er ausdrücklich nicht alle Befunde hinsichtlich der Kunst übernehmen wollte, scheint Seume diesem schließlich doch im Urteil über Oeser als „Nebulisten“ gefolgt zu sein.[99] Distanz

94 Michael Wenzel: Adam Friedrich Oeser: Theorie und Praxis in der Kunst zwischen Aufklärung und Klassizismus. Weimar: Verlag und Datenbank für Geisteswissenschaften 1999, S. 43-53 und S. 129-133.

95 Johann Gottfried Seume: Über Oeser. In: Der Neue Teutsche Merkur. 1799. Bd. 2, S. 152-159; ders: Gang auf dem Kirchhofe. In: Ders.: Prosaische und poetische Werke (wie Anm. 92), Bd. 5, S. 176.

96 Vgl. dazu etwa die vertraulichen Briefe an Schnorr von Carolsfeld. In: Seume, Briefe (wie Anm. 1), Briefnummern 106, 143, 155, 242 u.a.m.

97 Vgl. Seume an Gleim, 12.6.1798. In: Seume, Briefe (wie Anm. 1), S. 171.

98 Zu Goethes Distanzierung von Oeser und der Autonomieästhetik vgl. Wenzel, Oeser (wie Anm. 94): S. 43-47 und S. 112-116, und den auslösenden Text von Friedrich Schiller: Briefe über die ästhetische Erziehung des Menschen. In: Die Horen. 1795. 1. St., S. 7-48; 2. St., S. 51-94 und 6. St., S. 45-124. Zur Konturierung von Winckelmanns Einfluß auf Fernow vgl. Tausch, Entfernung der Antike (wie Anm. 19), S. 4.

99 „Ich nehme mir die Freiheit im Urtheil über Kunstsachen so wie auch sonst übrigens nicht immer von G-s Meinung zu seyn.“ Seume an Böttiger, Ende Januar/ Februar 1803. In: Seume, Briefe (wie Anm. 1), S. 439. Den vermutlich von Goethe entlehnten Begriff des „Nebulisten“, also des flüchtigen und unbestimmten Zeichners, von dem in Seumes biographischem Abriß von 1799

bewahrte er auch zu Winckelmann, dessen Grab er aber doch in Triest besuchen wollte, allerdings ohne es zu finden, in dessen Sterbehaus er unterkam, in vollem Bewußtsein dieser Tatsache, letztlich aber nicht ohne den – möglicherweise homophoben – Seitenhieb, es „hole ihn der Teufel."[100] Im Nekrolog auf Oeser warf Seume Winckelmann sogar vor, seine Leistungen nur „Oesern zu danken" zu haben.[101] Schließlich blieb Seume aber nicht nur in der Goethe-Nachfolge kritisch gegen Oesers Vernachlässigung der Antike zugunsten des Zeitgeschmacks.[102] Neben dem engen Kontakt zu vielen Künstlern und im Kontext der vielen, wenn auch häufig lapidaren und bagatellisierenden[103], Äußerungen über die Kunst per se macht dies deutlich, daß Kunst für Seume nicht nur ein konstantes Thema war, sondern daß sich seine Auffassungen auch veränderten und entwickelten und damit völlig im Zeitgeschehen lagen. Dies sei an dieser Stelle nur kurz vermerkt, verlangte aber ebenso nach einer ausführlichen Darstellung wie Seumes Einordnung als Gelehrter respektive Gebildeter überhaupt.[104]

Auf die Distanz

Seumes Bekanntschaft mit den deutschen Gelehrten in Rom beschränkte sich nicht auf seine Besuche. Auch nach der Reise wahrte er die Kontakte zu

---

(Über Oeser, wie Anm. 95) noch keine Rede war, verwendet er im Spaziergang nach Syrakus dann abwertend, vgl. Seume, Spaziergang (wie Anm. 1), S. 169f. und Johann Wolfgang von Goethe: Der Sammler und die Seinigen. In: Ders. (Hg.): Propyläen. Eine periodische Schrift. 2. Bd., 2. St. Tübingen: Cotta 1799, S. 26-122, S. 110 und Ders.: Oeser. In: Ebd. 3. Bd., 1. St. Tübingen: Cotta 1800, S. 125-129, S. 126. Diesen Publikationen folgte die von Schiller und Goethe angeregte Dilettantismus-Debatte, vgl. York-Gothart Mix: Über die ästhetische Erziehung des Dilettanten. Die literarische Öffentlichkeit, die Klassizität der Poesie und das Schema über den Dilettantismus von Fr. Schiller, J.W. Goethe und L.H. Meyer. In: Hans-Wolf Jäger (Hg.): "Öffentlichkeit" im 18. Jahrhundert. Göttingen 1997, S. 327-343.

100 Seume, Spaziergang (wie Anm. 1), S. 226f.

101 Seume, Über Oeser (wie Anm. 95), S. 155.

102 Ebd., S. 156.

103 Siehe oben zu Seumes Abwertung seiner eigenen Kennerschaft in Fragen der Kunst.

104 Vgl. dazu als Grundlage: Drews, Seumes Lesesozialisation (wie Anm. 16).

Uhden und Fernow zumindest so intensiv, daß er deren Differenzen genau wahrnahm: „Mit Uhden muß er [Fernow], wie ich merke, zuletzt nicht recht gemüthlich gestanden haben“.[105] Was war der Grund für diese Mißstimmung, die Seume 1803 Böttiger mitteilte? Ein Brief Fernows gibt Hinweise:

> Von den solidern Neuigkeiten war mir aber doch die interessanteste, daß Thorwaldson jetzt in Rom immer geachteter wird. [...] Das ist die Hauptseite der Denkmünze; auf der Kehrseite ist dargestellt: Madame Uhden mit einer piccola creatura an der Brust, deren Vater Sign. Thorwaldson zu seyn nicht abläugnen kann; so steht der Casus.[106]

Fernow hatte nun im Zuge seiner scharfen Canova-Kritik dessen Konkurrenten, den dänischen Künstler Bertel Thorvaldsen lobend hervorgehoben.[107] Hatte Uhden Fernow dieses fachliche Lob seines Nebenbuhlers übel genommen?[108] Seume war jedenfalls über den Konflikt der Männer informiert – welcher Art er auch immer gewesen sein mag; vielleicht durch Fernow selbst?

Literatur-Wettstreit oder Konkurrenz im kritischen Denken?

Im Anschluß an den Besuch des Wanderers in Rom hatte Fernow zur Erinnerung an den gemeinsamen Besuch der Peterskirche auf eben diese ein Gedicht für Seume, „von seinem römischen Gastfreunde“ geschrieben:

> [...] Dem wahren Gotte nicht, dem Götzen
> Der römischen Religion,

105 Seume an Böttiger, ca. 6.4.1803. In: Seume, Briefe (wie Anm. 1), S. 451.

106 Fernow an Friedrich Wilhelm Riemer (1774-1845), 30.4.1804, GSA Weimar 78/ 1213, teilweise abgedruckt in: Golz, Fernow (wie Anm. 30), S. 9.

107 Vgl. Brief Fernows an Böttiger, 1.7.1803. In: Gerhardt, Fernow (wie Anm. 39), S. 133 und Tausch, Entfernung der Antike (wie Anm. 19), S. 196.

108 Kontakt muß es zwischen Fernow und Uhden auch nach deren römischer Zeit noch gegeben haben, zumindest hinsichtlich fachlicher Fragen, vgl. Fernow an Böttiger, 10.4.1804. In: Gerhardt, Fernow (wie Anm. 39), S. 161 (die Identifizierung des Adressaten und die genaue Datierung folgen dem Hinweis Margrit Glasers entsprechend der im Entstehen begriffenen Briefedition, vgl. Anm. 24).

> Vor dessen Bannstrahl, mit Entsetzen,
> Vernunft und Toleranz zum rauhen Norden flohn; [...][109]

Fernow hatte keine Adresse von Seume und sandte das Gedicht an Böttiger zur Publikation im *Neuen Teutschen Merkur*: Interessant ist hier die Art der Nachrichtenvermittlung sowie das Selbstverständnis, daß Seume eher den *Merkur* läse als einen Brief seiner Freunde erhielte.[110] Die Beziehung erhielt auf diese Weise eine bestimmte Öffentlichkeit, hinsichtlich der zu fragen wäre, von welcher Intention sie geleitet war.[111] Seumes Reaktion auf die Widmung war zurückhaltend. Einerseits widerlegte das Gedicht äußerlich seine Skepsis daran, daß Fernow eine romkritische Haltung vertrete. Seit der Lektüre von dessen Schrift *Sitten und Kulturgemälde von Rom* hatte Seume diese Zweifel gehegt und auch später gegenüber Böttiger geäußert:[112]

> Er hat nicht geschmeichelt, aber er ist immer noch glimpflich genug mit den Römlingen umgegangen. [...] [Ich] fände [es] bedenklich daß der Mann nach dieser Sprache dem Kapitol nahe bliebe.[113]

---

109 Auszug aus: Carl Ludwig Fernow: Die Peterskirche in Rom. In: Neuer Teutscher Merkur. September 1802, S. 6-8, S. 6. Bemerkenswert ist für Dichtung bei Fernow überhaupt, daß er diese Gattung kaum selbst in Anspruch nahm, vgl. Klaus Manger: Fernows literarische Formen. In: Wegner: Kunst als Wissenschaft (wie Anm. 14), S. 166-183, S. 166f.

110 Die Problematik, daß Seume kaum erreichbar war, wird auch in Äußerungen seiner näheren Bekannten und Freunde während der Reise nach Syrakus deutlich, vgl. etwa Böttiger an Göschen, 23.7.1802. In: Gerhardt, Fernow (wie Anm. 39), S. 127.

111 Vgl. Fernow an Böttiger, 20.7.1802 und 19.1.1803. In: Gerhardt, Fernow (wie Anm. 39), S. 118 und 125.

112 Fernow, Sitten und Kulturgemälde (wie Anm. 78).

113 Seume an Böttiger, Oktober 1802. In: Seume, Briefe (wie Anm. 1), S. 421. Die Äußerung ist weit nach Seumes Urteilsbildung anzusetzen, weil er das Manuskript bereits im März oder Mai 1802 gelesen hatte, vgl. Seume, Spaziergang (wie Anm. 1), S. 442. Es scheint auch nicht, als hätte Seume seine Kritik gegenüber Fernow selbst je geäußert, vgl. Fernow an Böttiger, 19.1.1803. In: Gerhardt, Fernow (wie Anm. 39), S. 125.

Andererseits war dieses Stück Fernows auf die Peterskirche zu prekär, auch für Seume, so daß Böttiger es stark redigieren mußte:[114]

> Fernow hat mir ein Gedicht aus Rom geschickt, das Sie vielleicht schon aus dem Septemberstück des Merkurs kennen. Es ist etwas stark und man hat noch viele Stellen weggelassen, die es noch mehr würden gewesen seyn.[115]

Dennoch war es eine Ehre für Seume, und er stand in der Pflicht einer Erwiderung. Ohne Enthusiasmus schreibt er im gleichen Brief an Johann Wilhelm Ludwig Gleim (1719-1803), auch angesichts der Tatsache, daß Fernow es indirekt über Böttiger erbeten hatte:[116]

> Schicklicher Weise werde ich mich nun wohl hinsetzen und eine Art von Antwort machen müssen [...].[117]

Das tat er dann auch. Das Ergebnis war eine Aufzählung der antiken Greuel Roms, nicht zurückhaltender als Fernows Verse, aber mit Kritik an dessen innerer Haltung zu Rom, die Seume dem *Sitten und Kulturgemälde von Rom* entnommen hatte.[118] In Seumes lyrischer Replik heißt es:

> [...] Von außen Raub und Sklaverei nach innen,
> bei Cato wie bei Seneka:
> stehst du noch jetzt entzückt vor deinen Römern da,

114 In diesem Zusammenhang wären das Originalmanuskript und Böttigers Redaktion relevant, um zu ermitteln, wie scharf Fernows Romkritik wirklich gewesen war und inwieweit Seumes Zurückhaltung nachvollziehbar ist. Es scheint aber nicht erhalten bzw. verschollen zu sein.

115 Seume an Gleim, Ende September 1802. In: Seume, Briefe (wie Anm. 1), S. 416.

116 „Vielleicht schlägt es auch einen poetischen Funken für mich aus seiner kosmopolitischen Seele“, Fernow an Böttiger, 20.7.1802. In: Gerhardt, Fernow (wie Anm. 39), S. 118.

117 Seume an Gleim, Ende September 1802. In: Seume, Briefe (wie Anm. 1), S. 417.

118 Darin hält Fernow ein Plädoyer für Rom im Verhältnis zu den anderen Großstädten der Welt, nennt die römische Frömmigkeit nicht stärker als anderswo, die Römer tolerant et cetera. Er übt aber auch Kritik, etwa an Justiz und öffentlicher Ordnung. In: Fernow, Sitten und Kulturgemälde (wie Anm. 78), S. 5, 25, 175 und 96ff. Seume hatte das Manuskript zu dieser Arbeit Fernows bereits in Rom gesehen und in diesem Punkt kritisiert, vgl. Seume, Spaziergang (wie Anm. 1), S. 442.

Und stellst sie auf des Ruhmes Zinnen?
Vergleiche was durch sie geschah,
Von dem Sabiner bis zum Gothen,
die Kapitolier bedrohten
Die Menschheit mehr als Attila [...][119]

Die Antwort auf Fernows Gedicht, die jene lyrische Auseinandersetzung zu einer Art Dichterwettstreit verwandelte[120], wurde von Gleim gelobt, was Seume dazu animiert haben mag, sein wiederum im *Neuen Teutschen Merkur* veröffentlichtes Gedicht im *Spaziergang nach Syrakus* nochmals abzudrucken.[121] Aber nicht einmal „schicklicher Weise“[122] oder um den Kontext zu bewahren, fühlte er sich veranlasst, das von ihm beanstandete Werk Fernows beizugeben.[123]

Merkwürdig ist bei beiden Autoren die Haltung zu Rom, die zwischen schärfstem Tadel und der Sehnsucht nach Italien oszillierend jeweils die Autorität der Kritik für sich zu beanspruchen schien. In diesem Sinne schreibt Fernow, *er* habe bei Seume die Glut für den „Ingrimm seiner der Humanität geweihten Muse“ gegen die „Gräuel der Pfafferei“ angeschürt.[124] Und tatsächlich waren letztlich doch beide große Kritiker der römischen Verhältnisse – man denke an Seumes Worte im *Spaziergang nach Syra-*

---

119 Seume: Das Kapitol. Meinem Rheinischen Gastfreunde. In: Der Neue Teutsche Merkur. 1802. Bd. 3, S. 171-177. Auffällig erscheint hier die Widmung an den „Rheinischen“ Gastfreund. Anzunehmen ist, daß es sich hierbei um einen Druckfehler im *Neuen Teutschen Merkur* handelt, da Fernow weder aus dem Rheinland stammte, noch sonst irgendeinen Bezug dorthin hatte. Eine Interpretation als symbolische Andeutung an die linksrheinischen, als franzosen- bzw. republikfreundlich bekannten Gebiete, wäre im Falle der liberalen Denker Seumes und Fernow zwar nicht völlig abzuweisen, erscheint hier aber doch zu vage.

120 So deutet es auch Tausch, Entfernung der Antike (wie Anm. 19), S. 200.

121 Seume an Böttiger, Ende Januar/ Februar 1803. In: Seume, Briefe (wie Anm. 1), S. 438.

122 Seume an Gleim, Ende September 1802. In: Seume, Briefe (wie Anm. 1), S. 417.

123 Im *Spaziergang nach Syrakus* ist nur Seumes *Das Kapitol* abgedruckt, vgl. Seume, Spaziergang (wie Anm. 1), S. 448-453.

124 Fernow an Böttiger, Mai 1802, abgedruckt in: Planer/ Reißmann, Seume (wie Anm. 4), S. 352.

kus[125], aber auch an Fernows Abbruch der Übersendung von Nachrichten aus Rom an Cotta, da er es als Strafe empfand, über die „Pfafferey“ schreiben zu müssen.[126] Und eben dies war ihr Anliegen: ein politisches, kein rein ästhetisch-literarisches.

In diesem Zusammenhang steht die Entwicklung einer republikanischen Haltung bei Fernow, die ja auch politisch manche Übereinstimmungen mit Seume gezeitigt haben könnte. Die Diskussionen, die Fernow schon im Jenaer Kreis über die Französische Revolution bzw. das Widerstandsrecht insbesondere angesichts der studentischen Unruhen von 1792 geführt hatte, führte er in Rom in praktische Formen seiner republikanischen Überzeugung über, indem er für die größere Öffentlichkeit Vorlesungen hielt, eine Lesegesellschaft einführte, für die er deutsche Journale beschaffte, während der kurzen Phase der Römischen Republik (1797-1798) an einer patriotischen Gesellschaft zur Entwicklung einer Verfassung Anteil nahm und Auslandskorrespondent deutscher Blätter im Zeichen der Repubblica Romana wurde.[127]

In völlig anderer, nämlich weniger praktischer und eher literarischer Ausprägung, findet sich auch bei Seume republikanisches Denken.[128] Daß der ‚Spaziergänger nach Syrakus‘ seinen Gang nicht immer gleichermaßen mit

125 „Da mästen sich die Mönche und wer bekümmert sich darum, daß das Volk hungert? Die Straßen sind nicht allein mit Bettlern bedeckt, sondern diese Bettler sterben wirklich daselbst vor Hunger und Elend. [...] Ich selbst habe Einige niederfallen und sterben sehen. Rührt dieses das geistliche Mastheer?“, Seume, Spaziergang (wie Anm. 1), S. 442.

126 Fernow berichtete, daß in Rom nichts mehr passiere, was sich für einen vernünftigen Menschen zu berichten lohne, weil das Verhalten der Geistlichen sehr elend sei und es ihm äußerst zuwider war, darüber zu schreiben, Fernow an Johann Friedrich Cotta, 1.11.1801, Deutsches Literaturarchiv Marbach/ Cotta Br., dazu auch: Fernow an Reinhold, 18.7.1796. In: Gerhardt, Fernow (wie Anm. 39), S. 90f. und 117f.

127 Vgl. Tausch, Von Jena nach Rom (wie Anm. 14), S. 16-20 und S. 48ff.

128 Zu dieser literarischen Ausprägung bei Seume prägte Urs Meyer sinnfällig den Begriff der „Republikanischen Rhetorik“. In: Ders.: Politische Rhetorik (wie Anm. 41), S. 141-144. Zur Kaschierung der politischen Aussagen vgl. auch: Jörg Drews: Quasi una phantasia. Wie Seume sich einmal angeblich einen „Roman“ ausdachte. Zu einer Passage am Ende von „Mein Sommer 1805“. In: Heide Hollmer (Hg.): Johann Gottfried Seume. Text + Kritik. H. 126. München 1995, S. 68-79.

der Leichtigkeit eines Spazierganges genommen haben mag, darauf deutet die Politisierung, die in diesem ersten Reisebericht ihren Niederschlag findet und sich im zweiten Reisebericht nach der ‚Nordischen Reise' sowie im Vorwort zu seinem Plutarch-Kommentar nochmals verschärfte.[129] Wie schon in der frühen Seume-Forschung erkannt, war Seumes politische Haltung – mit seiner Neigung zur Monarchie – weniger eindeutig als Fernows; dies jedoch kann durchaus einem Opportunismus Seumes zugeschrieben werden, der ihm vor allem seine militärischen Positionen verschaffte.[130]

Nicht grundlos dürften beide Männer zur Mitarbeit an Zeitschriften des republikanischen Einflüssen offen stehenden Herausgebers Ernst Ludwig Posselt (1763-1804) als Autoren angefragt worden sein.[131] Wohl mehr aus Resignation denn aufgrund politischer Bedenken schlug Seume das Angebot aus, das Fernow schon seit 1798 wahrnahm. Daß die Männer sich in Rom auch über politische Mißstände und somit höchstwahrscheinlich auch über ihre politische Denkweise austauschten, ist anzunehmen.[132]

Neben politischen und religiösen Übereinstimmungen ist vor allem zu bedenken, daß Fernow und Seume durch ihre soziale Herkunft und in Rom dann auch in ihrer gesellschaftlichen Einbindung den gleichen Kreisen angehörten. Die wenigen nach den politischen Zerrüttungen in der ‚ewigen Stadt' verbliebenen ‚Deutschrömer' – es waren zur Zeit von Seumes Aufenthalt nur noch ca. dreißig Personen[133] – waren eng miteinander verbunden. Daß Fer-

---

129 Das gilt insbesondere für die Privilegienkritik, vgl. etwa Anm. 126; Mein Sommer 1805 (wie Anm. 80), Vorrede; Vorwort zu „Ein Bändchen Bemerkungen und Konjekturen zu zahlreichen schwierigen Stellen des Plutarch", in: Seume: Werke. Bd. 2 (wie Anm. 38), S. 348-361.

130 Stephan, Seume (wie Anm. 12), S. 69-108; Rainer Baasner: Ist Seume nicht zu fassen? Zu einigen philosophischen Positionen J.G. Seumes. In: Hollmer, Seume (wie Anm. 128), S. 42-49, S. 46ff.; Jörg Drews: Seume, die Fürsten und Anna Amalia. In: Ilse Nagelschmidt (Hg.): Alles um Liebe. Anna Amalia und Goethe. Weimar: Denkena 2008, S. 59-78, S. 60ff.

131 Fernow schrieb für die *Neueste Welt Kunde*, vgl. Tausch, Von Jena nach Rom (wie Anm. 14), S. 50. Seume erhielt ein Angebot, Autor für die *Europäischen Annalen* zu werden, vgl. Seume an Cotta, vor dem 20.8.1804. In: Seume, Briefe (wie Anm. 1), S. 484.

132 Livia Gerhardt stellt es freilich in ihrer unkritischen Arbeit als sicher dar, ohne es zu belegen, vgl. Gerhardt, Fernow (wie Anm. 39), S. 117f.

133 Das stellt Fernow selbst fest, vgl. Sitten und Kulturgemälde (wie Anm. 78), S. 166; ähnlich auch Fernow: Auszüge aus Briefen an Mengs. Einwanderungen

now ihnen nahe stand, zeigen seine Widmungen in den *Römischen Studien*, die 1806 in Zürich herauskamen: Jedem Band des dreiteiligen Werkes ist die Widmung an „Römische Freunde und Zeitgenossen“[134] vorangestellt. Jedem enthaltenen Beitrag der *Römischen Studien* war wiederum die Widmung an einzelne dieser Freunde und Zeitgenossen beigegeben. Darunter waren die Schriftstellerin Friederike Brun (1765-1835), der bereits erwähnte Maler Johann Christian Reinhart, Caroline, die Gattin des Diplomaten Wilhelm von Humboldt (1766-1829), der Altertumswissenschaftler Georg Zoëga, der Maler Gerhard von Kügelgen (1772-1820), aber auch Wilhelm Uhden und eben Seume.[135] Daß Fernow ihn schon früher vielleicht durch Mundpropaganda, sicher aber durch seine literarischen Arbeiten kennengelernt hatte, geht auch aus der Widmung an Seume hervor, die der Arbeit *Über den ästhetischen Eindruk der Peterskirche* vorangeht:[136]

> [...] durch die erste persönliche Bekanntschaft eines deutschen Biedermannes [Seume], den ich bereits früher aus manchen freimüthigen Ausserungen eines für Menschenwürde begeisterten Gemüths schätzen gelernt hatte, [...] haben wir über die moralischen Misverhältnisse, Verkröpfungen und Auswüchse des unsichtbaren Wundergebäudes, das durch die Peterskirche sichtbar repräsentiert wird, mancherlei in Prose und in Versen verhandelt.[137]

Nicht allein in Versen also, sondern auch in Prosa will er mit Seume disputiert haben.[138] Davon ist leider nichts überliefert. Explizit jedoch wünscht er die Befreiung der Roma Aeterna vom christlichen Kreuz und befindet sich

---

teutscher Künstler in Rom. In: Neuer Teutscher Merkur. 1802. Bd. 2, S. 311-315.

134 Fernow: Römische Studien (wie Anm. 19).

135 Vgl. ebenda, Bd. 1-3, Widmungsblätter vor den Einzelstudien; Manger, Fernows literarische Formen (wie Anm. 109), S. 168f.

136 Außerdem gibt schon folgender Brief Aufschluß darüber, weil Fernow darin angibt, Seume aus seinen Gedichten in der *Neuen Thalia* zu kennen (vgl. Anm. 29): Fernow an Böttiger, 19.3.1802, SLUB Dresden, h 37, 4°, Bd. 50, Nr. 7. Zitiert nach: Seume, Briefe/ Kommentar (wie Anm. 1), S. 971f.

137 Karl Ludwig Fernow: Widmung „An Seume“ in: Über den ästhetischen Eindruk der Peterskirche. In: Römische Studien (wie Anm. 19). Bd. 2. VII. Stück, S. 259-294, 255 und 257.

138 Vgl. ebenda.

damit in dem Zwiespalt zwischen Rom-Liebe und Rom-Kritik, den Seume eben konstatierte.

Von Cotta zu Göschen?

Schon für die Zeit kurz nach Seumes Rückkehr von seiner Reise gibt es einen weiteren Hinweis dafür, daß er Fernow wertschätzte. Nachdem er Fernow schon in Rom das Angebot gemacht hatte, eine seiner Arbeiten für den Verlag bei Göschen zu empfehlen, trat er auf Fernows Bitte nun wirklich als Vermittler von dessen literarischen Arbeiten bei Göschen und später bei Gleim in Erscheinung.[139] Gleim sollte zu der Aufnahme Fernows in Göschens Programm finanzielle Unterstützung leisten, da Göschens Budgetierung es zu dieser Zeit nicht erlaubte. In diesem Zusammenhang erinnert er an das Lob literarischer Arbeiten Fernows im *Neuen Teutschen Merkur*.[140] Obwohl dieses Vorhaben scheiterte – wohl, weil Gleim über der schwebenden Idee verstorben war –, ist anzunehmen, daß Fernow Seume für seine Bemühungen dankbar war und sich jedenfalls dessen Achtung sicher sein konnte.[141] Die Absicht, sich zusätzliche Einkünfte durch die Aufnahme in den Göschen-Verlag zu verschaffen, zeigt angesichts der angespannten Konkurrenzsituation zwischen Göschen und Cotta und der Tatsache, daß Fernow Cotta noch Texte schuldig war, wie dringend Fernow auf Geld angewiesen war, und daß Seume um diese Notsituation offenbar wußte. Dies bestätigt sich auch in einem anderen Kontext.

Ciao Italia und Arkadien ade!

Längst war Seume Fernows Absicht, ins Reich zurückzukehren, bekannt geworden und er ersehnte seine Ankunft, obwohl Fernow sein Verbindungsglied nach Rom gewesen war.[142]

---

139 Fernow an Böttiger, undatiert und 19.1.1803. In: Gerhardt, Fernow (wie Anm. 39), S. 117 und 126.

140 Seume an Gleim, 24.12.1802. In: Seume, Briefe (wie Anm. 1), S. 427.

141 Gleim war am 18.2.1803 verstorben.

142 In verschiedenen Briefen wird deutlich, daß Seume über Fernow seinen Kontakt zu dem Maler Johann Christian Reinhart in einvernehmlichere Bahnen

> Ich wollte eine ganze Hand voll Kreuzer darum geben, wenn Fernow erst an der Saale wäre [...]. Ich bin nicht so glücklich gewesen ihm seine Überkunft erleichtern zu können.[143]

„Eine Hand voll Kreuzer“ geben zu wollen, ist von Seume ganz wörtlich gemeint, da Fernows Rückkehr wegen seiner finanziellen Misere Aufschub erhalten hatte. Nicht allein die Kenntnis der persönlichen Umstände von Fernows Leben, nicht nur das Bedürfnis, ihm auszuhelfen, sondern auch der Wunsch, den Mann bald zurück in der Heimat zu sehen, sind Indizien für Seumes beträchtliches Interesse an Fernow. Woher Seume seine Kenntnisse über dessen Lebenssituation hatte, ist unbekannt. Hatte er Informationen direkt aus Rom, von Cotta oder Göschen? Oder gab es einen regelmäßigen Briefwechsel zwischen den Männern?

Briefkultur ?

Trotz seines offenbar guten Verhältnisses zu Fernow scheint Seume die Aufbewahrung seiner Briefe nicht für wichtig erachtet zu haben, wie er auch insgesamt der Aufbewahrung seiner Korrespondenzen wenig Aufmerksamkeit schenkte.[144] In einem Brief an den Schriftsteller und Gefährten Elisa von der Reckes (1754-1833) Christoph August Tiedge, (1752-1841) schreibt er nach Fernows Tod:

---

zu lenken versuchte, dessen Karikatur des Lord Bristol (1730-1803), den sog. *Schweine-Centaur*, er als Titelvignette für den *Spaziergang nach Syrakus* zu verwenden suchte, was er letztlich auch umsetzte, vgl. Seume an Böttiger, Anfang Oktober 1802 und 6.4.1803; Seume an Johann Friedrich Hartknoch, vor dem 23.2.1803. Alle in: Seume, Briefe (wie Anm. 1), S. 418, 451 und 448. Dazu auch näher: Gaderer, Rom – Blicke (wie Anm. 40), S. 245ff.

143 Seume an Böttiger, ca. 6.4.1803. In: Seume, Briefe (wie Anm. 1), S. 451.

144 Auffällig ist dieses Verhalten auch in Anbetracht der Beziehung zu Gleim, der mit seinem ‚Archiv der Freundschaft‘ einen völlig gegensätzlichen Umgang mit seinen Korrespondenzen pflegte. Bemerkenswert ist außerdem, daß die Briefe an Wilhelmine Röder diesem Verhalten nicht zum Opfer fielen, vgl. dazu: Seume, Briefe/ Kommentar (wie Anm. 1), S. 657-664; Ute Pott: Johann Wilhelm Ludwig Gleims Archiv der Freundschaft. In: Klaus Manger/Ute Pott (Hg.): Rituale der Freundschaft. Heidelberg: Winter 2006, S. 233-245.

> Ich selbst bin so sorglos gewesen, seine [Fernows] Briefe zu verlieren, deren ich wenigstens ein halbes Dutzend von Rom und Weimar aus hatte, die nicht ganz unwichtig waren; denn er hatte nicht die Gewohnheit viel über nichts zu schreiben.[145]

Seumes offene Worte über seinen Umgang mit dem Briefwechsel waren explizit nicht zur Publikation gedacht:

> Es wird Ihnen gewiß nicht einfallen, dieses [i.e. diesen Brief] für eine Reisebeschreibung zu nehmen: es soll nur ein kleines Dokument seyn, daß ihr Freund noch nicht ganz todt ist und in der That noch zuweilen eine Art von regsamer Lebenskraft in sich verspüret, die sich vielleicht wieder festsetzen und ihn aufrichten kann.[146]

Oder waren sie es vielleicht doch? Warum sollte Seume sonst in einem Brief einen solchen Hinweis auf die mögliche Aufnahme desselben als Reisebeschreibung geben, zumal an Tiedge, also einen Adressaten, der zuvor bereits ohne Seumes Autorisation – und zu seinem Ärger – einen seiner Texte publiziert hatte, weil er, was Seume wissen konnte, sein Verehrer war?[147] Daneben bildet Seume mit den Worten „Es wird Ihnen gewiß nicht einfallen, dieses für eine Reisebeschreibung zu nehmen" eine eigenartig indirekte Negativkonstruktion. War eventuell das Gegenteil beabsichtigt, nämlich die Publikation des Briefes als Reisebeschreibung anzuregen, wie es später auch geschah? Das implizierte zwar die Möglichkeit des Vorwurfes, mit den Briefen seiner Freunde unachtsam zu sein, zugleich erinnerte es aber trotz des Verlustes der Briefe an ihre vormalige Existenz oder täuschte sie vor. In beiden Fällen mußte Seume etwas an der öffentlichen Kenntnis

145 Seume an Tiedge, Leipzig, 16.5.1810. In: Seume, Briefe (wie Anm. 1), S. 633.
146 Ebenda, S. 634f.
147 Tiedge hatte Seumes Gedicht *Kampf gegen Morbona* ohne sein Wissen publiziert, vgl. Seume an Friedrich Maximilian von Klinger, Mai 1809; vgl. zum Verhältnis von Seume und Tiedge: Tiedge an Seume, Ende Juli/ Anfang August 1806; Seume an Christoph Martin Wieland, Februar 1810. Alle in: Seume, Briefe (wie Anm. 1), S. 588, 534 und 614. Tiedge und von der Recke waren es auch, die sich aufopferungsvoll um Seume kümmerten, als es ihm in Teplitz zusehends schlechter ging. Tiedge beschrieb außerdem dessen letzten Tage, nachdem Seume verstorben war, vgl. Seume: Mein Leben/ Fortsetzung (wie Anm. 16), S. 141-153.

seines Verhältnisses zu Fernow gelegen haben. Die Publikation des Briefes zu verhindern, wäre doch mit einer klaren und direkten Formulierung mit größerer Sicherheit durchzusetzen gewesen.

Auch Fernow räumte mehrfach ein, kein großer Briefschreiber zu sein.[148] Dennoch gibt es Verweise auf mehrere Briefe, die noch zwischen beiden ausgetauscht worden sind.[149] Ob Seumes Angabe über „wenigstens ein halbes Dutzend“ Briefe von Fernow richtig ist, kann also nicht mehr ermittelt werden, erscheint aber durchaus möglich.

Übereinstimmend, wenn auch mit unterschiedlicher Konsequenz, konstatierten Seume wie Fernow in diesem Zusammenhang die Verschriftlichung des 18. Jahrhunderts als „papiernes Jahrhundert“ oder „papierne[s] Zeitalter“, was ein klares Bewußtsein beider für die Papiermedien und ihre rasante Entwicklung belegt.[150] Fernow positionierte die Originalität von einzelnen Werken wider eine massenmediale Produktion, während Seume das Manipulationspotential der Vervielfältigung und Beschleunigung des Schrifttums erkannte und zu nutzen begann.

Weimar – nah und fern

Wie entwickelte sich das wohlwollende Verhältnis, als Fernow im Frühjahr 1804 nach Weimar kam? Seumes Beziehung zu Weimar war keine enge, auch Fernows Umzug an die Ilm schien daran nichts zu ändern. Er bekundete aber schon lange vor der Bekanntschaft mit Fernow seine

148 Fernow an Gerhard von Kügelgen, 19.8.1808. In: Gerhardt, Fernow (wie Anm. 39), S. 244.

149 Etwa ein Brief, den Seume aus Paris an Fernow nach Rom schrieb, vgl. Fernow an Böttiger, 2.7.1802. In: Gerhardt, Fernow (wie Anm. 39), S. 118. Einen weiteren Brief an Fernow muß Seume vor dem 19.1.1803 aus Leipzig gesendet haben, terminus post quem ist ein Brief Fernows an Böttiger vom 19.1.1803, in dem darüber berichtet wird, vgl. Gerhardt, Fernow (wie Anm. 39), S. 125. Außerdem übersendet Böttiger einen Brief Fernows an Seume, eingeschlossen in einen Brief an Göschen: Böttiger an Göschen, 14.3.1803. In: Gerhardt, Livia: Karl August Böttiger und Georg Joachim Göschen im Briefwechsel. Leipzig: Haessel 1911, S. 148.

150 Seume an Wieland, Mitte/ Ende Januar 1810. In: Seume, Briefe (wie Anm. 1), S. 605; Fernow an Jens Immanuel Baggesen, 15.12.1796. Zitiert nach Tausch, Von Jena nach Rom (wie Anm. 14), S. 43 (Anm. 165).

Wertschätzung Weimars als kulturelle Hauptstadt sowie die der Heiterkeit seiner Bewohner:

> Weimar ist ja unser Athen; und die Attiker sind ja ein zierliches, jovialisches gutmüthiges Völkchen, die einem Murrkopf etwas von ihrem Frohsinn anthun werden.[151]

Auch später findet sich die kulturelle Würdigung Weimars im Lobe seines Theaters vor allen anderen deutschen Theatern: „Sie in Weimar dürfen mit der Ihrigen [Theatergesellschaft] im Ganzen mehr zufrieden seyn, als irgendein anderer Ort in Deutschland."[152]

Zumindest explizit ging er wenig auf die Konkurrenzkämpfe zwischen Weimar und Jena und den anderen kulturellen und geistigen Zentren im Reich ein, bemerkt sie nur beiläufig oder im Kontakt mit deren Exponenten.[153]

Fernows Haltung zu Weimars Ruhm war deutlich personenorientierter: er nahm an, der Ruhm der Stadt ende nach dem Tod Amalias, Goethes und Wielands.[154]

In Weimar war Seume kein häufiger Gast. Sein erster Besuch der Stadt fand kurz vor dem ‚Spaziergang nach Syrakus' statt, im November 1801, der zweite auf dem Rückweg von Italien, im August 1802.[155] Außerdem durchquerte er Weimar 1804 mit Auguste Duvau, auf dem Weg seiner Nordischen Reise, etwa Ende September oder Anfang Oktober 1805[156], und schließlich

151 Seume an Garlieb Merkel, 10.5.1797. In: Seume, Briefe (wie Anm. 1), S. 118.

152 Seume an Böttiger, 31.12.1801. In: Seume, Briefe (wie Anm. 1), S. 381.

153 Zur Jenaer Kritik an Leipzig vgl. Seume an Gleim, 20.11.1798; über Gleims Ablehnung der Ansammlung intellektueller Elite in Weimar, vgl. Gleim an Seume, 11.12.1798. Beide in: Seume, Briefe (wie Anm. 1), S. 203 und 204.

154 Vgl. Fernow an Böttiger, 15.2.1807. In: Gerhardt, Fernow (wie Anm. 39), S. 200.

155 Seume, Spaziergang (wie Anm. 1), S. 539f.

156 Zur Reise über Weimar mit Auguste Duvau im Herbst 1804 vgl. Seume und Duvau an Carl August Böttiger, 18.9.1804. In: Seume: Briefe (wie Anm. 1), S. 486, und Duvau an Böttiger bzw. Friederike Juliane Griesbach über Besuche bei Karl Ludwig von Knebel und bei Griesbachs, 26.11.- 6.12.1804 bzw. 19.9.1804. In: Böttiger. Briefwechsel mit Duvau (wie Anm. 39), S. 127 und ebd./ Kommentar, S. 344. Zur Datierung des Besuchs 1805: Wenn man Seumes späteren Angaben trauen darf, kam er „eben" nach der Entbindung Maria Pawlownas von Sachsen-Weimar-Eisenach von ihrem ersten Sohn Paul Alexander Carl

kehrte er nur wenige Wochen vor seinem Tod in die Stadt zurück, an die ihn zahlreiche Erinnerungen banden.[157]

Die Kontakte nach Weimar waren nämlich trotz der seltenen Besuche vielfältig. Ein enges Verhältnis pflegte Seume schon zu dessen Weimarer Zeiten mit dem bereits erwähnten Carl August Böttiger, in späteren Jahren mit Christoph Martin Wieland (1733-1813). Weniger eng waren die Bindungen zur ‚Herzoginmutter' Anna Amalia von Sachsen-Weimar-Eisenach (1739-1807) und ihrer Enkelin Caroline Luise (1786-1816), zu Friedrich von Schiller und dem in Weimar zeitweise lebenden französischen Botaniker und Übersetzer Auguste Duvau (1771-1831). Kaum bekannt ist die Ausprägung der Beziehungen zu Johann Wolfgang von Goethe, Johann Gottfried Herder (1744-1803) und seiner Frau Caroline (1750-1809), zu dem Satiriker und Pädagogen Johann Daniel Falk (1768-1826), dem Verleger und Publizisten Friedrich Justin Bertuch (1747-1828) und seinem Sohn Carl (1777-1815), zu dem Dichter und Übersetzer Karl Ludwig von Knebel (1744-1834) und dessen Schwester Henriette (1755-1813), dem Schriftsteller und Juristen Friedrich Hildebrand von Einsiedel (1750-1828) und dem Maler Gerhard von Kügelgen. Gleiches gilt für die erst 1806 zugezogene Schriftstellerin Johanna Schopenhauer (1766-1838) und verschiedene Weimar-Besucher, darunter die Schriftsteller Henry Crabb Robinson (1775-1867), Germaine des Staël (1766-1817) und ihren Gefährten Benjamin Constant (1767-1830) sowie den Schweizer Bankierssohn Alphonse Perrégaux (1785-1841).[158]

Konstantin Friedrich August (1805-1806), also kurz nach dem 25.9.1805, in Weimar an, vgl. dazu Seume an Wieland, Mitte/ Ende Januar 1810. In: Seume, Briefe (wie Anm. 1), S. 601; Katharina Elisabeth Goethe an ihren Sohn, Johann Wolfgang von Goethe, die in dem Brief ihrer Freude über die glückliche Niederkunft Ausdruck verlieh, 10.10.1805, GSA Weimar, Regestnr. 5/ 225. Ein ähnlicher Zeitpunkt wird auch von Schnorr von Carolsfeld bestätigt, vgl. ders. an Böttiger, SLUB Dresden, h 37, Bd. 179, Nr. 24, Teilabdruck in: Seume, Briefe/ Kommentar (wie Anm. 1), S. 1168.

157 Vgl. Johann Gottfried Seume: Ausflucht nach Weimar. In: Seume, Werke. Bd. 2 (wie Anm. 38), S. 381-394, S. 389ff bzw. Seume an Tiedge, 16.5.1810. In: Seume, Briefe (wie Anm. 1), S. 630ff.

158 Diese Kontakte zu Personen in Weimar lassen sich in erster Linie aus der einschlägigen Quellen- und Werkedition zu Seume (wie Anm. 1) und ergänzenden Ausgaben von Seume-Schriften (Seume, Prosaschriften (wie Anm. 6) oder Seume, Prosaische und poetische Werke (wie Anm. 92), aber auch aus edierten

Diese Beziehungen tauchen nur punktuell in Seumes Werk und seinen Briefen auf, obwohl besonders Goethe, Kügelgen und Schopenhauer auch in enger fachlicher und persönlicher Bindung zu Fernow standen.[159] Waren Seume und Fernow sich seit seiner Übersiedlung nach Weimar ferner als sie es noch in Rom gewesen waren? Leider wissen wir nichts über den Briefwechsel.

Bekannt ist, daß der in Dresden lebende, aber wiederholt in Weimar beschäftigte Bildnismaler Kügelgen sich Fernow, Seume, sowie den dänischen Dichter Adam Oehlenschläger (1779-1850) und den Diplomaten und Publizisten Adam Heinrich Müller (1779-1829) zum Sujet nahm. Die vier Porträts, die entstanden waren und im Zuge der Weimarer Kunstausstellung in die Stadt geliefert wurden, erfreuten die Weimarer Gesellschaft durch Zuordnung der Abgebildeten nach Temperamenten, Jahreszeiten und philosophischen Richtungen, wie Fernow berichtete:[160]

> Da ist denn Seume der Melancholiker, der Winter, der Stoiker; ich der Cholerikus, der Herbst, der Aristoteliker; Müller der Phlegmatiker, der Sommer, der Platoniker; Öhlenschläger der Sanguiniker, der Frühling, der Epikuräer.[161]

Diese Rezeption verweist neben den vielen Kontakten Seumes nach Weimar darauf, daß er durchaus als Zugehöriger der Weimarer Gesellschaft erkannt und sein zu Melancholie respektive Depression neigender Charakter akzeptiert wurde. Seume, der von Kügelgen die Skizze für das Porträt erhalten hatte, teilte diesem daraufhin mit, daß er von der Begeisterung der Weimarer über die Porträts durch Bertuch gehört habe.[162] Seltsam erscheint, daß nicht Fernow ihn darüber informierte. Jedenfalls hatte er Böttiger über die Porträts berichtet und festgestellt, daß er „auch auf unseres von der Hand

---

und unedierten Quellen zu den Einzelpersonen belegen, was hier aus Platzgründen nicht im Einzelnen ausgeführt werden kann.

159 Vgl. zu Goethe und Fernow etwa: Gerhardt, Fernow (wie Anm. 39), S. 147, und ebd. Goethe an Friedrich von Schiller, 27.11.1803; Seume über das enge Verhältnis Schopenhauers und Kügelgens zu Fernow: Seume, Ausflucht (wie Anm. 157), S. 392, ferner auch Schopenhauer: Fernow's Leben (wie Anm. 23).

160 Vgl. Karl Ludwig Fernow an Gerhard von Kügelgen, 19.1.1807. In: Gerhardt, Fernow (wie Anm. 39), S. 196f.

161 Fernow an Kügelgen, 19.1.1807. In: Gerhardt, Fernow (wie Anm. 39), S. 196.

162 Vgl. Seume an Kügelgen, ca. Mitte Februar 1807. In: Seume, Briefe (wie Anm. 1), S. 538.

des Schicksals recht durchgegerbten Freundes Seume Porträt [...] recht neugierig“ sei.[163] Seume hielt diesen „Enthusiasmus“ für die Bilder dagegen für nicht mehr als einen Trost in schlechten Zeiten; die Depression war zum beständigen Begleiter seines Lebens geworden.[164]

Daß Seume und Fernow sich auch in Weimar begegnet waren, vermutlich 1804 oder 1805, berichtete Seume voll Wehmut über die seit seinem letzten Besuch verstorbenen Freunde und Bekannten Schiller, Herder, Anna Amalia und Fernow, und auch mit höchstem Lob für den Weimarer Zirkel, an dem er einst hatte teilnehmen dürfen.[165] Aber wohl nicht ganz zufällig war der Kontakt der Männer weniger intensiv als noch in Rom: Möglicherweise, weil sie dort nicht mehr zusammen wohnten, aber wohl kaum wegen persönlicher oder fachlicher Indifferenz, wie das Vorhergehende zeigt.[166] Weimar mag ihnen Zurückhaltung auferlegt haben, ein Umfeld, in dem beide nie richtig angekommen waren und ankommen wollten: Weil Fernow die Italiensehnsucht plagte und da Seume weder räumlich noch literarisch näheren Zugang zum ‚klassischen‘ Weimar hatte.[167]

Nachruf

Für das Distichon auf Fernow, das Seume auf Bitten Böttigers nach Fernows Tod im Jahre 1808 schrieb, ließ sein gesundheitlicher Zustand nicht viel

163 Fernow an Böttiger, 15.1.1807. In: Gerhardt, Fernow (wie Anm. 39), S. 195.

164 Vgl. Seume an Kügelgen, ca. Mitte Februar 1807. In: Seume, Briefe (wie Anm. 1), S. 538.

165 Seume an Tiedge, Leipzig, 16.5.1810. In: Seume, Briefe (wie Anm. 1), S. 632f.

166 Wo Seume während seines vergleichsweise langen Besuches in Weimar 1805 wohnte, ist unklar. Bezüglich des Besuches von 1810 berichtet er, im „Gasthofe zum Erbprinzen“ untergekommen zu sein, vgl. Seume, Ausflucht (wie Anm. 157), S. 389.

167 Fernow über seine Italiensehnsucht an verschiedene Freunde. In: Gerhardt, Fernow (wie Anm. 39), S. 179, 191, 211. Darunter auch ein Brief an Böttiger, 12.4.1807: „Ich habe jenseits der Alpen noch ein Vaterland [...]“. In: Gerhardt, Fernow (wie Anm. 39), S. 201. Hinsichtlich Seumes Distanz zum ‚klassischen‘ Weimar mag Goethes Äußerung über Seumes Dichtung prägnant sein, die ihm „griesgrämisch, miswollend, sansculottisch, nichts Höheres über sich anerkennen wollend“ erschien, Friedrich von Müller: Unterhaltungen mit Goethe. Weimar: Böhlau 1956, Eintrag vom 7.7.1825 (?), S. 140f.

Kraft zur Entfaltung dichterischer Kreativität, wie er selbst bemerkte.[168] Den Menschen Fernow zu ehren, fehlte ihm die Kraft jedoch nicht: „[...] Semper amandus erat, nil abfuit esse severum;/ Nil vulto austero, nil gravitate nocet. [...]“[169]

Ein sehr persönliches Bekenntnis – man beachte den Subtext: im Schatten von Fernows positiven Eigenschaften steht Seumes eigener Charakter mit seiner Lakonik, Verschlossenheit und Schroffheit. Seume bekannte sich also unter kritischer Selbstbetrachtung nicht nur zu Fernow dem Gelehrten, sondern auch zu Fernow dem Menschen.

In dem schon oben genannten und später publizierten Brief an Christoph August Tiedge entwarf Seume dann nochmals eine biographische Skizze „unseres Freundes Fernow“. Sie belegt einmal mehr seine Achtung des Gelehrten – unter Umständen mit dem Anliegen, sie öffentlich bekannt zu wissen – und zugleich die Parallelität einiger Elemente ihrer Viten:

> Fernow war ein Mann, dessen wahre Verdienste nur sehr spät gewürdiget wurden und der die Früchte der gewonnenen Achtung selbst nicht lange genießen konnte. Seine ganze Jugend war ein Kampf mit den Umständen in dem Vaterlande und in Italien: nur einige Jahre dauerte sein schönes Leben unter dem Schutze seiner Gönnerin, der Herzogin Mutter, der Freundschaft des Musageten Goethe und der reinen Achtung aller Bessern, die ihn kannten.[170]

„Perfer et obdura!“[171] fügte Seume dem Distichon hinzu, sein Lebensmotto, welches er damit auf den verstorbenen Freund überträgt, der ebenso ausharren und aushalten mußte wie er selbst: Auf seine Art verwaist, als Aufsteiger aus einer sozial schwachen Schicht, geplagt von finanziellen und gesundheitlichen Nöten und doch suchend, wollend, strebend nach Wahrheit und Freiheit – mit aller Kraft. In einer Zeit der Extreme wurden Johann Gottfried

---

168 Seume an Böttiger, Ende Dezember 1808. In: Seume, Briefe (wie Anm. 1), S. 577.

169 Übersetzung: „ [...] Immer war er liebenswert [...]/ [...] er verletzte nicht durch finsteren Blick und Strenge [...]“, Seume an Böttiger, Briefbeilage, Ende Dezember 1808. In: Seume, Briefe (wie Anm. 1), S. 578, und Kommentar, S. 1122.

170 Seume an Tiedge, 16.5.1810. In: Seume, Briefe (wie Anm. 1), S. 633.

171 Übersetzung: „Halte durch und sei hart!“, Seume an Böttiger, Ende Dezember 1808, Briefbeilage. In: Seume, Briefe (wie Anm. 1), S. 578, und (zur Herkunft) Kommentar, S. 1122.

Seume und Karl Ludwig Fernow zu Vermittlern zwischen Politisierung und Ästhetisierung der Schönen Künste und des realen Lebens.[172]

172 Vgl. auch Tausch, Von Jena nach Rom (wie Anm. 14), S. 34.

Stefanie Stockhorst

Gelehrte Geselligkeit und europäischer Kulturtransfer
Zur Deutung des produktiven Zusammentreffens von Henry Crabb Robinson und Germaine de Staël in Weimar

1. Seume als Stifter einer synergetischen Konstellation

Obgleich Johann Gottfried Seume im intellektuellen Leben Weimars um 1800 allenfalls eine Randfigur darstellte, kam dort durch seine Vermittlung persönlicher Kontakte eine überaus folgenreiche Verbindung zustande. Anfang November 1801 lernte er in Grimma den Juristen und Publizisten Henry Crabb Robinson (1775-1867) kennen, der im Jahr 1800 nach Frankfurt reiste, wo er sich mit der Familie Brentano angefreundet hatte. Robinson sprach inzwischen leidlich Deutsch und hatte ein brennendes Interesse an den zeitgenössischen Dichtern und Denkern entwickelt. Seume, den Robinson als „one of the most estimable Men I ever knew"[1] bezeichnete, ermunterte den jungen Engländer, mit ihm nach Weimar zu reisen. Am 17. November brachen sie zu Fuß auf. Ihr Weg führte über Poserna, wo Seumes Mutter eine Gastwirtschaft betrieb. Robinson charakterisierte die Wirtin als „little active Old Woman with an expression of sharpness", die in einem wenig herzlichen Verhältnis zu Seume stand: „But she did not express much delight at seeing her Son who on his part seemed to me cold and indifferent."[2] Am 19. November trafen Seume und Robinson in Weimar ein, um den vor Ort ansässigen literarischen Größen ihre Reverenz zu erweisen. Am 20. November sprachen sie gemeinsam mit dem Maler Veit Hanns Schnorr von Carolsfeld erstmals bei Goethe vor, jedoch beklagte Robinson hinterher einen

1 Henry Crabb Robinson: Note-Book 1801, S. 104. Zit. nach Hertha Marquardt: Henry Crabb Robinson und seine deutschen Freunde. Brücke zwischen England und Deutschland im Zeitalter der Romantik. Nach Briefen, Tagebüchern und anderen Aufzeichnungen unter Mithilfe v. Kurt Schreinert. Bd. I: Bis zum Frühjahr 1811. Göttingen: Vandenhoeck & Ruprecht 1964 (=Palaestra Bd. 237), S. 46.

2 Robinson, Note-Book 1801, S. 105f. Zit. nach Marquardt, Henry Crabb Robinson und seine deutschen Freunde, Bd. I (wie Anm. 1), S. 51.

recht steifen Verlauf des Zusammentreffens, da er selbst kaum und seine Begleiter über unpassende Themen gesprochen hätten:

> I was utterly incapable of uttering a word to him and scarcely opened my lips. My feelings were also rendered more acute by my not quite approving of the conversation of my companions. Schnorr talked a great deal about a picture he had made and Seume spoke about his hardiness, his poverty, etc.[3]

Innerhalb weniger Tage traf Robinson mit Goethe, Schiller, Herder, Wieland, Kotzebue, Kraus, Meyer und nicht zuletzt mit Carl August Böttiger zusammen, der die Redaktion von Seumes Beiträgen zum *Neuen Teutschen Merkur* besorgte. Diese Serie von eindrucksvollen Begegnungen muß für Robinson nachgerade ein kulturhistorisches Erweckungserlebnis dargestellt haben, denn anschließend berichtete er seinem Bruder Thomas ehrfürchtig:

> You only know coldly that the Men I then visited, are held to be the first Poets of their Nation – You do not, you can not feel their worth – You have not for the last twelve-month scarcely pst [!] a day without hearing some of their Works – You have not in their Books experienced quite new Sensations of delight, been led to form quite new Conceptions of the nature of Poetry & of the human Mind – Still less have you been lately in the Habit of considering one of this noble Groupe as one of those great & superior Beings which appear only after the lapse of Centuries And of which the Records of History do not present the names of 10 to us [...].[4]

Noch im November kehrte Robinson mit Seume über Jena und Leipzig zurück nach Grimma. Er sollte zu der „Karawane guter gemütlicher Leutchen" gehören, die Seume am 6. Dezember das „Geleite bis über die Berge des Muldentals"[5] gaben, als dieser zu seiner Reise nach Italien aufbrach. Robinson selbst ging 1802 mit Christian Brentano nach Jena, um dort bis 1805

3 Henry Crabb Robinson: Note-Book 1801, 20. November 1801, S. 107-112. Abgedruckt in: Marquardt, Henry Crabb Robinson und seine deutschen Freunde, Bd. I (wie Anm. 1), S. 340ff., das Zitat S. 341.

4 Brief an Thomas Robinson, 13. 1. 1802, abgedruckt in: Henry Crabb Robinson in Germany 1800-1805. Extracts from his correspondence. Hg. v. Edith J. Morley. London: Oxford University Press 1929, S. 95-104, hier S. 95.

5 Johann Gottfried Seume: Spaziergang nach Syrakus [EA 1803], in: ders.: Werke in 2 Bänden, Bd. 1. Hg. v. Jörg Drews und Sabine Kyora. Frankfurt/M.: Deutscher Klassiker Verlag 1993, S. 155-540, hier S. 165.

Philosophie zu studieren. Die durch Seume initiierte Bekanntschaft mit dem Weimarer Gymnasialdirektor Böttiger setzte Robinson auf fachlicher Ebene fort, indem er ihm unter anderem seine philosophischen Aufzeichnungen zu lesen gab. Böttiger reichte die Blätter weiter an Germaine de Staël, die Robinsons Anliegen, den deutschen Idealismus zu begreifen, teilte und ihn daher auch persönlich kennenlernen wollte.

Die beiden wissbegierigen Besucher Weimars trafen sich während der ersten Monate des Jahres 1804 bei insgesamt sechs Gelegenheiten persönlich, zum ersten Mal bei einem Abendessen am 22. Januar im Beisein von Böttiger und dem Lebensgefährten de Staëls, Benjamin Constant. Dieser verbuchte die Zusammenkunft ausdrücklich als nicht bemerkenswert:

> Nichts besonderes. Abendessen mit Bötticher, außerordentlich gelehrter Mann von sehr gutem Verstand, aber ohne Geschmack und mit schwerfälligen Formen, Robinson, junger Engländer, begeistert von Goethe und Kant, der mit Geist und Schwung das Fehlen der Feinheit bei den Engländern mit der Liebe zu absoluten Ideen bei den Deutschen verbindet [...].[6]

Zwischen de Staël und Robinson kam es indes in der Folgezeit zu einem intensiven, bei allen divergenten Auffassungen höchst produktiven, in seiner Tragweite umstrittenen Austausch. Daß der zwar begeisterte, jedoch nicht immer ganz zuverlässige Adept der Weimarer Dichter und Jenaer Philosophen Germaine de Staël Anfang 1804 umfänglich mit Manuskripten und Privatlektionen versorgte, ist in der Forschung seit langem bekannt.[7] Ein maßgeblich prägender Einfluß Robinsons auf die philosophischen Abschnitte von *De l'Allemagne* wird jedoch aus Sorge um den Status der

6 Übers. S. S.; im frz. Original: „Rien de remarquarble. Dîner avec Bötticher, homme extraordinairement savant, et de très bon sens, mais sans goût et à formes lourdes, Robinson, jeune Anglais enthousiaste de Gœthe et de Kant, et réunissant à de l'esprit et à du mouvement l'absence de finesse des Anglais et l'amour des idées absolues des Allemands [...]." – Benjamin Constant: Journaux intimes [22. Januar 1804]. In: ders.: Œuvres. Hg. v. Alfred Roulin. Paris: Gallimard 1957, S. 225.

7 Vgl. Jean-Marie Carré: Madame de Staël et Henry Crabb Robinson d'après des documents inédits. In: Revue d'histoire littéraire de la France XIX (1912), S. 539-546.

kanonisierten Autorin entweder rigoros bestritten[8] oder allenfalls behutsam erörtert. Daran konnte auch Ernst Behlers sorgfältige Untersuchung der synergetischen Effekte zwischen Robinson und de Staël nichts ändern, wenngleich sie belegt, daß Robinson sich immerhin selbst zumindest teilweise in *De l'Allemagne* wiederentdeckte.[9] Ziel der nachstehenden Untersuchung ist es, den Informationsfluß zwischen Robinson und de Staël ohne Statusverlust für die beteiligten Parteien als Akt des triangulären Kulturtransfers denkbar zu machen.

2. Wahrnehmungen der Interaktion von Robinson und de Staël

Bevor Robinson sich entschloß, die Einladung de Staëls zu einem Gespräch anzunehmen, wurde er bereits eine Zeitlang von verschiedener Seite dazu gedrängt. So forderte ihn seine Frankfurter Freundin Charlotte Serviere aus unverhohlenem Klatschbedürfnis schon im Dezember 1803 brieflich dazu auf, sich um die Bekanntschaft von Germaine de Staël zu bemühen:

> Sie ist nach Weimar gegangen um über die deutsche Philosophie zu schreiben: / von der sie wahrscheinlich wenig weiß /: und über ihren Einfluß auf die deutsche Nation. Suchen Sie etwas von dem Eindrucke zu erfahren den sie in W. macht und der Rolle die sie da spielt und schreiben Sie mir es getreulich wieder.[10]

8 Vgl. D[avid] G[lass] Larg: Mme de Staël et Henry Crabb Robinson: Fiction et Vérité. In: Revue de littérature comparée 8 (1928), S. 654-671; sowie René Wellek: Immanuel Kant in England. 1793-1838. Princeton: Princeton University Press 1931, S. 144.

9 Vgl. Ernst Behler: Henry Crabb Robinson und Kant. Ein Beitrag zur Kantrezeption innerhalb der europäischen Romantik. In: Kant-Studien 77 (1986), S. 289-315, bes. S. 308-315. – Vgl. neuerdings auch die Bekräftigung durch Axel Blaeschke: „The first female writer of the age". Zur Staël-Rezeption in England. In: Madame de Stael und die Internationalität der europäischen Romantik. Hg. v. Udo Schöning und Frank Seemann. Göttingen: Wallstein 2003, S. 29-50, bes. S. 41f.

10 Charlotte Serviere an Henry Crabb Robinson, 13. 12. 1803. Abgedruckt in: Marquardt, Henry Crabb Robinson und seine deutschen Freunde, Bd. I (wie Anm. 1), S. 102f., hier S. 103.

Wenig später vermerkte Böttiger, de Staël habe einige Entwürfe Robinsons über Schelling nicht nur gelesen, sondern sich sogar der Mühe unterzogen, sie aus dem Deutschen ins Französische zu übertragen. Auf das Insistieren de Staëls hin stellte Böttiger den Kontakt zwischen ihr und Robinson her:

> Ein in Jena seit 3 Jahren privatisirender Engländer Robinson hatte mir vor langer Zeit seine deutsch geschriebnen Hefte der Schellingischen Aesthetik mitgetheilt. Ich gab sie Frau v. Stael und sie übersetzte mit Beihülfe Constants die ersten 20 Paragraphen ins französische. Sie bat dann H[er]rn Robinson selbst herüber zu kommen und so wurde bei ihr ein philosophisches Diner fertig, wobei aber niemand den andern bekehrte. Robinson steckte im Wasser, während sie in der Luft schwebte. Keines konnte in das Element des andern gelangen.[11]

Robinson vermutete vollkommen zutreffend, daß de Staël keineswegs uneigennützig darauf erpicht war, ihn zu sehen. Noch vor dem ersten Zusammentreffen erhielt er bereits einen klaren Arbeitsauftrag von ihr, den Böttiger übermittelte:

> Die Frau von Staël, von deren Lippen Geist und Honigrede strömt, wünscht Ihre Bekanntschaft, mein teuerster Herr und Freund. Sie sehnt sich nach einer philosophischen Unterredung mit Ihnen und beschäftigt sich jetzt mit den Cahiers über Schellings Aesthetik, die ich dank Ihrer Güte besitze. Sie hat sogar einiges daraus mit bewunderungswürdiger Kunst ins Französische übersetzt. [...] Haben Sie Zeit, so entwerfen Sie ohngefähr auf 8 Seiten die Hauptpunkte der Schellingschen Allphilosophie so daß Sie soviel als möglich durch erläuternde und synonyme Ausdrücke an der empirischen Verstandeswelt aufhellen. Englisch oder Deutsch, gleich viel. Bringen Sie das mit![12]

Als er dem wachsenden gesellschaftlichen Druck nicht mehr standhalten konnte, setzte Robinson eigens für de Staël „four dissertations on the new

---

11 Karl August Böttiger: Literarische Zustände und Zeitgenossen. Begegnungen und Gespräche im klassischen Weimar. Hg. v. Klaus Gerlach und René Sternke. Berlin: Aufbau 1998, S. 348f.

12 Carl August Böttiger an Henry Crabb Robinson, 14. 1. 1804. Abgedruckt in: Marquardt, Henry Crabb Robinson und seine deutschen Freunde, Bd. I (wie Anm. 1), S. 157.

Philosophy"[13] auf, deren Inhalte allerdings mutmaßlich bereits als Grundlage für eine 1802/03 im *Monthly Register* erschienene Artikelserie gedient hatten.[14] Dabei standen vor allem Überlegungen zu den ästhetischen Implikationen von Kants *Kritik der Urteilskraft* (1790) im Vordergrund.[15] Während Robinson sich gegenüber de Staël konziliant gab, teilte er in einem Brief an seinen Bruder eine gewisse Verstimmung mit: „I was invited to her in order to be interrogated on the new Philosophy and saw clearly enough *that I was used*."[16] Ferner beobachtete er auf Anhieb gewisse intellektuelle Verständnisschwierigkeiten: „She has not the least sense for poetry and is absolutely incapable of thinking a philosophical thought."[17] Gleichwohl ließ er sich auf weitere Treffen ein, bei denen er geduldig über aktuelle philosophische Probleme dozierte. Böttiger, der diesen Sitzungen regelmäßig beiwohnte, hielt nach einem gemeinsamen Mittagessen am 9. Februar 1804 fest:

> Sie [sc. de Staël] hatte ihre Uebersetzung des Schillerschen Liedes (dem nun noch die Cassandra folgen soll) vollendet und kurz vor Tisch eine interessante Vorlesung durch den Engländer Robinson aus Jena gehabt, der auf ihre Auf-

---

13 Henry Crabb Robinson an Thomas Robinson, 30. 1. 1804. Zit. nach Marquardt, Henry Crabb Robinson und seine deutschen Freunde, Bd. I (wie Anm. 1), S. 158f. – Dieser Begriff kennzeichnet bei Robinson den Synkretismus der Geisteshaltungen um 1800 und meint Literatur und Philosophie gleichermaßen. In der Robinson-Forschung haben sich Umschreibungen wie ‚deutsche Philosophie, Literatur und Kritik', ‚idealistic philosophy and classical-romantic literature and criticism' eingebürgert. Zum Rekurs auf die intellektuelle Gemengelage zwischen 1786 und 1805/15 (oder: um 1800) soll hier Robinsons methodisch unbelasteter und hinreichend weit gefaßter Begriff der *new German school* verwendet werden.

14 Vgl. Wellek, Immanuel Kant in England (wie Anm. 8), S. 154. – Ein Verzeichnis der gedruckten und ungedruckten Aufsätze Robinsons findet sich in Marquardt, Henry Crabb Robinson und seine deutschen Freunde, Bd. I (wie Anm. 1), S. 354-358.

15 Vgl. Georges Solovieff: L'Allemagne et Madame de Staël. En marge d'un ‚événement'. Paris: Klincksieck 1990, S. 24, Anm. 84.

16 Henry Crabb Robinson an Thomas Robinson, 30. 1. 1804. Zit. nach Marquardt, Henry Crabb Robinson und seine deutschen Freunde, Bd. I (wie Anm. 1), S. 158.

17 Ebd. (wie Anm. 1), S. 159.

> foderung die Kantische Aesthetik ihr dem Hauptsatze nach bekannt gemacht und auserordentlich dadurch gefallen hatte.[18]

Die von Charlotte Serviere ausgesprochene, wenig schmeichelhafte Vermutung der völligen Unwissenheit de Staëls schien sich zu bestätigen. Jedoch wurde Robinson nicht müde, ihr zu erklären, was er sich selbst gerade erst mit größter Mühe angeeignet hatte. Constant notierte einige Kerngedanken der Gespräche mit dem Engländer, der sich freilich selbst keineswegs als Schüler oder gar Adept Schellings verstand: „Abendessen mit Robinson, Schüler Schellings. Seine Arbeit über Kants Ästhetik. Sehr sinnreiche Ideen. Die Kunst für die Kunst und ohne Zweck; jeder Zweck entstellt die Kunst. Aber die Kunst erreicht im Zweck, was sie nicht hat."[19] Am 19. Februar 1804 vermeldete Böttiger eine neue Aufsatzlieferung sowie deren wenig zuträgliche Wirkung auf die Adressatin:

> Robinson aus Jena brachte ihr einige neue Hefte über die neueste Aesthetik u. ging sie mit ihr einige Stunden lang durch. Sie gestand nachher bei Tisch, daß die Metaphysik ihre Nerven so sehr angreife, als die Mathematik.[20]

Nicht mit Nervosität, dafür aber durchaus skeptisch reagierte auch Constant auf die damals regelrecht aufsehenerregende Philosophie Schellings:

> Abendessen mit Robinson, Böttiger und andere. Mit der Herzoginmutter gespielt und gegessen. Schellings Ästhetik. Der Große Gedanke von der Natur, die Vereinigung des Reellen im Ideal. Dieser Gedanke überall fortgesetzt. Das ist eine neue Terminologie, mit gezwungenen Analogien.[21]

---

18 Böttiger, Literarische Zustände und Zeitgenossen (wie Anm. 11), S. 368.

19 Übers. S. S.; im frz. Original: „Dîner avec Robinson, écolier de Schelling. Son travail sur l'esthétique de Kant. Idées trés ingenieuses. L'art pour l'art, et sans but; tout but dénature l'art. Mais l'art atteint au but qu'il n'a pas." – Constant, Journaux intimes [11. Februar 1804] (wie Anm. 6), S. 232.

20 Böttiger, Literarische Zustände und Zeitgenossen (wie Anm. 11), S. 373.

21 Übers. S. S.; im frz. Original: „Dîner avec Robinson, Böttiger et autres. Joué et soupé avec la D[uchesse] mère. Esthétique de Schelling. La Grande pensée de la nature, l'union du réel dans l'idéal. Cette pensée suivie partout. C'est une terminologie nouvelle, avec des analogies forcées." – Constant, Journaux intimes [19. Februar 1804] (wie Anm. 6), S. 236.

Da sich Germaine de Staël auch für Goethe nicht in der Weise begeistern konnte, die Robinson für angemessen erachtete, versuchte er, ihr dessen Werke nahezubringen, indem er ihr daraus vorlas. Unter der Prämisse, daß die Texte in ihrer Faktur evident hochwertig seien, sollten sie weitestgehend für sich sprechen. Damit verwendete Robinson bei der gesprächsweisen Vermittlung dieselbe, etwas blutleere Technik, die auch seine Literaturessays kennzeichnet[22], und Germaine de Staël ließ sich entsprechend davon auch nicht nachhaltiger beeindrucken als Robinsons englisches Lesepublikum.

Rückblickend erinnerte sich Robinson ernüchtert: „When alone with her, it was my great aim to make her feel the transcendent excellence of Goethe. But I failed. She seemed utterly incapable of realizing wherein his excellence lay."[23] Seine eifrigen Nachhilfebemühungen sorgten sogar überregional für Furore, obschon sich Robinson damit zurückhielt, seine Einschätzung der Fähigkeiten de Staëls jenseits des Briefwechsels mit seinem Bruder zu verbreiten. So erkundigte sich Charlotte Serviere am 8. Mai 1804 mit leisem Spott, ob de Staël „zum Dank für die deutsche Philosophie" ihm die „französische Gallantrye mitgetheilt"[24] habe.

Während der letzten Wochen, die de Staël in Sachsen-Weimar verbrachte, begegnete sie in Begleitung von Constant auch Seume, der zwischenzeitlich aus Italien zurückgekehrt war und seine Reiseeindrücke in literarischer Form als *Spaziergang nach Syrakus* (1803) publiziert hatte. Constant hielt fest:

> Traurige Lage eines Mannes, der im Zerwürfnis mit seinem Vaterland liegt und keine Zuflucht findet außer bei seinen Feinden. Ein kleiner Hesse in russischen Diensten, sehr interessant. Verfasser einer Fußreise nach Syrakus. Herbheit, Geist, Unabhängigkeit, Wunderlichkeit.[25]

---

22 Vgl. Stefanie Stockhorst: Henry Crabb Robinsons doppeltes Deutschlandbild. In: Weimarer Beiträge 51 (2005), S. 254-269, bes. S. 260f.

23 Henry Crabb Robinson: Diary, Reminiscences and Correspondence of Henry Crabb Robinson, Barrister-at-Law, F. S. A. Hg. v. Thomas Sadler. Bd. 1, London: Macmillan 1869, S. 93.

24 Charlotte Serviere an Henry Crabb Robinson, 8. 5. 1804. Abgedruckt in: Marquardt, Henry Crabb Robinson und seine deutschen Freunde, Bd. I (wie Anm. 1), S. 108ff., hier S. 109.

25 Übers. S. S.; im frz. Original: „Triste situation d'un homme brouillé avec sa patrie et n'ayant d'asile que chez ses ennemis. Petit Hessois au service de Russie, très intéressant. Auteur d'un voyage à Syracuse à pied. Apreté, esprit, indépen-

Umgekehrt hinterließ de Staël offenbar bei Seume gleichfalls einen angenehmen persönlichen Eindruck, denn vier Jahre darauf bemühte er sich sichtlich darum, ihrem Roman *Corinne ou l'Italie* (1807) positive Seiten abzugewinnen, obwohl er darin weit mehr als nur die klassische Bildung vermißte[26]: „Ich lasse der Frau von Staël alle Gerechtigkeit widerfahren; sie besitzt viel Scharfsinn und Einsicht in die menschliche Seele und eine seltene Weltkenntniß: aber ich fürchte doch, daß hier und da, wo sie sich an das höhere Ideal wagt, ihr die Kräfte versagen."[27]

3. Robinsons eigene Probleme mit der deutschen Philosophie

Um nichts geringeres als das „höhere Ideal" war es freilich der weltgewandten Ethnographin zu tun, als sie Robinson in Weimar um eine didaktisch reduzierte Aufbereitung der deutschen Gegenwartsphilosophie ersuchte. Robinson gestand im nachhinein, daß ihm die Annäherung an die deutschen Denkweisen durchaus nicht leichtgefallen sei. Er habe in Jena den Philosophieprofessor Jakob Friedrich Fries kennengelernt, dem er historische Informationen geliefert habe und dafür mit einer Einführung in Kants Philosophie entlohnt worden sei: „The little I ever clearly understood I learned from him."[28] Von Schellings Vorlesungen verstand er nach eigenem Bekunden ebenfalls nur recht wenig: „I fancied I had a glimpse of light every now and then".[29] Bei aller Begeisterungsfähigkeit für die unter dem Begriff der *new German school* subsumierte Philosophie und Literatur blieben deren Denk- und Schreibweisen für Robinson letztlich weitgehend undurchsichtig.

---

dance, bizarrerie." – Constant, Journaux intimes [5. März 1804] (wie Anm. 6), S. 241.

26 Vgl. zu seinen Monita und ihren teils privaten Hintergründen ausführlich Inge Stephan: Der Schriftsteller als Leser. Seumes Anmerkungen zur ‚Corinna' von Frau von Staël. In: ‚Wo man aufhört zu handeln, fängt man gewöhnlich an zu schreiben'. Johann Gottfried Seume in seiner Zeit. Hg. v. Jörg Drews. Bielefeld: Aisthesis 1991, S. 149-156.

27 Johann Gottfried Seume an Johanna Devrient (geb. Loth), Januar/Februar 1808. In: ders.: Briefe. Hg. v. Jörg Drews und Dirk Sangmeister unter Mitarbeit von Inge Stephan. Frankfurt/M.: Deutscher Klassiker Verlag 2002, S. 554-557, hier S. 554f.

28 Robinson, Diary, Reminiscences and Correspondence (wie Anm. 23), S. 70.

29 Robinson, Diary, Reminiscences and Correspondence (wie Anm. 23), S. 87.

Eine Mitteilung an seinen Bruder etwa zeugt von fassungslosem Befremden gegenüber einer für typisch befundenen Verquickung von Dichtung und Metaphysik, die entfernt an Friedrich Schlegels Konzept einer ‚progressiven Universalpoesie' erinnert: „Apropos, I must not forget a curious trait of the new School. They are all Religionists that is a sort of poetico-metaphysical religionist [...]."[30] Während sich Robinson anfangs noch über solche Beobachtungen belustigte, nahm er sich im Laufe der Zeit selbst in der recht unverblümten Privatkorrespondenz immer stärker zurück. Auf die besorgte Rückfrage seines Bruders angesichts einer zunehmenden Identifikation mit der *new German school* bei anhaltendem Unverständnis erwiderte er das folgende, kulturvergleichend angelegte Bekenntnis:

> On all points, natural philosophy, religion, metaphysics, there seems to be a uniform opposition between German and English opinion. You say with truth I am growing a mystic. I rejoice to perceive it. Mystery is the poetry of philosophy. It employs and delights the fancy at least, while your philosophy, and the cold rational quibbles of the French and English schools, furnish nothing but negatives to the understanding, and leave the fancy and the heart quite barren.[31]

Schnell erkannte Robinson, daß er nicht in der Lage sein würde, selbst philosophische Aufsätze zu verfassen, sei es auf erster oder auf zweiter Stufe: „As to original works – of them there is no question – I do not feel qualified to write even on Kant in the Monthly Magazine."[32] Aus Geldnot erklärte er sich dennoch bereit, bezahlte Essays zu Kant und zur deutschen Literatur in *The Monthly Register* zu veröffentlichen. Seiner Leserschaft teilte er zunächst die kulturelle Fremdheitserfahrung mit, welche seine ersten Vorstöße in den deutschen philosophischen Diskurs geprägt habe:

30 Brief an Thomas Robinson, 6. 7. 1801, abgedruckt in: Morley, Robinson in Germany (wie Anm. 4), S. 72-78, hier S. 74.

31 Brief an Thomas Robinson, 17. 10. 1802 [teilveröffentlicht in Morley, Robinson in Germany (wie Anm. 4), S. 113f., hier unveröffentlichter Passus], Dr. Williams's Library, London, Henry Crabb Robinson: Correspondence [ohne Signatur].

32 Zit. nach Marquardt, Henry Crabb Robinson und seine deutschen Freunde, Bd. 1 (wie Anm. 1), S. 54.

> I was in the true sense Confounded: In the critical school I found [...] my favourite authors not unknown, but known and almost despised; my own habit of thinking represented as the utmost reproach to a rational being; a sort of Esau-like relinquishing of our birth-right, the right to reason and determine.[33]

Gerade die Konfrontation mit einer völlig andersartigen Denktradition habe indes nach eigenem Bekunden Robinsons Verlangen geweckt, den Prinzipien des deutschen Idealismus in Literatur und Philosophie auf den Grund gehen zu wollen, denn, so schreibt er an gleicher Stelle weiter, „the pretentions were so high, that at least they were worth examining".[34] An diesem Punkt lösen sich allerdings die persönlichen Briefe und Aufzeichnungen von den publizistisch verbreiteten Ansichten ab: Während sich Robinson in seinen Essays als Fachmann in Fragen des deutschen Geisteslebens gerierte, der seinen ahnungslosen Landsleuten mit pädagogischem Eifer die ebenso fremde wie preiswürdige Welt der *new German school* nahezubringen suchte, zeigte sich in seinen privaten Äußerungen oft ein resignativer Unterton. Denn nach wie vor sah er sich im Weimar-Jenaer Studienalltag nicht in der Lage, die vorherrschenden Denkweisen intellektuell zu durchdringen. Er gelangte etwas ratlos zu dem Schluß, daß es sich bei der anhaltenden Unverständlichkeit wohl um ein wesenskonstituierendes Merkmal des deutschen Idealismus handeln müsse. So berichtete er seinem Bruder:

> Understand^{g} ist consid^{d} by the New School as a very subordinate faculty... Poetry & Mysticism the are the Idols worship^{d} here – Beauty & Truth are asserted to be one – Poetry is maint^{d} to be nothing but esoterick philosophy And Philosophy esoteric poetry!!![35]

Letztlich stießen jedoch seine begeisterten Essays beim englischen Publikum nicht auf die erhoffte Resonanz. So bat der Herausgeber des *Monthly Register* Robinson im Juni 1803, von weiteren Manuskriptlieferungen dieser Art abzusehen. Er begründete: „They have not suited that [sc. the taste]

33 Anon. [Henry Crabb Robinson]: Letters on the Philosophy of Kant, from an Undergraduate in the University of Jena. No. I: Introduction. In: Monthly Register, and Encyclopedian Magazine 8 (1802), S. 411-416, hier S. 411.

34 Robinson, Letters on the Philosophy of Kant (wie Anm. 33), S. 411.

35 Brief an Thomas Robinson, 17. 10. 1802, auszugsweise abgedruckt in: Morley, Robinson in Germany (wie Anm. 4), S. 113-114, hier S. 113f.

of the public."[36] Thomas Robinson drückte die Angelegenheit noch etwas schonungsloser aus, als er seinem Bruder diese Absage weiterleitete. In seinem Begleitschreiben bezeichnet er die Essays erst als „too abstruse for the general reader", um dann auch seine eigenen Verständnisschwierigkeiten zu gestehen:

> I have felt the difficulty very much in respect to myself, and therefore can conceive it to exist much more so in other persons, who do not carry with them the predisposition to be informed that I do, by reason of my relation, connexion and friendly regard to the author.[37]

Das Ende seiner Kulturberichterstattung im *Monthly Register* veranlaßte Robinson zu einer Zwischenbilanz aus seinen Studien. Für ihn stand nunmehr zweifelsfrei fest, daß es ihm selbst am nötigen Talent zum Schreiben fehle. Daher würde sich sein eigener Beitrag zur Literatur und Philosophie nun definitiv auf die bloße Weitergabe von Informationen beschränken müssen. In diesem Sinne schrieb er dem Bruder im November 1803:

> But the most important results of the study of this philosophy combined with a variety of observations and reflections which have been daily forced on me here, is the conviction that it is only in the acquisition of solid learning and becoming in the honourable and high sense of the word a scholar that I can appear with credit in the world... I have not a spark of a genius... I can never be a great man; but I may be a respectable author or literator, that is, when I have acquired after some 10 years close application a decent portion of learning, I may be able to compile some book of criticism or moral and metaphysical disquisition which, without making an epoch in literature, may serve to promote the good cause of Science and Truth, and give me the satisfaction of having paid my debt to Society.[38]

Dieser Entschluß, formuliert kurz vor de Staëls ersten Avancen, Robinson als Mentor zu gewinnen, mag dafür verantwortlich sein, daß er der Französin

36 [John od. Charles ?] Wyatt an Robinson, 30. 6. 1803, abgedruckt in: Marquardt, Henry Crabb Robinson, Bd. 1 (wie Anm. 1), S. 342.

37 Thomas Robinson an Henry Crabb Robinson, 13. 7. 1803, abgedruckt in: Marquardt, Henry Crabb Robinson, Bd. 1 (wie Anm. 1), S. 343f., hier S. 343.

38 Brief an Thomas Robinson, 28. 11. 1803, zit. nach Marquardt, Henry Crabb Robinson, Bd. 1 (wie Anm. 1), S. 155.

bei ihrem Kulturvermittlungsprojekt nach anfänglichem Zögern unverdrossen zu Diensten stand.

4. Inhaltliche Parallelen zwischen de Staël und Robinson

Bevor de Staël ihren ethnographischen Großessay *De l'Allemagne* niederschrieb, stellte sie umfangreiche Recherchen über ihr Studienobjekt an, beobachtete, las, fragte und diskutierte. Ein dementsprechend kenntnisreiches Panorama der deutschen Gelehrtenrepublik vermittelte sie schließlich mit großem und nachhaltigem Erfolg nach Frankreich. Immanuel Kant, mit dessen Œuvre sie wahrscheinlich bereits in den 1790er Jahren, spätestens aber 1800 ausgiebiger in Berührung kam[39], stellte für sie eine Zentralfigur dar.[40] Sie widmet ihm ein eigenes Kapitel, das sie in Anlehnung an die drei kritischen Schriften, die *Kritik der reinen Vernunft* (1781), die *Kritik der praktischen Vernunft* (1788) und die *Kritik der Urteilskraft* (1790) einteilt in Abschnitte zur Erkenntnistheorie, zur Ethik und zur Ästhetik. Die drei primären Referenztexte werden von ihr explizit genannt, und sie gelten neben Charles de Villers' Kant-Buch – dessen Kenntnis durch ein mehrtägiges persönliches Zusammentreffen mit dem Verfasser im Spätherbst 1803 in Metz vertieft wurde – als hauptsächliche Quellen für ihre Darstellung. Einen ganz anderen Gewährsmann führt hingegen der scharf und mitunter durchaus boshaft beobachtende Böttiger ins Feld. Am 25. Februar 1804 hält er fest:

> Bei Tische wurde viel über die Philosophie gesprochen. Der Engländer Robinson hatte ihr noch einen trefflichen Aufsatz über Kants Metaphysik gebracht. Diese Aufsätze von Robinson werden den Hauptbestandteil ihres Werkes über die deutsche Philosophie ausmachen.[41]

39 Vgl. John Claiborne Isbell: The Birth of European Romanticism. Truth and Propaganda in Staël's ‚De l'Allemagne', 1810-1813. Cambridge: Cambridge University Press 1994 (=Cambridge Studies in French), S. 134f.

40 Vgl. Ernst Behler: Kant vue par le Groupe de Coppet. La formation de l'image staëlienne de Kant. In: Le Groupe de Coppet. Actes et documents du deuxième colloque de Coppet, 10-13 juillet 1974. Hg. v. Simon Balayé und Jean-Daniel Candaux. Genf: Slatkine 1977, S. 135-167, hier S. 153.

41 Böttiger, Literarische Zustände und Zeitgenossen (wie Anm. 11), S. 381.

Diesem kleinen Seitenhieb in Böttigers Aufzeichnungen zufolge lieferte Robinson nicht weniger als die grundlegenden Informationen für Germaine de Staëls Kant-Kapitel. Diese weitreichende Unterstellung besitzt insofern eine gewisse Plausibilität, als Robinson viel später selbst feststellte, daß er in ihrem Werk rezipiert worden war, wenngleich nicht eben zu seiner Zufriedenheit. So heißt es leicht süffisant in den Lebenserinnerungen des englischen Bildungsreisenden:

> Her success in spoiling a fine thing was strikingly shown in connection with a noble saying of Kant, which I repeated to her: „There are two things which, the more I contemplate them, the more they fill my mind with admiration – the starry heavens above me, and the moral law within me." She sprang up, exclaiming, „Ah, que cela est beau! Il faut que je l'écrive," – and years after, in her „Allemagne", I found it Frenchified thus: „Car, comme un philosophe célèbre a très bien dit: Pour les cœurs sensibles, il y a deux choses." The grave philosopher of Königsberg turned into a „cœur sensible!"[42]

Vermutlich beruht dieser Bericht auf tatsächlichen Begebenheiten und nicht auf nachträglicher Selbststilisierung Robinsons, denn Böttiger, der bei diesem Anlaß ebenfalls zugegen war, bestätigte: „Sie fand den Gedanken Kants ‚ich kenne nur zwei erhabene Gegenstände, den gestirnten Himmel über mir, das Gefühl der Pflicht in mir' höchst erhaben."[43]

Diese Anekdote belegt zum einen, daß de Staël bei einer der Sitzungen, in denen Robinson versuchte, sie in die Philosophie Kants einzuführen, eine etwas weniger ehrfürchtige Haltung im Umgang mit den eigenwilligen Denkweisen der *new German school* an den Tag legte als der beflissene Engländer. Sie betrieb die gesellige Konversation über Literatur und Philosophie vielmehr in jenem spielerischen Modus des geistreichen Parlierens, der ihre Auffassung des Salons – nicht zufällig gilt ihre *Corinne* als Erstbeleg[44] für diesen Begriff – kennzeichnet. Zum anderen zeigt sie, daß Staël zwar zur Kenntnis nahm, was Robinson ihr mitteilte, aber nicht in dessen Sinne damit verfuhr, weder in der unmittelbaren Reaktion noch in der anschließenden publizistischen Darstellung. Zur Einschätzung der Frage, in

---

42 Robinson, Diary, Reminiscences and Correspondence (wie Anm. 23), S. 94. – Vgl. dazu Behler, Henry Crabb Robinson und Kant (wie Anm. 9), S. 313.

43 Böttiger, Literarische Zustände und Zeitgenossen (wie Anm. 11), S. 381.

44 Vgl. Le Robert. Dictionnaire historique de la langue française. Hg. v. Alain Rey. Paris: Dictionnaires Le Robert 1992, Bd. 2, S. 1867b.

welchem Ausmaß Robinsons Erläuterungen in *De l'Allemagne* eingeflossen sind, lieferte Ernst Behler substantielle Hinweise. Er schließt mit einer vorsichtig gehaltenen Mutmaßung über die Anlage von de Staëls Kant-Kapitel:

> Diese Zusammenschau der drei Kritiken vermochten außerhalb Deutschlands niemand außer Henry Crabb Robinson und Frau von Staël zu entwickeln und muß bei der Französin, vor allem nach einem Vergleich mit Villers, als Einfluß des Engländers angesehen werden.[45]

An verschiedenen Stellen läßt sich recht eindeutig nachweisen, daß de Staël die Anregungen Robinsons aufgegriffen hat. Mit der lapidaren Festellung „Staël here echoes Crabb Robinson"[46] beispielsweise kommentiert John Claiborne Isbell den folgenden Passus aus *De l'Allemagne*:

> [E]r erkannte die Schranken, welche die ewigen Geheimnisse dem menschlichen Geiste setzen; und was für diejenigen, welche von Kant nur reden gehört haben, vielleicht ganz neu sein wird, ist, daß es nie einen Philosophen gegeben hat, der in vielfacher Hinsicht ein entschiedenerer Gegner der Metaphysik gewesen wäre.[47]

Eine geschlossene Beweisführung, welche Art und Ausmaß von de Staëls Anleihen stichfest belegen könnte, läßt sich schwerlich erstellen, da etliches zwischen den beiden nur mündlich verhandelt wurde.[48] Zuweilen wurden

---

45 Behler, Henry Crabb Robinson und Kant (wie Anm. 9), S. 315.

46 Isbell, The Birth of European Romanticism (wie Anm. 39), S. 134.

47 Anne Germaine de Staël: Über Deutschland. Vollst. u. neu durchges. Fassung der dt. EA v. 1814 in der Übers. v. Friedrich Buchholz, Samuel Heinrich Catel u. Julius Eduard Hitzig. Hg. u. m. einem Nachw. vers. v. Monika Bosse. Frankfurt/M.: Insel 1985, S. 539. – Im frz. Original: „[I]l reconnut les bornes que les mystères éternels imposent à l'esprit humain, et ce qui sera nouveau peut-être pour ceux qui n'ont fait qu'entendre parler de Kant, c'est qu'il n'y a point eu de philosophe plus opposé, sous plusieurs rapports, à la métaphysique [...]." – Germaine de Staël: De l'Allemagne [EA 1813]. Bd. II. Hg. v. Simone Balayé. Paris 1968, S. 129.

48 Eine genaue Synopse der hier nur exemplarisch vergegenwärtigten Querbeziehungen bietet James Vigus: Zwischen Kantianismus und Schellingianismus: Henry Crabb Robinsons Privatvorlesungen über Philosophie für Madame de Staël 1804 in Weimar. In: Germaine de Staël und ihr erstes deutsches Publikum. Literaturpolitik und Kulturtransfer um 1800. Hg. v. Gerhard R. Kaiser

jedoch sogar solche im geselligen Kontext erfolgenden Austauschprozesse protokolliert. So findet sich in Böttigers Aufzeichnungen vom 20. Februar 1804 die nachstehende Beobachtung über ein philosophisches Referat von de Staël:

> Abends erklärte sie beim Engländer Gore dem Herzog das ganze System der Schellingschen Aesthetik und seines Indifferentialpunctes, wo das Ideale u. Reale in Ruhe und Gleichgewicht kommt. Selbst die Dreieinigkeit ist in diesem Indifferentialpunct. Der Sohn ist das Reale, der heilige Geist ist das Ideale u. Gott der Vater oder die Gottheit überhaupt ist der Indifferentialpunct zwischen beiden.[49]

Was sie da in der Runde um Charles Gore zum besten gibt, hat sie möglicherweise direkt von Robinson übernommen, der in seinen Aufzeichnungen das Schellingsche Trinitätsmodell ganz ähnlich skizzierte:

> His learning is unquestionable, and he ranks among the first of German thinkers. Like his predecessors, he was fond of tracing a trinity in his scheme. The Absolute Being, or All in All, appears sometimes as the finite or Nature, symbolized by the Son, who, according to the Christian revelation, is subject to the conditions of Time, like all natural and material things, and therefore dies; sometimes as Thought or the infinite, having no form, the Spirit; and the union of the two, matter and spirit, is the Father.[50]

Eine augenfällige Verwandtschaft der philosophischen Passagen in *De l'Allemagne* mit den Deutungen Robinsons besteht in terminologischer Hinsicht. Was Robinson von der deutschen Literatur und Philosophie um 1800 wahrnahm, bezeichnete er in Ermangelung treffenderer Begriffe als „the new German philosophy", „the new poetical school" oder kurz als die „New School".[51] Diese behelfsmäßige Etikettierung als ‚neue Schule' ahmte

---

und Olaf Müller. Heidelberg: Winter 2008 (= Ereignis Weimar-Jena Bd. 18), S. 357-393. – Mein Dank gilt James Vigus für die Möglichkeit zur Einsichtnahme in sein damals noch unpubliziertes Manuskript.

49 Böttiger, Literarische Zustände und Zeitgenossen (wie Anm. 11), S. 375.

50 Robinson, Diary, Reminiscences and Correspondence (wie Anm. 23), Bd. 1, S. 70.

51 Vgl. Robinson, Diary, Reminiscences and Correspondence (wie Anm. 23), S. 48 u. 70; sowie Henry Crabb Robinson an Thomas Robinson, 11. 5. 1805

de Staël im Französischen als „la nouvelle philosophie allemande“[52] oder auch als „nouvelle école“ nach. Ebenso redlich und vergeblich wie Robinson bemühte sie sich, einen systematisierenden Zugriff auf die von ihr offenkundig als höchlich abstrakt wahrgenommenen Lehren dieser „nouvelle école“ zu entwickeln:

> Die deutschen Moralisten der neuen Schule, die in ihren Gesinnungen so rein sind, können, welchem abstrakten System sie auch angehören mögen, in drei Klassen geteilt werden. Nämlich in die, welche, wie Kant und Fichte, dem Pflichtgesetze eine wissenschaftliche Theorie und eine unbeugsame Anwendung haben geben wollen; ferner in die (an deren Spitze Jacobi gestellt werden muß), welche das religiöse Gefühl und das natürliche Wissen zu Führern nehmen; endlich in die, welche die Offenbarung zur Basis des Glaubens machen, Gefühl und Pflicht zu vereinigen streben und beide durch eine philosophische Deutung zusammenzuhalten suchen.[53]

Noch etwas anderes verbindet de Staël mit Robinson in der Auseinandersetzung mit der *new German school*, was indes von der Forschung mit gleicher Peinlichkeit behandelt wird wie die ungeliebte Frage nach dem Einfluß Robinsons. Nicht nur für den Engländer, sondern auch für die Französin erwies sich der deutsche Idealismus allen Anstrengungen zum Trotz immer wieder als unbegreiflich, wie ein von Böttiger festgehaltenes Vorkommnis plastisch vor Augen führt:

> Ein andrer Satz, über den Robinson ihr diesen Morgen einen großen Commentar gegeben hatte, die Anschauung ist ohne Begriffe blind, übersetzte Constant sehr begreiflich so: die Theorie ist ohne Praxis nichts. Dieß ver-

---

[recte: 1801], abgedruckt in: Morley, Robinson in Germany, S. 65-68, hier S. 65 et passim.

52 De Staël, De l'Allemagne (wie Anm. 47), S. 155, 159, 165, 177, 181, 187 u. ö.

53 De Staël: Über Deutschland (wie Anm. 47), S. 631. – Im frz. Original: „Les moralistes allemands de la nouvelle école, si purs dans leurs sentiments, à quelques systèmes abstraits qu'ils s'abandonnent, peuvent être divisés en trois classes: ceux qui, comme Kant et Fichte, ont voulu donner à la loi du devoir une théorie scientifique et une application inflexible; ceux à la tête desquels Jacobi doit être placé, qui prennent le sentiment religieux et la conscience naturelle pour guides, et ceux qui, faisant de la révélation la base de leur croyance, veulent réunier le sentiment et le devoir, et cherchent à les lier ensemble par une interprétation philosophique.“ – De Staël, De l'Allemagne (wie Anm. 47), S. 208f.

> anlaßte die Frau v. Stael über die lächerliche Verdunkelungssucht der teutschen Metaphysiker und über die noch lächerlichere Geduld der deutschen Gelehrten sich zu ärgern, die diese Räthsel zu lösen so viel Schweiß vergößen, und so viel Stunden aufopferten.[54]

5. Verzerrungen der *new German school* als Voraussetzung für ihren Transfer

Die Quellenlage dokumentiert, so läßt sich zusammenfassen, neben großer Neugier der beiden Vermittler deutscher Denkweisen nach Europa vor allem die gemeinsame Erfahrung einer ganz erheblichen kulturellen Alterität, die sich nicht selten schlichtweg als Unverständlichkeit manifestierte. Somit darf das oftmals beinahe ungläubige Staunen Robinsons und de Staëls nicht mißverstanden werden als Indiz für einen Mangel an Bildung oder Intellekt. In der Mühe, die es beide kostete, sich einen Überblick über die *new German school* zu verschaffen, manifestiert sich vielmehr das Ausmaß der kulturellen Differenzen, die zu überbrücken sich beide zur Aufgabe gemacht haben. Gleichwohl läßt sich der Befund nicht von der Hand weisen, daß sie die deutschen Autoren für ihre jeweiligen Landsleute mitunter recht merkwürdig verzerrt aufbereiteten. Als Erklärung dafür lassen sich, wie Julia von Rosen unlängst mit Blick auf de Staël herausstellte, zwei mögliche Ursachen benennen:

> 1. Mme de Staël mißversteht wesentliche Grundzüge der Philosophie Kants und interpretiert ihn deshalb anhand von ‚Versatzstücken' aus der idealistischen Tradition und ihren eigenen philosophischen Überzeugungen.
> 2. Mme de Staël instrumentalisiert die Kantische Theorie für kulturpolitische Zwecke und schafft bewußt eine um die transzendentalphilosophischen ‚Klippen' entschärfte, leserorientierte Interpretation.[55]

54 Böttiger, Literarische Zustände und Zeitgenossen (wie Anm. 11), S. 381f.

55 Julia von Rosen: Deutsche Ästhetik in ‚De l'Allemagne'. Eine Transferstudie am Beispiel der Kant-Interpretation Mme. de Staëls. In: Madame de Staël und die Internationalität der europäischen Romantik. Hg. v. Udo Schöning und Frank Seemann. Fallstudien zur interkulturellen Vernetzung. Göttingen: Wallstein 2003 (=Göttinger Beiträge zur Nationalität, Internationalität und Intermedialität von Literatur und Film Bd. 2), S. 173-202, hier S. 198.

Die Wahrheit liege, so heißt es dort weiter, zwischen beiden Deutungen, da sich „durch ihre interpretierende Aneignung und zugleich vermittelnde Darstellung der Ästhetik Kants eine romantisierende Umwandlung derselben“[56] vollziehe.

Die Frage, ob und wieviel de Staël nun von Robinson abgeschrieben habe, tritt mit Hilfe einer transferorientierten Herangehensweise ebenso in den Hintergrund wie das Problem der sachlichen Korrektheit dessen, was die beiden jeweils in ihrer Heimat verlautbaren ließen. Der Kulturtransferansatz[57] kennzeichnet sich durch den Versuch, der komplexen Dynamik von kulturellen Austauschbeziehungen methodisch gerecht zu werden. Bei einer durchlässigen Auffassung jener Grenzen, die durch national, kulturell oder sprachlich definierte Gemeinschaften abgesteckt sind[58], wird dabei der Dreischritt von Selektion, Vermittlung und Rezeption zusammenhängend erforscht.[59] Auf diese Weise lassen sich die bei der Vermittlung zwischen Ausgangs- und Zielkultur ereignenden Transformationen als Ergebnisse eines vielschichtigen Wechselspiels begreifen, das notwendig ist, um materielle und ideelle Güter über kulturelle Grenzen hinweg verständlich und nutzbar zu machen. Vor diesem Hintergrund kann festgehalten werden, daß die nicht selten eigenwilligen Perspektivierungen und Interpretationen, die bei Robinson und de Staël begegnen, deren spezifische Leistung als Kulturvermittler mitnichten schmälern, sondern diese ganz im Gegenteil

---

56 Ebd. (wie Anm. 55), S. 202.

57 Vgl. dazu methodisch grundlegend Michel Espagne/Michael Werner: Deutsch-Französischer Kulturtransfer im 18. und 19. Jahrhundert. Zu einem neuen interdisziplinären Forschungsprogramm des CNRS. In: Francia 13 (1985), S. 502-510; dies.: La construction d'une référence culturelle allemande en France. Genèse et histoire (1750-1914). In: Annales ESC 4 (1987), S. 969-992; Michel Espagne: Les transferts culturel franco-allemands. Paris: Presses Universitaires de France 1999 (=Perspectives Germaniques).

58 Vgl. Hans-Jürgen Lüsebrink: Kulturtransfer – neuere Forschungsansätze zu einem interdisziplinären Problemfeld der Kulturwissenschaften. In: Entgrenzte Räume. Kulturelle Transfers um 1900 und in der Gegenwart. Hg. v. Helga Mitterbauer und Katharina Scherke. Wien: Passagen 2005 (= Studien zur Moderne Bd. 22), S. 23-41, hier S. 27.

59 Vgl. Hans-Jürgen Lüsebrink: Kulturtransfer – neuere Forschungsansätze (wie Anm. 58), S. 28; sowie ders.: De l'analyse de la réception littéraire à l'étude des transferts culturels. In: Discours social/Social Discourse 7 (1995), H. 3/4, S. 39-46.

überhaupt erst ermöglichten. Simplifizierungen, Fehldeutungen und Mißverständnisse, womöglich sogar potenziert im Gedankenaustausch zweier kulturell Außenstehender, trugen sicherlich zur Genese ihrer respektiven Deutschlandbilder bei. Jedoch reduzierten sie zugleich auch den Grad der kulturellen Fremdheit jener Diskursinhalte, die im Kontext der angelsächsischen *moral sense philosophy* oder des französischen Rationalismus sonst bestenfalls von einer kleinen intellektuellen Elite hätte nachvollzogen werden können, nicht aber von der breiteren gebildeten Öffentlichkeit, auf die Robinson und de Staël abzielten.

Robinson hatte sich dezidiert vorgenommen, den idealistischen Tenor der deutschen Literatur und Philosophie um 1800 im sensualistisch-empiristisch geprägten England Gehör zu verschaffen.[60] Dabei konzentrierte er sich vor allem auf Kant und Goethe, aber befaßte sich auch mit zahlreichen weiteren Autoren.[61] Seine Bemühungen um ein wechselseitiges Verständnis des

60 Vgl. ausführlich Diana Behler: Goethezeit und westliche Denktradition: Der Gegensatz von Idealismus und Sensualismus im Spiegel Henry Crabb Robinsons. In: Deutsche Literatur in der Weltliteratur. Kulturnation statt politischer Nation. Hg. v. Franz Norbert Mennemeier und Conrad Wiedemann. Tübingen: Niemeyer 1986 (=Kontroversen, alte und neue. Akten des VII. Internationalen Germanistenkongresses, Göttingen 1985. Bd. 9), S. 21-26; sowie dies.: Henry Crabb Robinson as a Mediator of Early German Romanticism to England. In: Arcadia 12 (1977), S. 117-155; früheste Vorstöße in dieser Richtung bei Frederick Norman: Henry Crabb Robinson and Goethe. 2 Bde. Publications of the English Goethe Society. New Series Bd. VIII. Reprint London: Dawson 1966 [EA 1930/31].

61 Vgl. im einzelnen z. B. Gregory Maertz: Reviewing Kant's Early Reception in Britain. The Leading Role of Henry Crabb Robinson. In: Cultural Interactions in the Romantic Age. Critical Essays in Comparative Literature. Hg. v. Gregory Maertz. New York: State University of New York Press 1998, S. 209-226; Henry A. Smith: Vossilien. Zwischen Zauberschloß und Kater Murr oder: Was es anno 1834 in Deutschland alles zu lesen gab. (Aus dem Tagebuch von Henry Crabb Robinson). In: Vossische Nachrichten (1997), S. 38-40; Diana Behler: Henry Crabb Robinson as a Mediator of Lessing and Herder to England. In: Lessing Yearbook 7 (1975), S. 105-126; dies.: Henry Crabb Robinson: A British Acquaintance of Wieland and his Advocate in England. In: Christoph Martin Wieland. Nordamerikanische Forschungsbeitrage zur 250. Wiederkehr seines Geburtstages 1983. Hg. v. Hansjörg Schelle. Tübingen: Niemeyer 1984, S. 539-571; dies.: Henry Crabb Robinson and Weimar. In: A Reassessment of Weimar Classicism. Hg. v. Gerhart Hoffmeister. Lewiston (NY): Mellen 1996,

intellektuellen Lebens zeitigten vor allem in deutsch-englischer Richtung beachtliche Erfolge.[62] Hatte ihm William Taylor den Ruhm als erster und Thomas Carlyle den als bedeutendster Literaturvermittler voraus, so gilt er doch, so Diana Behler, zu Recht als „most central figure in the earliest transmission of the idealistic philosophy of Kant, Fichte, and Schelling, as well as that of classical-romantic literature and criticism in Germany to England".[63]

Während sich de Staël von Robinson grundsätzlich durch eine religiöse Orientierung und ein völkerpsychologisches Erkenntnisinteresse unterschied, verfolgte auch sie die Absicht, deutsches Geistesleben zu halbwegs populären Konditionen nach Frankreich zu vermitteln, und sei es auch in einer stark heruntergebrochenen, durch gleichgerichtete Bemühungen eines Engländers gefilterten Form. Aus diesem Grund konnte ihr Werk *De l'Allemagne* in beispielloser Weise beitragen zur „Transformation der Romantik von einer innerlichst deutschen in eine internationale Angelegenheit".[64] Daß sie dabei womöglich sogar großzügig mit Versatzstücken aus dem Fundus von Robinson arbeitete, spielt indes nur eine untergeordnete Rolle, denn, wie John Isbell bereits treffend konstatierte, „Staël's great originality lies rather in the global synthesis she attempts than in the individual building-blocks she employs".[65] So läßt sich letztlich auch die Nonchalance erklä-

S. 157-180; Herbert Koch: Crabb Robinson und Jean Paul Richter. In: Hesperus: Blätter der Jean-Paul-Gesellschaft 29 (1965), S. 10-12; John Milton Baker: Henry Crabb Robinson of Bury, Jena, The Times, and Russell Square. London: Allen & Unwin 1937.

62 Vgl. Horst Oppel: Englisch-deutsche Literaturbeziehungen. Bd. 2: Von der Romantik bis zur Gegenwart. Berlin: Schmidt 1971 (=Grundlagen der Anglistik und Amerikanistik Bd. 2), S. 15f., für die Gegenrichtung S. 42f.

63 Behler, Robinson as a Mediator of Early German Romanticism (wie Anm. 60), S. 117; vgl. auch Stefanie Stockhorst: Was leistet ein ‚cultural turn' in der komparatistischen Imagologie? Henry Crabb Robinson als Vermittler deutscher Dichter- und Gelehrtenkultur nach England. In: arcadia 40 (2005), H. 2, S. 354-374, bes. S. 370ff.

64 Kurt Mueller-Vollmer: Übersetzen – Wohin? Zum Problem der Diskursformierung bei Frau von Staël und im amerikanischen Transzendentalismus. In: Übersetzung als kultureller Prozeß. Rezeption, Projektion und Konstruktion des Fremden. Hg. v. Beata Hammerschmid und Hermann Krapoth. Berlin: Erich Schmidt 1998 (Göttinger Beiträge zur Internationalen Übersetzungsforschung Bd. 16), S. 11-31, hier S. 18.

65 Isbell, The Birth of European Romanticism (wie Anm. 39), S. 141.

ren, mit der sie selbst evidente Versehen in ihrer Darstellung zu Robinsons Irritation einfach überging: „[S]he manifested no readiness to correct some palpable omissions and mistakes I began pointing out to her.“[66]

Hinzu kommt die Tatsache, daß es gerade in der französischen Kant-Rezeption traditionell weit weniger auf die Texte als auf die Kontexte ankam. Der Königsberger Philosoph wurde erstmals durch die sogenannten deutschen Jakobiner nach Frankreich gebracht und im Umkreis von Abbé Sieyès ventiliert. Aus diesem Grund war er eng mit der Geschichte der französischen Nationenbildung verschränkt und in der Deutung fortan von ihr abhängig: „La réception de Kant en France est donc largement fonction du débat intérieur français, qu'il soit par ailleurs mené en France ou depuis l'ètranger.“[67] Deshalb erwiesen sich die zeitgeschichtlichen Entwicklungen letztlich auch für jenen Kant als prägend, den de Staël im Austausch mit Robinson im Weimarer Gelehrtenumkreis entwarf: Im napoleonischen Frankreich wurde *De l'Allemagne* wegen seiner regimekritischen Tendenzen als ‚unfranzösisch' diffamiert und mußte für die Erstveröffentlichung wie seine Verfasserin ins Exil gehen.[68] Unterdessen kamen ihr die bewährte produktive Zusammenarbeit mit Robinson und das gemeinsame Anliegen, deutsche Kultur im respektiven heimischen Diskurszusammenhang verfügbar zu machen, erneut zugute. Nachdem Napoleon die bereits gedruckte Erstausgabe in Frankreich durch seine Geheimpolizei hatte vernichten lassen, unterstützte Robinson de Staël, mit der er im Juni 1813 nochmals zusammentraf, bei der Veröffentlichung ihres Buches, das noch im selben Jahr bei John Murray in London herauskam.[69]

66 Robinson, Diary, Reminiscences and Correspondence (wie Anm. 23), S. 271.

67 Michel Espagne/Michael Werner: La construction d'une référence culturelle allemande en France. Genèse et histoire (1750-1814). In: Annales ESC 4 (1987), S. 969-992, hier S. 977.

68 Vgl. Gerhard R. Kaiser: Mme de Staël als Dolmetscherin Weimars nach Europa. In: Wirkendes Wort 49 (1999), S. 182-206, bes. S. 183-188 u. 199-203.

69 Vgl. Bernard Franco: Littérature et politique. La référence allemande chez Mme de Staël. In: Littérature et interdits. Hg. v. Jacques Dugast und François Mouret. Rennes: Presses Universitaires de Rennes 1998, S. 73-83, hier S. 73.

Jakob Starzinger

Literarisch-militärische Zugänge zur Welt im Jahre 1805: Rußland in Schillers *Demetrius* und Seumes *Mein Sommer 1805*

Seit dem ‚topographical' turn wird Reiseberichten vermehrt Beachtung geschenkt, wobei sich eine Kombination dieser Zugangsweise mit einem kulturwissenschaftlichen Ansatz anbietet – zeichnen sich doch in Texten über Besuche in der Fremde Kulturtechniken im Umgang mit dem Anderen ab. Im Zentrum soll hier nicht die Fremdkultur und ihre Darstellung stehen, sondern die Künste des Handelns nach de Certau[1], mit denen Reisende Rußland und insbesondere den russischen Raum sowie seine Orte wahrzunehmen und zu beschreiben versuchen.[2] Diese erlernbaren Taktiken und Strategien sind, wie im Folgenden anhand der beiden synchron entstandenen Texte, Seumes Reisebericht *Mein Sommer 1805* und Schillers *Demetrius*-Fragment, gezeigt wird, gattungsunabhängig.

Im Zuge seiner Untersuchung der Taktiken von Praktikern trennt de Certau den Beschreibungstyp „Karte" von der Begehung der Welt.[3] Da Johann Gottfried Seume zu Lebzeiten dank seinem bekannten *Spaziergang nach Syrakus* als der „berühmte Wanderer"[4] schlechthin galt, ist es naheliegend, seinen Text hinsichtlich der Wegstrecken zu betrachten. In diesem Reisebericht, auf den er sich in *Mein Sommer 1805* wiederholt beruft, inszeniert

1 Michel de Certeau: Kunst des Handelns. Berlin: Merve 1988.

2 Einen ähnlichen Ansatz verfolgte: Rupert Gaderer: „[...] auf einer neuen Wanderung begriffen". Literarisierte Raumkonzeptionen in Johann Gottfried Seumes *Spaziergang nach Syrakus* und *Mein Sommer 1805*. In: In Polen, Palermo und St. Petersbug. Vorträge der Colloquien zu Johann Gottfried Seume in Grimma, Riga und Tartu 2003 und 2005. Hg. v. Jörg Drews. Bielefeld: Aisthesis 2008, S. 115-134. Er wiederum knüpft an: Irmgard Egger: Strategien inszenierter *aisthesis*: Johann Gottfried Seumes *Spaziergang nach Syrakus*. In: Seume: „Der Mann selbst" und seine „Hyperkritiker". Vorträge der Colloquien zu Johann Gottfried Seume in Leipzig und Catania 2002. Hg. v. Jörg Drews. Zweite, verbesserte Auflage. Bielefeld: Aisthesis 2005, S. 309-322.

3 De Certau, Kunst des Handelns (wie Anm.1), S. 220f.

4 Johann Wolfgang von Goethe: Nekrolog des deutschen Gil Blas. In: Ders.: Gedenkausgabe der Werke, Briefe und Gespräche. Bd. 14. Hg. v. Ernst Beutler. Zürich: Artemis 1950, S. 502f.

er seine körperliche Leistungsfähigkeit immer wieder gekonnt, indem er gleichzeitig eine überwundene Distanz hervorhebt und zurückgelegte Wegstrecken als „Spaziergang" herunterspielt. Das Zurücklegen von Distanzen mit dem Zweck, an einem Ort anzukommen, wird durch die Bezeichnung „Spaziergang" konterkariert, denn eine ziellose Körperbewegung stellt nicht das Ankommen an einem fernen Ort in den Vordergrund, vielmehr eine baldige Heimkehr nach einigen Zick-Zack-Läufen. Tatsächlich erkürt Seume es zur Reiseprogrammatik, immer wieder zu Fuß von der standardisierten Reiseroute zwischen zwei weit entfernten Punkten, der befahrenen ‚Heerstraße', abzuweichen.[5] Der detaillierten Darlegung dieses Reiseideals widmet er sich erst in *Mein Sommer 1805*, wenn er auch in diesem nordischen Reisebericht eingesteht, aufgrund verschiedenster Umstände (Begleitung, Verletzung, Finanzen) großteils mit dem Wagen gefahren zu sein. Dennoch bleibt er seinem Prinzip treu, von den gewöhnlich geschilderten Strecken abzuweichen, was einen spezifischen Blick auf die Welt mit sich bringen sollte.

Dementsprechend kommt er in Petersburg nicht per Schiff an, obwohl die Architektur dieser Hafenstadt zur See hin ausgerichtet ist, wie er dank seines Reiseführers schon zuvor gewußt haben sollte. So kann er hervorheben, daß er von der Route abweicht, die die Fassade der Stadt erstrahlen läßt: „Um die neue sonderbare mächtige Kapitale also wirklich sogleich in ihrer größten Pracht zu erblicken, muß man zu Schiffe kommen; und ich

5 Ob man „hübsch auf dem Wege" bleiben oder das Risiko in eine „schmutzige Tiefe" zu geraten eingehen solle, diese Frage deutet Seume im *Spaziergang nach Syrakus im Jahre 1802* auf S. 351 an. Die Besteigung des Ätna (S. 376ff.) ist stellvertretend für die von England und Frankreich ausgehende moderne Art des Tourismus, nicht nur Kirchen und Märkte als Ziele aufzusuchen, sondern kulturelle Stätten und Naturphänomene abseits der Hauptrouten. Verunmöglicht wird durch diese Reisetechnik ein Blendwerk durch Fassaden wie in den legendären Dörfern Potemkins. Tritt man aus der Kutsche und vom absolutistisch ausgelegten zentralen Beobachtungspunkt weg zur Seite, blickt man hinter die Kulissen und erhält Einblick in die metaphorische „schmutzige Tiefe" fehlender Moral. Kritisch untersucht diesen Anspruch Seumes: Thorsten Sadowsky: Gehen Sta(d)t Fahren. Anmerkungen zur urbanen Praxis des Fußgängers in der Reiseliteratur um 1800. In: Wanderzwang – Wanderlust. Formen der Raum- und Sozialerfahrung zwischen Aufklärung und Frühindustrialisierung. Tübingen: Niemeyer 1999. (=Hallesche Beiträge zur europäischen Aufklärung 11.)

kam nicht zu Schiffe."[6] Auch in der Stadt folgt er nicht immer der von ihm erwähnten Schilderung des in russischen Diensten stehenden Gelehrten Heinrich Storch (1766-1835), der mit seinem *Gemälde von St. Petersburg* die markanten Punkte der Stadt bestimmt. Auf diese aufgearbeiteten, mit Anekdoten versehenen Orte sollte der Tourist seine Wahrnehmung fokussieren, um nicht im Gewühl des Unbekannten die Orientierung zu verlieren. Läßt sich der Reisende auf diese Art seine *points of interest* vorschreiben, erkauft er sich eine bessere Orientierung in der Fremde durch eine „Entsubjektivierung der Beobachtung [...]; er kann seine Individualität allenfalls in einem Geschmacks- oder Werturteil zum Ausdruck bringen."[7] Seume, der Wiederholungen vermeiden und sich nicht mit gelehrten Darstellungen in Konkurrenz stellen möchte, hat jedoch authentisch wirkende und subjektive Erlebnisse und Beobachtungen als Ziel. Als Konsequenz muß er sich selbst in der Wirrnis der Städte und der Weite der Länder orientieren, was ihm mitunter schwerfällt. Dies und seine Abneigung, Bekanntes zu wiederholen, verdeutlicht sein Brief an Veit Schnorr von Carolsfeld vom 28.7.1805, der als sein erstes Lebenszeichen aus dem Norden auch im *Merkur* von September desselben Jahres veröffentlicht wurde:

> Von Petersburg und Moskau sage ich Ihnen lieber nichts, da ich vor Ueberfluß nicht wüßte, wo ich anfangen sollte, und da beide nun schon so bekannt sind, als lägen sie an der Bergstraße.[8]

---

6 Johann Gottfried Seume: Mein Sommer 1805. In: Werke in zwei Bänden. Hg. v. Jörg Drews. Band I: Mein Leben. Spaziergang nach Syrakus im Jahre 1802. Mein Sommer 1805. Hg. v. Jörg Drews unter Mitarbeit von Sabine Kyora. Frankfurt/M.: Deutscher Klassiker Verlag 1993, S. 602.

7 Peter J. Brenner: Reisen in die Neue Welt. Die Erfahrung Nordamerikas in deutschen Reise- und Auswandererberichten des 19. Jahrhunderts. Tübingen: Niemeyer 1991, S. 296.

8 Johann Gottfried Seume: Briefe. Hrsg. v. Jörg Drews und Dirk Sangmeister unter Mitarbeit von Inge Stephan. Frankfurt/M.: Deutscher Klassiker Verlag 2002, S. 508. Daß er dem Vergleich mit anderen Schriftstellern ausweicht, dürfte auf ein Wahrnehmen von Defiziten in Bereichen der standardisierten Bildung zurückzuführen sein: An Johann Wilhelm Ludwig Gleim, 20.10.1798: „Es verdrießt mich sehr, daß Sie von Küttners Wesen so viel Verdrießlichkeiten und Unkosten haben. [...] Ich wünschte mir seine Kunstkenntnisse mit seinem übrigen tech<no>logischen Wesen; das Übrige wollte ich ihm ohne Schaden lassen." Ebenda, S. 347.

Das Denkmal, das er sich mit dem *Spaziergang* gesetzt hat, läßt sich perfektionieren, indem er auch im Norden nicht nur den Hauptstraßen folgt, sondern sogar in der ‚Vernunftstadt' Petersburg Stellen sucht, die abseits liegen. Durch seine nicht genau wiedergegebene, verschlungene Wegwahl in dieser Metropole schreibt er als Certeau'scher „Wandersmann" einen „herumwandernden" Raum in den „klaren Text"[9] der geplant und geschaffenen (nicht gewachsenen) und somit leicht lesbaren Stadt Peters des Großen ein. Ins feudal-absolutistische Grundriß-Schema der Stadt mit seinen breiten, auf Insignien der Macht hinführenden Chausseen oder „Perspektiven"[10], wie sie Seume nennt, gliedert sich aber auch der Republikaner mitunter ein, um sich orientieren zu können, anstatt es konsequent zu unterwandern wie bei seiner Ankunft. Seine Besichtigungen sind teils recht konventionell, trotz seiner erklärten Vorhaben, wodurch er den Plänen Peters und seiner Nachfahren zur „*Realisierung*" verhilft; er läßt sich manchmal von den Plänen der Machthaber lenken, wenn er den pragmatisierten Bewegungsabläufen im Raum folgt.[11] Von Seumes skeptischer Positionierung bleibt letztlich nur eine Geringschätzung des solchergestalt Wahrgenommenen aufrechterhalten. Der „Prozeß der *Aneignung* des topographischen Systems durch den Fußgänger"[12] erfolgt weitgehend innerhalb dieses Rahmens, erlaubt aber soviel Spielraum für seine Gehbewegungen, daß ihm wenigstens die Illusion einer individuellen Raumwahrnehmung bleibt. Seine Schritte, die die Räume gestalten, während er sie körperlich erfaßt, sind, so Certeau, „ein Stil der taktilen Wahrnehmung und der kinesischen Aneignung."[13] Während Seume auf einzelnen Streifzügen den Raum multimodal und kinästhetisch wahrnimmt, entwickelt sich durch seine Raumwahrnehmung eine mentale Raumrepräsentation, entsprechend der kindlichen Entwicklung der Raumvorstellung nach Piaget.[14] So wie sich Kinder durch einzelne Bewegungen langsam eine

9 De Certeau, Kunst des Handelns (wie Anm. 1), S. 182f.

10 Seume, Sommer (wie Anm. 6), S. 604.

11 De Certeau, Kunst des Handelns (wie Anm. 1), S. 189.

12 Ebenda.

13 Ebenda, S. 188.

14 Auf Piagets *Die Entwicklung des räumlichen Denkens beim Kinde* verweist: Kirsten Wagner: Im Dickicht der Schritte. ‚Wanderung' und ‚Karte' als epistemologische Begriffe der Aneignung und Repräsentation von Räumen. In: Topographien der Literatur. Deutsche Literatur im transnationalen Kontext. Hg. v. Hartmut Böhme. Stuttgart, Weimar: Metzler 2005, S. 177-206, S. 197. Der Begriff kinästhetisch wird hier primär unter dem Aspekt der Ausrichtung,

Raumvorstellung erarbeiten, so setzten sich auch die ersten mittelalterlichen Karten aus Einzelbewegungen, aus geradlinigen Spuren von Wegstrecken zwischen Orten zusammen. Itinerare verfahren genauso wie antike Segelhandbücher nach dem Prinzip der Liste, sind sozusagen eindimensionale Kartentypen. In den Notizen der Reisenden wurden Stationen aufgezählt, die nacheinander zu absolvieren waren, und zwar als in Tagesetappen eingeteilte Wegsequenzen. Die Aufzählung war auch als Handlungsanweisung an folgende Pilger zu verstehen, denn Itinerare legten die Route fest und bestimmten vorbereitende Aufgaben, die mit den in Zeit gemessenen Entfernungen und mehr oder weniger gefährlichen Situationen zwischen den Orten zusammenhingen. Seumes Reisebericht mißt Distanzen allein schon durch seine Briefstruktur in Zeit, präzisiert durch Angabe der Reisemodalität und des Untergrundes. Aufgrund der russischen Werstpfähle, also den Ergebnissen einer bereits durch die Obrigkeit vorgenommenen Messung, kann Seume allerdings Distanzen noch genauer bestimmen, ohne wie Friedrich Nicolai bei der *Beschreibung einer Reise durch Deutschland und die Schweiz im Jahre 1781* auf mitgeführte Instrumente angewiesen zu sein.

Die Raumvorstellung entwickelt sich aus solchen einzelnen Bewegungen und die Karte als Repräsentation von Raum entsteht aus verschiedenen Reiseberichten, die zueinander in Beziehung gesetzt wurden. Alte Karten weisen noch mit Abbildungen, die „wie die Bruchstücke von Erzählungen“ erscheinen, auf die historischen Aktivitäten, die sie ermöglichten, hin.[15] Laufend flossen Ergebnisse von Reisen in die Erstellung von Karten ein und führten zu Verbesserungen der kartographischen Werke. Alte Angaben wurden durch Reisende verifiziert oder falsifiziert und eventuell korrigiert, neue Erkenntnisse eingebracht, etwa die Ergebnisse der Forschungsreisen, die im Auftrag der Petersburger Akademie der Wissenschaften durchgeführt wurden und ihren Niederschlag 1786 in der Generalkarte Rußlands fanden.[16] An der Inventarisierung des Raumes wirkt auch Seume mit, der sich zwar

---

der Einnordung verwendet. Angeknüpft wird aber auch an den kinästhetischen Lerntyp, der in der Praxis der Bewegung die Welt erfasst.

15 De Certeau, Kunst des Handelns (wie Anm. 1), S. 274.

16 Rudolf Mumenthaler: Dem Reich und den Wissenschaften zu Nutzen. Forschungsreisen im Auftrag der Petersburger Akademie der Wissenschaften. In: Rußland zur Zeit Katharinas II. Absolutismus – Aufklärung – Pragmatismus. Hg. v. Eckhard Hübner, Jan Kusber und Peter Nitsche. Köln [u.a.]: Böhlau 1998, (=Beiträge zur Geschichte Osteuropas 26.) S. 253-279, S. 272.

wie seine fußwandelnden republikanischen Gesinnungsgenossen Georg Friedrich Rebmann (1768-1824), Johann Pezzl (1756-1823) und Johann Kaspar Riesbeck (1754-1786) von Statistik und Topographisierung distanziert, aber beispielsweise falsche Ortsbezeichnungen in dem „Reisebuch von Gotha" korrigiert:

> Damit ich doch auch zur Kritik der Geographie und Statistik das meinige beitrage, will ich dir hier bemerken, daß mein Führer, das Reisebuch von Gotha, auf dieser kleinen Distanz in der Benennung der Posten einige ziemlich entstellende Fehler hat [...]. Eine Station heißt nicht Lenzendorf, sondern Lenzenhof [...].[17]

Freilich werden diese Erkenntnisse nicht in Kartenwerke Eingang gefunden haben, allerdings seine beurteilenden Darstellungen des Gesehenen in die Rußlandbilder seiner Leser und deren mentale Rußlandkarten. Sie mühte sich Seume zugunsten der Erstellung einer mentalen Repräsentation Deutschlands zu bearbeiten.[18] Er lokalisiert seine Heimat als goldene Mitte auf einer Nord-Süd-Achse zwischen seinen beiden Reisezielen Italien und Rußland bzw. Schweden. Seine dritte und letzte literarisierte Reise erst führt ihn dann ins kulturelle Zentrum der solcherart mitkonstruierten deutschen Nation, die im napoleonischen Krieg darniederlag, zur Wirkungsstätte zweier in seinem Leben wichtiger Personen, Schiller und Wieland: Weimar. Diese kleine Residenzstadt ist dank Schillers Tod 1805 auch in Seumes *Sommer* ferner Fluchtpunkt der Gedanken, denn ganz Petersburg spricht von „Schiller und der Katastrophe seines Todes":

> Schiller ist gestorben! Scholls in allen
> Zirkeln an der Newa auf und ab, [...]

---

17 Seume, Sommer (wie Anm. 6), S. 583. Weiterführend zu den genannten Autoren: Hans-Wolf Jäger: Reisefacetten der Aufklärungszeit. In: Der Reisebericht. Die Entwicklung einer Gattung in der deutschen Literatur. Hg. v. Peter J. Brenner. Frankfurt/M.: Suhrkamp 1989, S. 261-283. (=Suhrkamp Taschenbuch Materialen 2097.)

18 Vgl.: Jakob Starzinger: „Felsenwand" vs. „Blumental". Fremdwahrnehmung und Selbststilisierung in J.G. Seumes *Mein Sommer 1805*. In: Obolen. Mitteilungen der Johann-Gottfried-Seume-Gesellschaft 2/2006, S. 3-15. Auch veröffentlicht in TRANSIT, 2.1 (2006), http://repositories.cdlib.org/ucbgerman/transit/vol2/iss1/art61009.

Von dem Rheine bis zum Oby haben
Tausende sich oft durch ihn erfreut.[19]

Schon 70 Seiten vor dieser elegischen Reaktion erreicht ihn die Nachricht vom Ableben des ‚Nationaldichters' via Klinger auf russischem Boden, denn die „Großfürstin Maria von Weimar hatte mit den kleinsten Umständen und dem ganzen Ausdruck einer schönen Seele den Todesfall sogleich ihrer Mutter in Petersburg gemeldet."[20] Zur Ankunftsfeier für Maria Pawlowna in Weimar hatte Schiller sein „lyrisches Spiel" *Die Huldigung der Künste* geschrieben, und in der Folge hat sie ihm Wohlwollen und Beachtung geschenkt. Seume hätte von ihr gerne „eine Empfehlung an den [russischen] Monarchen, die doch auf alle Fälle nicht unangenehm ist", gehabt.[21] Die Achse Weimar-Petersburg hatte also auch eine Entsprechung außerhalb des *Sommers 1805*, von dem Seume am 1. 8. 1806 ein Exemplar an Anna Amalia von Sachsen-Weimar, die Schwiegermutter Maria Pawlownas, sandte.[22]

Zum Zeitpunkt von Seumes *Ausflucht nach Weimar*, 1810, hatte sich seine über den beschriebenen Raum gelegte Orientierungsachse verschoben:[23] Wie auch obiges Zitat mit dem um 1800 zur Westgrenze einer deutschen Nation stilisierten Rhein andeutet und es sich bereits im *Sommer 1805* ankündigt, ist sie zwischen Paris und Petersburg als politischen Gegenpolen Europas aufgespannt. Während er auf seiner italienischen Reise zahlreiche Vergleiche zwischen in Rußland Erlebtem und in Italien Wahrgenommenem zieht, sucht er sich wenige Jahre später in Petersburg wiederholt Objekte zur Beschreibung aus, die sich Dingen in der französischen Metropole gegenüberstellen lassen. Dabei verzichtet er allerdings nicht auf das Einbringen

19 Seume, Sommer (wie Anm. 6), S. 677f. Damit dürfte er nicht den Weltkreis umspannen, wie dies in den Nachrufen zu Haydn, dessen Musik „die ganze Welt" verstanden haben soll, geschah, sondern den Verbreitungsgrad deutscher Kultur beschreiben.

20 Ebenda, S. 606.

21 An Johann Friedrich Hartknoch d. J., vor dem 18.1.1805. Seume, Briefe (wie Anm. 8), S. 500.

22 Vgl. Von Petersburg nach Weimar. Kulturelle Transfers von 1800 bis 1860. Hg. v. Joachim Berger und Joachim von Puttkamer. Frankfurt/M. [u.a.]: Lang 2005. (=Jenaer Beiträge zur Geschichte 9.)

23 Johann Gottfried Seume: Ausflucht nach Weimar. In: Ders.: Apokryphen, kleine Schriften, Gedichte, Übersetzungen. Hg. v. Jörg Drews unter Mitarbeit von Sabine Kyora. Frankfurt/M.: Deutscher Klassiker Verlag 1993, S. 381-394.

seiner italienischen Erfahrungen, was darin begründet sein mag, daß er an seinen erfolgreichen älteren Reisebericht anknüpfen will. Amerika bleibt in beiden Fällen nur Platz in Randnotizen, es befindet sich trotz seiner dortigen Militärdienste offenbar außerhalb der für ihn relevanten Welt.

Seume hat den Schwenk mitvollzogen, den das Rußlandbild zu dieser Zeit machte, wurde es doch nun – abgesehen von Schiller, der im *Demetrius* ein historisches Rußlandbild evoziert – immer seltener als nordische Nation dargestellt. War die nördliche Verortung eine Folge der Kriege mit Schweden gewesen, brachten die Schlachten des Zarenreichs gegen die Osmanen und Versuche, Handelsrouten nach China über Rußland zu etablieren, es mit sich, daß Rußland nun im Osten verortet wurde, was sich bequem einem westlichen Paris gegenüberstellen ließ.[24] Demzufolge könnte das Einbringen der französischen Hauptstadt in Seumes Orientierungssystem eine zusätzliche Achse ins Koordinatensystem einfügen, das auf den Raum projiziert wird, nämlich zwischen Ost und West. In dieses Koordinatenkreuz kann er die durch das ‚Spacing', seine Bewegung im Raum, einverleibten Orte und Lebewesen im Raum positionieren und relational anordnen. Diese das Erlebte ordnende Syntheseleistung schafft ein räumliches Bezugssystem, eine mentale Karte im Kopf des Wanderers. Sie kann dann als Reisebericht wieder in die lineare Form des Erfahrungsprozesses beim Ergehen des Raumes (also in eine eindimensionale Aneinanderreihung von Orten) zurückgeführt werden.

Nachdem sich Seume die Topographie Petersburgs durch seine Gehleistung einverleibt hat, sucht er zwecks Erleichterung der Synthese einen Punkt, der ihm Orientierung durch Überblick verschafft. Da dies an einem Ort ohne nennenswerte Anhöhe, wie es Petersburg als in den trockengelegten Sumpf gebaute Stadt ist, schwer möglich ist, muß er auf die Möglichkeiten zurückgreifen, an die schon die Stadtplaner gedacht hatten: Als Zentrum der Stadt, die dem Handel und dem militärischen Flottenaufbau dienen sollte, ist die Admiralität anzusehen. An diesem politischen Machtsymbol laufen drei Fluchtlinien der Stadtanlage, zentrale Verkehrsachsen,

24 Vgl.: Dieter Groh: Russland und das Selbstverständnis Europas. Ein Beitrag zur europäischen Geistesgeschichte. Neuwied: Luchterhand 1961, S. 99; Ulrike Plath: Nichts Neues im wilden Osten? Die baltischen Provinzen Russlands im Blick deutscher Reisender und Migranten um 1800. In: Die Welt erfahren. Reisen als kulturelle Begegnung von 1780 bis heute. Hg. v. Arnd Bauerkämper [u.a.]. Frankfurt/M., New York: Campus 2004, S. 43-69, S. 55.

zusammen. Folglich ergibt sich an diesem Platz auch die Möglichkeit zur Ordnung dank Sichtbarkeit:[25]

> Wer vor dem Tore der Admiralität als dem besten Punkte zum Orientieren steht, und in die drei Hauptperspektiven hinunter sieht, hat allerdings einen Anblick, so groß man ihn vielleicht in ganz Europa nicht findet.[26]

Die Wendung, daß er in die Straßen „hinunter sieht" deutet auf seine Vorliebe hin, von erhöhten Punkten aus zu sehen (in der Regel stillstehend, nicht gehend). In Moskau kommt dies schön zur Geltung: Erst nähert er sich dem Ziel von der „falschen" Seite aus, wie auch schon in Petersburg:

> Die Einfahrt nach Moskau ist von der anderen Seite von Pleskow über die Berge die schönste, wo man die ganze alte große sonderbare Kapitale übersehen kann. Von der Petersburger Seite ist alles flach, und links und rechts decken in einer nicht großen Entfernung noch Wälder die Aussicht. Links liegt, einige Werste vor der Stadt, am Walde das neue kaiserliche Schloß [...].[27]

Auch hier verzichtet Seume erst auf das Erlangen einer Übersicht, er zoomt sich kameratechnisch gesprochen nicht in die Stadt hinein, sondern aus dem Gewirr heraus, nachdem er auf seinen Routen, die aufgrund der Wegbeschaffenheit (umgebender Wald) kaum „Aussicht" zulassen, einige Details gesammelt und mit ungefährer Distanz- und Richtungsangabe topographisiert hat. Erst nach der Ankunft verwirklicht er dann seinen Wunsch nach Übersicht über die Großstadt:

> Ich habe mit Küttner die Gewohnheit, daß ich überall, wo ich kann, die Höhen zur Aussicht suche; und so führten mich denn Buhle und Goldbach sogleich den Nachmittag in Kreml auf den Turm Iwan Weliky, wo man eine Art von Aussicht hat, wie man sie vom Pantheon und Montmartre in Paris nicht haben kann.[28]

---

25 Vgl. Michel Foucaults Panoptikum-Gedanken in: Ders.: Überwachen und Strafen. Die Geburt des Gefängnisses. 9. Aufl. Frankfurt/M.: Suhrkamp 1994. (=st 2271)

26 Seume, Sommer (wie Anm. 6), S. 604.

27 Ebenda, S. 616f.

28 Ebenda, S. 617.

Der Vergleich mit Paris wird im Folgenden weiter ausgebaut, nachdem er vom Turm aus die Ausdehnung der Stadt überschauen kann. Als begrenztes, überschaubares Objekt gefährdet sie den Betrachter nicht durch überwältigende Erhabenheit, sondern läßt es zu, auch nicht unmittelbar Sichtbares zu schildern, etwa die Einwohnerzahl: „Moskau ist beträchtlich größer an Umfang, als Paris, ob es gleich weit weniger Einwohner hat."[29] Voraussetzung für den vollkommenen Überblick ist, daß der bestiegene Aussichtsplatz die Umgebung überragt. Nun liegt der Kreml an sich schon auf einer Anhöhe, wie Seume zweimal anmerkt, und somit günstig für dieses Unterfangen, ferner bildet er den Mittelpunkt der Stadt, und schließlich erklimmt Seume noch den höchsten aller vorhandenen Türme, um sich durch nichts die Aussicht verstellen zu lassen:

> Der Kreml liegt auf einer kleinen Anhöhe am Flusse, mitten in der Stadt; und dieser Turm ist außerdem noch der größte von allen, so daß man hier rund umher die ganze sonderbare Herrlichkeit übersehen kann.[30]

Die Sicht des Betrachters vom eingenommenen Platz aus ist unverbaut, allseitig und ermöglicht einen Rundblick, der Rupert Gaderer an die um 1800 entwickelte Kunstform des Panoramas erinnert.[31] Dieses umschließt den Besucher mit einem künstlichen Horizont rundum, während der Himmel über dem Betrachter und der Untergrund, auf dem er steht, ausgespart bleiben. Allerdings beschreibt Seume sehr wohl den Himmel, ortet ihn aber nicht über sich und dem Kreml, sondern zieht eine imaginäre Linie „auf der linken Seite der Stadt nach dem kaiserlichen Garten", auf der er die Himmelserscheinung eines „große[n] dunkle[n] Gewitter[s]" verortet und sogar die drei Einschläge „in jenem Teil" vermerkt. Damit zeigt er sich zumindest auf Augenhöhe dieses Ereignisses, dessen Beschreibung allerdings durch den Begriff „auf der linken Seite der Stadt" etwas irritiert, denn er befindet sich schließlich in der Mitte seines unendlichen Gesichtskreises – und wo ist da links?

In etwa zeitgleich mit dem Panorama entwickelte sich das Ballonfahren, das gleichfalls die bis dahin übliche Wahrnehmungsweise sprengte und neben einer Aufsicht auch einen Rundblick ermöglichte, während der Standort selbst, das unter dem Korb Liegende und das über dem Ballon Befindliche,

---

29 Ebenda.

30 Ebenda, S. 617f.

31 Seumes panoramatische Darstellung ist eine der wesentlichen Erkenntnisse des erwähnten Aufsatzes: Gaderer, Raumkonzeptionen (wie Anm. 2).

ein blinder Fleck blieb. Eine Montgolfiere steigt in Seumes Beschreibung „zu gleicher Zeit“ mit den Gewitterblitzen „diesseits des Kremls in glänzendem magischen Sonnenschein“ über einem Menschen-„Gewühl“ empor, er schildert also einen historisch fixierbaren Zeitpunkt, den der „Luftfahrt“ André-Jacques Garnerins (1769-1823) über Moskau, bei der Seume nicht anwesend war – dementsprechend erzählt er auch in der Vergangenheit: „Es muß allerdings ein höchst seltenes prächtiges Schauspiel gewesen sein“.[32] Für seine Beschreibung maßgebend könnte ausgerechnet die Abbildung der Ballonfahrt Garnerins zur Krönungsfeier Napoleons gewesen sein: Links oben, wie in Seumes Schilderung, die Gewitterwolke, rechts oben der Ballon im Sonnenlicht, unten die Menschenmenge. Möglich, daß hier noch der Topos der Erleuchtung durch die Wissenschaften eine Rolle spielt, wenn der Ballon von Licht umstrahlt den Platz absoluter Sichtbarkeit und damit der Erkenntnis einnimmt, wobei im Fall der Krönung Napoleons die Gondel in Kronenform als Symbol für den Herrscher zu sehen ist, dessen Aufstieg parallel verläuft.[33]

Seume springt bei seinem Turmerlebnis in der Zeit, erlebt in der Gegenwart eine nie gesehene Vergangenheit nach, und versucht andererseits zwei gleichzeitige Handlungen zu schildern. Er stellt sich auf seinem Aussichtspunkt außerhalb der Welt als allwissender Erzähler – Ereignisse der Vergangenheit mit Details wie Blitzschlagverzeichnis und Situation der Gegenwart wie die Einwohnerzahl – , der dem irdischen Geschehen insgesamt enthoben ist, im Speziellen dem Gewühl der Stadt.

> Turmbesteigungen gehörten zur gängigen Praxis der Reisenden des späten 18. Jahrhunderts, weil sie nicht nur die Mühen des Aufstiegs mit einer Gesamtansicht der Stadt belohnten, sondern die Stadt aus der Distanz eine wichtige Bedingung der Anschauung erfüllte: Sie stand still.[34]

---

32 Seume, Sommer (wie Anm. 6), S. 618.

33 Zu Garnerins „riesenhafte[m] Ballon“ samt Krone und Aufschrift, der „majestätisch“ den „Wolken zu“ flog und ausgerechnet über den Vatikan trieb: Magazin für die Literatur des Auslands. Bd.3, Januar bis Juni 1833. Berlin: Hayn 1833, S. 496. Seume geht es bei dieser Schilderung nicht um eine Denkmalsetzung für Napoleon, jedoch bedient er sich des Darstellungsmusters. Gleichzeitig wird das Symbol Napoleons, die Krone aus prunkhaftem Glas, durch die natürliche Lichtquelle ersetzt, und das in Moskau, dem politisch-militärischen Gegenpol Frankreichs.

34 Thorsten Sadowsky: Gehen Sta(d)t Fahren. Anmerkungen zur urbanen Praxis des Fußgängers in der Reiseliteratur um 1800. In: Wanderzwang – Wanderlust.

Dadurch verliert sich der Blick nicht in Bewegungen einzelner Elemente, sondern kann sich Objekte aussuchen und sich Zeit nehmen, sie zu beschreiben. Als allwissender Erzähler hat Seume natürlich auch zum Vordergrund, der ihm zu Füßen liegt, eine Anekdote parat, steht doch „am Fuße des Turms" eine pittoreske Staffage. Diese kann er genauso wenig wie das vergangene Ereignis sehen,[35] denn die „bekannte große Glocke", die ‚Zarenglocke', liegt „ziemlich tief in der Erde", und die „bekannte große Kanone", die ‚Zaren-Kanone', steht „zwischen mehrern andern" unter einem „Verdeck".[36] Dieses „Kammerstück" ist genauso wie die Glocke unbenutzbar, nicht nur aufgrund ihrer ungünstigen Positionierung unter der Erde und im Verschlag. Seume spricht dies nicht direkt aus, obwohl ihn doch sonst insbesondere die militärische Nutzbarkeit von Gelände und Objekten beschäftigt, etwa bei der Beschreibung des Kremls.[37] Vielleicht kann man seine amüsiert-kritische Wiedergabe der Anekdote über jenen Göttinger Arzt als Hinweis werten, daß diese touristischen Kultobjekte und Insignien der Macht nicht ihr Material Wert sind: Dem deutschen Gast, der später „noch tiefer hinein nach Rußland auf die Güter des Fürsten Kurakin zog", kam der Anblick des Kunstwerks

> so ungeheuer merkwürdig vor [...], daß er [ihn] für den glücklichsten Augenblick seines Lebens hielt; wozu er noch rechnete, daß er so eben seinen Namen an die große Glocke geschrieben hatte. So so, dachte ich; und hatte in diesem Augenblicke nicht die beste Hoffnung für die Kranken des Fürsten Kurakin.[38]

Seume muß es ja wissen, wie es um Männer steht, die touristische Ziele als Beweis ihrer Anwesenheit mit ihrem Namen verzieren, ging er doch auf seinem *Spaziergang nach Syrakus* genauso vor. Damals will er – so wie auf den

---

Formen der Raum- und Sozialerfahrung zwischen Aufklärung und Frühindustrialisierung. Hg. v. Wolfgang Albrecht und Hans-Joachim Kertscher. Tübingen: Niemeyer 1999, (= Hallesche Beiträge zur europäischen Aufklärung 11.) S. 61-90, S. 72.

35 Nebenbei sei bemerkt, daß schon die Rundumsicht auf dem Glockenturm, der über keine Aussichtplattform, sondern Schallfenster verfügt, aus Einzelbildern zusammengesetzt sein muß.

36 Seume, Sommer (wie Anm. 6), S. 618.

37 „An eine Festung ist bei dem Kreml gar nicht mehr zu denken; ob er gleich bei einem Auflauf immer noch als guter Posten gebraucht werden kann, da er auf der Anhöhe liegt." Ebenda, S. 622.

38 Ebenda, S. 618.

orthodoxen Glockenturm – nur durch die „Aussicht“ auf den Monte Pellegrino gelockt worden sein, während die gewöhnlichen Pilger durch Aussichten anderer Art zur Wanderung veranlaßt worden seien.[39] Der sakrale Platz dient der profanen Lust am Weltlichen. Im Fall des Turmes Iwan Veliky verschweigt Seume allerdings dessen sakrale Funktion als Glockenturm, die dem Fremden auch nicht offensichtlich ist, genauso wenig wie die Zuordnung oder Zugehörigkeit zu einer der diversen Kirchen im Umkreis.

Dieser eine Aussichtplatz allein reicht Seume genauso wenig wie seine Durchwanderungen Moskaus, um sich die Stadt mental anzueignen, deshalb sucht er einen weiteren und findet ihn wiederum an einem sakralen Ort, der Spitalskirche der Familie Golizin. Das Gebäude „zeichnet sich durch Geschmack und Zweckmäßigkeit aus“[40], schreibt er, was überrascht, können ihn doch sonst weder die Kirche als Glaubensgemeinschaft noch Kirchengebäude zu einer positiven Bemerkung veranlassen. Hier scheint aber eine ebensolche vorzuliegen, also ein Lob des vernünftig gebauten Gotteshauses, denn auf seine persönliche Funktionalisierung der sakralen Architektur kommt er erst wenig später zu sprechen: „Von der Kuppel der Kirche, die eine Rotunde ist, hat man eine der schönsten Aussichten, und das Ganze liegt an einem sehr freien gesunden Orte.“[41] Die auch in diesem Fall unverbaute Umgebung gewährt gleichfalls hier die Aussicht, die er sucht. Die traditionellen Merkzeichen Kirchturm und Kuppel dienen ihm in beiden Fällen nicht der religiösen Ermahnung, sondern bieten eine spezielle Sicht, die dem Erfahrungsgewinn dient. Durch den Kirchturmblick, der zu dieser Zeit in den Kanon touristischer Rituale aufgenommen wird, wird die Kirche säkularisiert und der Betrachter selbst in gottähnliche Position erhoben, anstatt demütig nach oben zu blicken.

---

39 Johann Gottfried Seume: Spaziergang nach Syrakus im Jahre 1802. In: Ders.: Werke in zwei Bänden. Hg. v. Jörg Drews. I: Mein Leben. Spaziergang nach Syrakus im Jahre 1802. Mein Sommer 1805. Hg. v. Jörg Drews unter Mitarbeit von Sabine Kyora. Frankfurt/M.: Deutscher Klassiker Verlag 1993, S. 406. Vgl. auch die geradezu „klassische“ Arbeit von Jörg Drews: ‚Ach Galatea, Du Schöne, warum verwirfst Du mein Flehen?‘ Seume in Sizilien, oder: Besudelung und Sturz zweier Götterbilder. In: Europäisches Reisen im Zeitalter der Aufklärung. Hg. v. Hans-Wolf Jäger. Heidelberg: Winter 1992, S. 107-117. (=Neue Bremer Beiträge 7.)

40 Seume, Sommer (wie Anm. 6), S. 620.

41 Ebenda.

Allerdings weicht Seume in zwei Punkten von den modischen Kirchturmblicken ab: Erstens fehlt der Schwindel, der den Betrachter etwa bei Jens Baggesen (1764-1826) oder auch Goethe am Straßburger Münster in der Höhe erfaßt. Das würde nicht zum Bild des mannhaften Seume passen, der alles nach dem Maßstab der Vernunft beurteilen will. Nun hätte er durch die Nennung von Höhenangaben die Oberhand über die Situation behalten können und den Leser dennoch schwindeln lassen, doch verzichtet er darauf genauso wie auf eine versteckte Darstellung der Höhe, wie sie zweitens für den Turmblick typisch ist: Es fehlt die ameisengleiche Menschenmenge, die am Boden zurückbleibt. In einem Fall wird zwar eine Menschenmenge von Seume erwähnt, allerdings nur in der Schilderung der Imagination des vergangenen Ereignisses der Luftfahrt, ameisenhafte Personen kommen ihm nicht konkret unter die Augen. Letztere sind, wie Seume eingesteht, kurzsichtig, vielleicht ist darin ein Grund zu sehen (dies würde aber nicht Schwindel als Höhenerlebnis ausschließen); vielleicht sind sie ihm aber, wie vieles andere, bedeutungslos. Menschenleer erscheint die Stadt in den Augen Seumes also nicht nur aufgrund der von ihm angeführten geringen Einwohnerdichte. Bei Goethes Turmblick liegt das fremde Land als eine „unbeschriebene Tafel vor uns“[42], und so erscheint es auch hier, wenn auch aufgrund des fehlenden Blicks nach unten immer perspektiviert. Die Gegenstände sind noch bedeutungslos, allerdings nur bis zur dritten Besteigung eines Aussichtspunktes, die sich Seume in Moskau gönnt. Zu diesem Zeitpunkt hat er das Land vorher schon durchwandert, den Raum geschaffen, den er dann sehen kann, selbst wenn er eigentlich nicht sichtbar ist, wie der Kreml von den Sperlingsbergen aus. Aber daß Seume sieht, was er will, hat schon seine Aussicht von jenem aus gezeigt.

Bei der dritten Moskauer Aussicht von dem „sogenannten Sperlingsberge, wo die Vegetation sehr reich ist und die Gegend mancher Schweizergegend nichts nachgibt“, hat er bereits dank seiner Spaziergänge und Übersichten die „Lokalität gut inne“, und zwar insbesondere die drei Örtlichkeiten, die er mit seinen Blicken herausgreift: „den kaiserlichen Garten und die deutsche Vorstadt“ sowie den hervorstechenden Kreml.[43] Das sind die für den deutschen Touristen wesentlichen Punkte, die er zuvor auch schon betreten

42 Zit. n. Albrecht Koschorke: Die Geschichte des Horizonts. Grenze und Grenzüberschreitung in literarischen Landschaftsbildern. Frankfurt/M.: Suhrkamp 1990, S. 145.

43 Seume, Sommer (wie Anm. 6), S. 620.

bzw. betrachtet hat und nun anvisiert. Der „Anblick“ den er nun dank seines Wissens hat, ist einer der „auffallendsten [...], den man haben kann.“[44] Außerhalb der Stadt gelegen offenbart sich ihm der Blick auf Moskau nicht in einer planen Aufsicht wie es vom Kirchturm aus begrenzt möglich wäre, sondern frontal. Aufgrund der erwähnten dichten Vegetation gibt es ferner keine Möglichkeit zum Rundblick. Die Natur rahmt das wahrnehmbare Bild der Stadt ein, wodurch der natürliche Blickwinkel des Betrachters nicht überschritten wird. Dennoch vergleicht er das Bild, das sich ihm so bietet, nicht mit der traditionellen Vedute, der Stadtansicht, die oft Reiseberichten beigefügt war, sondern beschreibt das vor ihm Sichtbare als „Amphitheater“.[45]

Auch Gottfried Wilhelm Leibnitz nannte eine sinnliche Vergegenwärtigung des Wissens an einem konkreten begehbaren Ort des Zeigens und Vorführens *Theatrum Naturae et Artis.* Als eine weitreichende Ordnungs- und Systematisierungsmetapher fand der Ausdruck *Theatrum* in den verschiedensten Wissensfeldern Verwendung.[46] Einerseits handelt es sich um ein Modell für die Konfiguration, Repräsentation und Kommunikation von verfügbar gemachtem Wissen, andererseits auch um einen Ort der Wissensproduktion, wie im Fall des anatomischen Theaters. Die Reiseberichte gehen einen Mittelweg zwischen diesen Konzepten, denn sie lassen den Leser fiktiv an der Wissensproduktion teilnehmen und gliedern dabei das neu Erlernte schon systematisch in den bereits vorhandenen Wissenskontext ein. Bietet sich Georg Foster auf seiner Reise um die Welt auf einer polynesischen Insel „der Anblick des Pflanzenreichs [...] als ein neues Schauspiel“ dar, so wird er es im Folgenden analysieren, einordnen und somit für die Kolonisten als überlebenswichtiges Wissen verfügbar machen.[47] Bei dieser Tätigkeit orientiert er sich an Linné, für den die Anmut der Natur ein Produkt der klar

44 Ebenda.

45 Ebenda.

46 Mit dem Buchdeckel zu Abraham Ortelius' *Theatrum Orbis Terrarum* von 1570 öffnet man beispielsweise den Vorhang zum geographischen Wissen der Zeit, abgebildet in Karten. Mit Leibnitz' *Theatrum* präsentiert sich das größte barocke Lexikon als theatrum mundi der Öffentlichkeit. Diese Bezeichnung knüpft an den Theaterbegriff der frühen Neuzeit an, der auf dem deutschsprachigen Buchmarkt in spektakulärer Quantität präsent war, um anschließend als Schau-Bühne oder Schau-Platz in den volkssprachigen Diskurs übernommen zu werden. Vgl. De Certeau, Kunst des Handelns (wie Anm. 1), S. 274.

47 Georg Forster: Reise um die Welt. Nachwort und hg. v. Gerhard Steiner. Frankfurt/M.: Insel 1983, S. 577. Zit. n. Eva-Maria Siegel: Topographie des Tau-

erkennbaren Unterschiede ihrer Lebewesen war.[48] Seume merkt an, daß er alles gut „unterscheiden“ könne, aufgrund seines Wissens.[49] Die verschiedenen Merkmale ermöglichen dem reisenden Forscher die Klassifikation und Einordnung des Neuen ins Bekannte. Voraussetzung dafür ist die Herauslösung der Objekte aus dem das Auge überfordernden Umfeld: Auch wenn der aufklärerische Reisende in Bewegung ist, imaginiert er einen ruhenden, rationalen Betrachter eines möglichst kleinen Weltausschnitts. Wie in einem Bilderrahmen, losgelöst von der rund umher bis zum fernen Horizont reichenden Umgebung, werden stillstehende Einzelbilder von Szenen beschrieben.[50]

---

sches, Topographie des Instruments. Zwei Wahrnehmungsmodi des Fremden um 1800. In: Topographien der Literatur (wie Anm. 14), S. 625-647, S. 631.

48 Diese führte er 1774 in seiner *Oratio De Telluris Habitabilis Incremento* darauf zurück, daß ursprünglich „nur eine einzige Pflanze von jeder Gattung und jedem Geschlecht (sexus) erschaffen worden“ war. Das kann er nicht empirisch nachweisen, ist aber seine Überzeugung, die es ihm, so Herder in den *Ideen zur Philosophie der Geschichte der Menschheit*, ermöglicht, alle Erscheinungen im „Amphitheater“ der Welt ihren Urformen zuzuordnen und dadurch in bekannten Kontext zu stellen: „Der Berg, den Linneeus sich als das Gebürge der Schöpfung gedacht hat, ist in der Natur; nur nicht als Berg, sondern als ein weites Amphitheater, ein Stern von Gebürgen, die ihre Arme in mancherlei Klimate verteilen.“ Johann Gottfried Herder: Ideen zur Philosophie der Geschichte der Menschheit. In: Werke in zehn Bänden. Band VI. Hg. v. Martin Bollacher. Frankfurt/M.: Deutscher Klassiker Verlag 1989, S. 42. Zit. n. Kyung–Ho Cha: Der Äquator – Weltrand und Weltmitte. In: Topographien der Literatur (wie Anm. 14), S. 673-697, S. 688.

49 Seume, Sommer (wie Anm. 6), S. 620.

50 Schon Barthold Hinrich Brockes (1680-1747) beschreibt in seinem Gedicht *Bewährtes Mittel für die Augen* diese Taktik, mit der sich der Horror Vacui zähmen lässt:„In einem flachen offnen Felde, in welchem ihr spatzieren geht,/Und, durch den Vorwürf‘ Anzahl, nichts, als etwan Feld und Himmel seht,/Will ich euch, in verschiedner Schönheit, statt einer Landschaft, tausend weisen./ Man darf nur bloß von unsern Händen die eine Hand zusammenfalten,/Und sie vors Auge, in der Form von einem Perspektive, halten;/So wird sich, durch die kleine Oeffnung, von den dadurch gesehnen Sachen/Ein Theil der allgemeinen Landschaft, zu einer eignen machen,/Von welcher, wenn man mahlen könnte, ein‘ eigne nette Schilderey/Zu zeichnen und zu mahlen wäre.“ Zit. n. Koschorke, Geschichte des Horizonts (wie Anm. 42), S. 117f.

Solchergestalt gezähmt, birgt es auch nicht Gefahr des Ich-Verlusts, wenn das Erblickte nicht passives Objekt bleibt, sondern mittels Klängen die Gefühle des Subjekts berührt, denn alles bleibt vom Verstand kontrolliert: Seume kündigt die Beschreibung eines derartigen Moments mit viel „Gefühl" an, um sich anschließend in Statistik zu üben: „[S]echs hundert Kirchen", berichtet er, „zählt" man in Moskau, wobei die Kirchen „dort voll Türme sind", „auf mancher Kirche" hat er „sieben Türme gezählt", was ihn aber nicht wegen der ermöglichten Ausblicke interessiert, sondern weil „die Türme voll Glocken" sind, ja auf manchen sogar „über zwanzig" Stück zu zählen sind.[51] Daß das von ihnen anläßlich des kommenden Feiertages erzeugte „Gesumme" ein „magisches", „gefühlsbetäubendes" und „vernunfttötendes Tongewirre" sei, davon merkt man angesichts des Sieges seiner Vernunft nichts.[52] Er kann es nach wie vor vergleichen, und zwar mit der Geräuschkulisse des Kampfes um Warschau elf Jahre zuvor, und das Ereignis, das kriegerische Sprachbild fortführend, auch als „Kirchentaktik" analysieren.[53] Offenbar fühlt er sich auf seinem Feldherrenhügel unter akustischen Beschuß genommen, als auf einmal die Stadt zu Leben erwacht und nicht mehr passiv vor seinem Blick ausgebreitet liegt. Jemand versucht sich seiner Leidenschaften zu bemächtigen, um sein Herr zu sein, aber Seume widersteht, indem er eben dies feststellt und also die nunmehr wirkungslose Taktik durchschaut. Daß er dabei nicht panoramatisch von der Stadt eingeschlossen ist, sondern den Rücken frei hat wie vor einem Guckkastenbild, mag Bedingung dafür sein.

Neben den beiden vorgeblichen Rundblicken Seumes über Moskau berichtet er als drittes Element also von der Ansicht der Stadt von den Sperlingsbergen aus. Der Blick von dieser Anhöhe ist als einziger deutlich gerichtet, und zwar auf die schon besuchten Stätten, die gleichfalls Aussicht

---

51 Seume, Sommer (wie Anm. 6), S. 620f.

52 Ebenda.

53 Ebenda, S. 621. An die Schlacht zu Warschau war er schon in ähnlicher Situation in Graz erinnert worden, als er vom Schloßberg herab „den Anblick der schön bebaueten Landschaft, die durch Flüsse und Berge und eine Menge Dörfer herrlich gruppiert ist", genießt, ehe ein Korporal vor dem Tor mit „Andacht [...] eines der besten Stücke aus der Oper: *die Krakauer*, welche die letzte Veranlassung zum Ausbruch der Revolution in Warschau war", pfiff, allerdings bemeistert er sich in diesem Fall der „eigen[en] Wirkung" mit der Überlegung, selbst einen Text auf die Melodie zu dichten und sich ihrer so zu bemächtigen. Seume, Spaziergang (wie Anm. 39), S. 207f.

ermöglicht haben. Er verbindet die bisherigen Rundblicke zu einer Dreieckskonstruktion, die erklärt, wieso er sich nicht mit *einer* Aufsicht begnügt. Nicht nur, daß er nun erst die einzelnen Elemente der Stadt beschauen kann, ohne sich in Ansichten der Vergangenheit wie im Fall der Ballonfahrt und der Statistik zu flüchten, der Wechsel der Standpunkte und ihre Dreizahl erinnert an die Technik der Kartenerstellung. Im Kampf gegen den „Horror vacui" angesichts des Unbekannten wird

> ein Netz von Linien und Punkten [...] über den Globus geworfen [...], um sich Orientierung zu verschaffen. Erst wer einen Punkt, einen Halt im Raum gefunden [hat], ist nicht mehr verloren.[54]

Dank eines solchen Netzes wird jeder Ort bestimmbar, dazu genügt schon ein einziges Triangel, wie es Seume über Moskau entwirft. Von ihm aus lassen sich weitere Dreiecke konstruieren, weitere Punkte fixieren. So meinte der britisch-indische Generalgouverneur Lord Hastings 1817, daß es „keine solidere Basis als Triangulation, auf der die exakte Geographie gegründet ist" gäbe, um den Raum eines „Riesenland[es]" zu „erfassen", mit welchen Interessen auch immer.[55] Typisch für eine Vermessung ist, abgesehen von einer Kompilation älterer Karten als Ausgangsbasis, das Erfassen von Entfernungen und Richtungen entlang der wichtigsten Straßen. Idealerweise erfolgt dies mit Kompaß und Perambulator, doch kann Seume hier bereits auf das durch den russischen Staat erstellte System der Werstpfähle zurückgreifen. Seine Daktylographie, also das Durchmessen der Welt mit seinem Körper, ist eine zusätzliche Übung. Durch die Führung eines Journals, in dem alles Auffällige[56] vermerkt wird, werden Wissenskorridore durch das Land gelegt bis zu relevanten Punkten, an denen innegehalten wird. Statik und Bewegung sind in der Kartographie

> keine sich ausschließenden Modelle, sondern [...] wechselseitig aufeinander bezogen. Der Kartograph kann sein Land nur vermessen, es nur stillstellen,

54 Karl Schlögel: Im Raume lesen wir die Zeit. Über Zivilisationsgeschichte und Geopolitik. München, Wien: Hanser 2003, S. 51.

55 Ebenda, S. 194.

56 Was als auffällig zu werten ist, wurde durch Betrachtungsweisen und Beobachtungsaufgaben im Vorhinein fixiert. Vgl. Hans Bödeker: Einleitung. Reisen als kulturelle Praxis. In: Die Welt erfahren. Reisen als kulturelle Begegnung von 1780 bis heute. Hg. v. Arnd Bauerkämper [u.a.]. Frankfurt/M.: Campus 2004

> indem er es bereist, sich zum Weiterzug verpflichtet und ist doch immer wieder vermessungstechnisch auf fixe Referenzpunkte im Gelände angewiesen. Die mathematische Standortbestimmung zwingt zum Wechsel und zum steten Umzug. Diese Ruhelosigkeit ins Unbekannte hinein aber unterwirft die Landschaft erst der eigenen Logik und Ordnung, läßt die Karte der Welt erst entstehen.[57]

Die Fixpunkte, von denen aus gemessen wird, müssen im Triangulationsverfahren immer wieder neu gesetzt werden. Giovanni Domenico Cassini (1625-1712) ließ etwa bei seiner Vermessung in Frankreich 1733 alle 10 km Pyramiden und andere Gerüste errichten, wenn das Gelände sonst keine Visierobjekte, beispielsweise Kirchtürme, bot. Problematisch war diese Arbeit in Wäldern, da sie den Blick auf Visierziele verstellten, doch Seume findet seine Lücke, um den Kreml erblicken zu können, von einer Anhöhe aus.

Auf „Aussichts- und Übersichtspunkte" stützte sich auch die „Geographie der Herrschaft": Schlögel sieht in der Besetzung von Höhen und Hügeln durch die Trupps der trigonometrischen Vermessung eine symbolische „imperial-strategische Inbesitznahme".[58] Edward Said, dessen Arbeiten in den 1990ern eine Orientalismus-Debatte und in der Folge eine Art ‚colonialistic turn' in den Kulturwissenschaften angeregt haben, spricht nicht von ungefähr von einer Form von Gewaltanwendung, mit der die Welt unter Kontrolle gebracht wird, wenn in diesem Vermessungsverfahren alle Punkte zu vergleichbaren und koordinierten Marken nivelliert werden.[59] Platz für kulturelle Besonderheiten bleibt nicht in dieser strukturierenden Ordnung: Seume erzählt zwar von Kirchtürmen, betritt sie, betrachtet sie, aber erwähnt keine Besonderheiten an ihnen – etwa die heute ikonische Zwiebelform der Türme. Sie sind ihm nur Punkte in der Landschaft, die seiner Taktik dienen.

Seumes Taktiken der Fremdbeschreibung gehen über die Bezeichnung eines jeden verschriftlichten Textes als „graphische Umsetzung" einer ‚men-

---

57 Matthias Buschmeier: Ordnungen der ungesicherten Welt. Archiv und Karte in der Metaphorologie des Wissens bei Sterne und Goethe. In: Topographien der Literatur (wie Anm. 14), S. 126-150, S. 133.

58 Schlögel, Im Raume lesen wir die Zeit (wie Anm. 54), S. 197.

59 Vgl. ebenda, S. 194. Sowie: Edward W. Said: Culture and Imperialism. New York: Alfred Knopf 1993.

tal map', wie dies durch De Certeau und Kugler forciert wird,[60] durch Handlungen und Blickregien hinaus; hier werden kartographische Techniken eingesetzt, um die Fremde kontrollierbar zu machen. Anne Fuchs kritisiert, daß bei solchen Konstruktionsverfahren gleich von kolonialistischer Einverleibung die Rede sei und sieht „zunächst einmal ein unhintergehbares epistemologisches Verfahren [...], mit dem sich der kulturelle Außenseiter Zugang zur Fremdkultur zu verschaffen sucht."[61] Das ist durchaus korrekt, nur kann die Topographisierung und Kartierung Voraussetzung sein zur kolonialistischen Aneignung, zu der Seumes Darstellung indirekt einlädt, wenn er zwar angibt, daß Moskau eine bestimmte Zahl an Einwohnern habe, aber doch in seinen Aufsichten auf die Darstellung „einheimischen" menschlichen Lebens verzichtet. Für ihn ist da kein belebter Markt, der von Interesse wäre, keine menschlichen Regungen der Moskauer werden von ihm herausgegriffen. Die Stadt liegt ebenso wie das fruchtbare Land statisch da und wartet auf Aktionen, die nur von oben mittels Eingriff der Phantasie bewerkstelligt werden können, durch Träumereien, Projektionen und Projekte. Selbst Petersburg, bei dem andere staunen, was bereits alles erreicht wurde, ist für ihn nur ein *work in progress*,[62] ein Tätigkeitsfeld, aber kein Resultat, und als Tätige genannt werden primär aus Deutschland stammende russische Untertanen. Seume erwähnt selten etwas von Mitreisenden, aber ausgerechnet von den Ausgangspunkten seiner Blicke auf Moskaus Kreml berichtet er, daß er diese nicht alleine eingenommen habe, sondern in Begleitung. Diese Kom-

60 „Jeder Bericht ist ein Reisebericht – ein Umgang mit dem Raum." De Certeau, Kunst des Handelns (wie Anm. 1), S. 216. Hartmut Kugler: Zur kognitiven Kartierung mittelalterlicher Epik. Jean Bodels ‚drei Materien und die ‚Matière de la Germanie'. In: Topographien der Literatur (wie Anm. 14), S. 244-263, S. 252.

61 Anne Fuchs: Der touristische Blick: Elias Canetti in Marrakesch. Ansätze zu einer Semiotik des Tourismus. In: Reisen im Diskurs. Modelle der literarischen Fremderfahrung von den Pilgerberichten bis zur Postmoderne. Hg. v. Anne Fuchs und Theo Harden. Heidelberg: Winter 1995 (=Neue Bremer Beiträge 8), S. 71-86, S. 75.

62 Seume, Sommer (wie Anm. 6), S. 604. Der Rückblick auf die Tätigkeit der Hanse auf S. 611 stimmt allerdings dem deutschen Aufklärungstreiben gegenüber ebenso wenig optimistisch wie seine Kritik deutschen Großsprechern gegenüber auf S. 628.

pagnons sind vier der vielen Herren deutschen Namens[63], die teilweise weiter im Osten an der wissenschaftlichen Erfassung der Landstriche arbeiteten. Da steht also eine Gruppierung Deutschstämmiger erst auf dem Kreml, anschließend auf den Sperlingsbergen, und legt ein Raster über den menschenleeren (obwohl städtischen) russischen Raum wie von einem Feldherrenhügel aus.

Karte und Feldherrenhügel haben in Schillers letztem Drama, dem *Demetrius*-Fragment über den falschen Zarensohn, der von Polen in seinem Glauben, ein echter zu sein, bestärkt und mit einer Armee zur Eroberung „seiner" Gebiete ausgesandt wird, eine bedeutende Stellung inne. Selten wird in einem Werk eine Karte an sich thematisiert oder auf die Bühne gebracht, bei Schiller hingegen dreht sich seit den frühesten Ideen des Stückes alles um Rußlandkarten. Schiller selbst war nie in Rußland, obgleich er eine Übersiedlung in den Norden laut Briefen ins Auge gefaßt hatte, als er für sich nach dem Mißerfolg in Mannheim in deutschen Landen keine Optionen mehr sah. Rüdiger Safranski allerdings sieht in folgendem Zitat aus dem Brief vom 6. November 1782 an Schwester Christophine nur einen Versuch, seinen Verfolgern eine falsche Fährte zu legen:[64]

> Auch ist es möglich, daß, wenn mich bedeutende Connaisancen zu Berlin unterstützen, ich nach Petersburg gehe. Erschrik nicht beste Schwester daß so viele Meilen zwischen euch und mich werden zu liegen kommen. Ihr solt jedes meiner Verhängniße mit mir theilen; ich suche mein Glük eben so sehr für euch als für mich.[65]

Als Referenz hätten ihm die *Räuber* dienen können, die schon unter Katharina II. ins Russische übersetzt worden waren, doch aus dem Glücksritter

63 Genannt seien der Botaniker Johann Georg Gmelin (1709-1755) und der Geograph Peter Simon Pallas (1741-1811), Seumes Begleiter waren hingegen der Philosophieprofessor Johann Gottlieb Gerhard Buhle (1763-1821), der Astronom Christian Friedrich Goldbach (1763-1811) am Kreml sowie der Astronom und Mathematiker Theodor von Schubert (1758-1825) und dessen Sohn, der Offizier Friedrich von Schubert (1789-1865), auf den Sperlingsbergen. Ebenda, S. 617 sowie S. 621.

64 Rüdiger Safranski: Schiller oder Die Erfindung des Deutschen Idealismus. München: Hanser 2004, S. 153.

65 Friedrich Schiller: Werke und Briefe in zwölf Bänden. Hg. v. Otto Dann [u.a.]. Band 11: Briefe I. 1772-1795. Hg. v. Georg Kurscheidt. Frankfurt/M.: Deutscher Klassiker Verlag 2002, S. 53.

im Dienste der Familie wurde nichts; Schiller blieb passiver Rußlandkonsument, der dank der Gellert-Lektüre *Die schwedische Gräfin von G.* 1782 die anonym herausgegebene *Anthologie auf das Jahr 1782* im fiktiven sibirischen Druckort „Tobolsko" erscheinen läßt. 1804 setzt er sich wieder mit dem Zarenreich auseinander, als Maria Pawlowna nach Weimar zieht. Anläßlich ihres Empfangs am 12.11. in Weimar verfaßte er *Die Huldigung der Künste. Ein lyrisches Spiel.* In diesem rasch verfertigten Huldigungsstück erscheinen die Musen als nicht an Nationen gebundene Wesen, die auch schon im Norden Fuß gefaßt haben, obwohl ihm Seume am 10.8.1792 auf dem Weg zu seinem Militärdienst in Rußland seine Befürchtung mitgeteilt hatte, sein „künftiger Stand dürfte wohl der Antipode der Muse seyn"[66]. Aber immerhin kann er Schiller fast ein Jahr später, am 5. 6. 1793, berichten, daß sein „Karlos auf der Peipus mit eben so viel Wärme gelesen" werde, „als unter uns und um uns Kälte war; und in Pleskow habe ich ihn als Lieblingsbuch in der Sammlung einiger Rußen gesehen."[67]

Schillers Schwager Wilhelm Friedrich Ernst Freiherr von Wolzogen (1762-1809), der den Schritt nach Rußland wagte, vermag es am 15. Mai 1804 seiner Schwester Caroline eine ganze Reihe klassischer Rossica zu empfehlen, zu denen unter anderem Adam Olearius, Siegmund von Herberstein, August Ludwig von Schlözers Übersetzung der *Nestorchronik*, Hartwig Ludwig Christian Bacmeisters *Russische Bibliothek* und Gerhard Friedrich von Müllers *Sammlung russischer Geschichte* gehörten.[68] Vor allem am Reisebericht des Olearius wird sich der im Umgang mit historischen Quellen geübte Schiller bei seiner Arbeit am *Demetrius* orientieren, da er bei seiner Darstellung Rußlands auf möglichst alte Quellen zurückgreifen muß, will er doch das Rußland des 16. Jahrhunderts portraitieren.[69] Mit Peter dem Großen und dem durch ihn verursachten veränderten Rußlandbild verschwindet das alte Rußland zugunsten der Wahrnehmung des neuen, westlichen,

66 Ebenda, S. 58.

67 Ebenda, S. 68.

68 Sybille Demmer: „...ein gesittet Volk aus Wilden" – Schillers Russlandbild. In: Russen und Rußland aus deutscher Sicht. 18. Jahrhundert: Aufklärung. Hg. v. Mechthild Keller. München: Fink 1987, S. 564-584, S. 572f.

69 Für diese Zeit sind nach wie vor deutsche Reiseberichte des 17. Jahrhunderts zumindest in Rußland eine anerkannte wissenschaftliche Quelle, wenn man sich im historischen Museum der Stadt Moskau umsieht und die Zitate aus Herbersteins Reisebericht verblüfft als Kommentar zu Genrebildern und nachgestellten „urtümlichen" Behausungen entdeckt.

weshalb neuere Reiseberichte nicht für Schillers Arbeit in Frage kommen. Erst wieder jüngere Arbeiten sind für ihn von Interesse, als sich um 1800 die Russen ihrer Geschichte erinnern und ihre Nation durch Erforschung der älteren Geschichte zu gründen suchen, wovon die Wiederentdeckung (und oben erwähnte Übersetzung ins Deutsche) der *Nestorchronik* zeugt. Den Wandel seit Peter I. hatte er bereits in der *Huldigung der Künste* gepriesen, im *Demetrius* deutet er sie durch die waghalsige Landung der Engländer in Archangelsk als Vorspiel zur Gründung Petersburgs an, doch nun möchte Schiller die Zeit vor den Neuerungen darstellen. Seine Lektüre für den *Demetrius*, die uns in seinen Materialsammlungen gut dokumentiert ist, hebt die patriarchale Gesellschaftsordnung hervor, deren Grundlage nicht wie bei Olearius eine dumpfe Veranlagung ist, sondern ein kindlicher Frühzustand.[70] Statt den Quellen treu zu sein, gestattet er sich, wie schon in der Wallensteintrilogie, sie im Sinne der dramatischen Handlung zu ergänzen. Er bringt nicht Geschichte auf die Bühne, sondern bühnenwirksame allgemein menschliche Probleme anhand von Einzelschicksalen, die in geschichtliche Ereignisse eingebettet sind. Der dramatischen Wirkung wegen läßt er die klagende Zarenwitwe Marfa Fjodorowna, die als erfundene Gestalt im Drama den historischen Protagonisten gleichgestellt ist, in einer russischen Eiswüste des winterlichen Nordens auftreten. Als sie vom Eindringen eines Demetrius auf russisches Gebiet erfährt, belebt sich ihr mütterliches Innenleben, während das Eis in der Landschaft frühlingshaft aufbricht.

Die zweite weit gediehene Szene des Fragments ist eben dieses Ereignis, als Demetrius auf dem Weg von Sambor in Galizien nach Moskau mit seinem Heer an der Grenze zu seiner vermeintlichen russischen Heimat innehält. Folgt man den *Skizzen*, ist der Moment des Betretens russischen Bodens zentral, so oft nimmt Schiller auf diesen Moment Bezug: Erst heißt es „Demetrius an der Grenze s. Reichs“[71], dann gleich zweimal „Demetrius

70 Dementsprechend sind für ihn die negativen Charakterisierungen der Russen durch Olearius, etwa Falschheit und Trunksucht, irrelevant und werden nicht in die Materialiensammlung übernommen. Demmer führt seine Darstellung der Russen als kindlich darauf zurück, daß bei einem weniger naiven Volk „ein Abenteurer wie Demetrius nie seinen Siegeszug zum Zarenthron“ hätte antreten können. Demmer, Volk aus Wilden (wie Anm. 68), S. 581. Möglich ist aber auch eine Beeinflussung durch Herder.

71 Friedrich Schiller: Demetrius-Fragment. In: Ders.: Sämtliche Werke in zehn Bänden. Berliner Ausgabe. 5. Erster Halbband. Hg. v. Hans Günther Thalheim u.a. Berlin, Weimar: Aufbau 1990, S. 379.

tritt auf russischen Boden."[72] In der längsten Ausführung in den *Skizzen* wird der Wechsel der Szenen mit Marfa (II. Akt, 1. Szene) und Demetrius (II. Akt, 2. Szene) als Bruch inszeniert, der gleichzeitig die große Nord-Süd-Ausdehnung Rußlands vergegenwärtigen soll, denn während im Norden das Eis erst aufbricht, ist es an der Südostgrenze schon lange dahin. Verbunden werden die Szenen durch die Bitte Marfas um Segen für Demetrius, so Schillers Absicht:

> Unmittelbar aus [...] den düstern Umgebungen des Klosters wird man in eine heitre freie Landschaft versetzt, wo [...] Demetrius mit seiner Armee in Rußlands Grenzen eintritt. Die letzten Worte der Czarin, welche Segen auf denselben herabflehen, knüpfen jene Szene im Kloster an diese an, und der große Sprung wird dadurch vermittelt.
> Die Szene ist auf einer Anhöhe, von der man in eine weite Landschaft hinaussieht ein Strom durchfließt sie, das Auge verliert sich in weiter heitrer Ferne. Vorn steht ein Grenzpfeiler mit dem Wappen v Moskau dem Ritter [...] S. Georg.[73]

Im Studienheft lautet die Passage noch „Eintritt auf russischen Boden."[74], und nachdem man nur in etwas Geschlossenes eintreten kann, benötigt man zur Veranschaulichung der Nation als Körper den „Grenzpfeiler", „Demetrius tritt in s. Reich"[75] ist erst durch ihn möglich, da er einerseits keine Absperrung ist, aber dennoch den Übergang in einen anderen Raum signalisiert. Auch Seume plant ein solches Monument des Herrschaftsbereichs bei der Ausreise aus Rußland zu besichtigen, einen vor allem von schwedischen Kugeln getroffenen Werstpfahl, unterläßt es dann aber doch und schildert statt dessen ausführlich die Übergangszone zwischen dem Zarenreich und Schweden, beispielsweise die Insel im Grenzfluß Kymen.[76] Sie wirft das Problem auf, wem der Boden unter einem Grenzsymbol oder einer Grenzlinie eigentlich gehört, aber jedenfalls ist der durch sie definierte Raum klar gesetzt. Der Raum dahinter führt trotzdem zum „Verlust" der optischen

---

72 Ebenda, S. 389, S. 402.

73 Friedrich Schiller: Demetrius-Skizzen. In: Schiller, Sämtliche Werke (wie Anm. 71), S. 398.

74 Friedrich Schiller: Demetrius-Studienheft. In: Schiller, Sämtliche Werke (wie Anm. 71), S. 334.

75 Ebenda, S. 355.

76 Seume, Sommer (wie Anm. 6), S. 662.

Wahrnehmungsfähigkeit, da er sich in seiner „Weite“ dem Ordnungsstreben, dem Versuch, ihn zu einer mentalen Karte zu gestalten, vorerst widersetzt. Ohne Anhaltspunkt „verliert sich“ das Auge oder „schwimmt hin im unermesslichen Gesichtskreis“.[77] Um sich vor dem Abgetriebenwerden zu retten, „prallt“ Demetrius in einer Fluchtreaktion „beim Anblick der freien Landschaft mit Verwunderung zurück.“ Das Sichtbare bietet ihm, der dergleichen nicht gewohnt ist, keine Orientierungsmöglichkeit in dieser dank des Ausdrucks „hinschwimmen“ indirekt mit einer offenen Wasserfläche verglichenen Ebene. Das Bild der offenen See oder eine „weite und ununterbrochene Ebene“, also eine Landschaft, aus der alle „Gegenstände, welche den Blick insbesondere auf sich ziehen“, entfernt sind, gehört zum „Erhabensten, was dem Aug je erscheinen kann.“[78] Das Erhabene stellt allerdings eine Herausforderung dar, den großen Gedanken der Schöpfung noch einmal zu denken, wie dies durch Wahrnehmung und Beschreibung geschieht, wenn man keinen Plan und keine Taktik hat. Demetrius muß den Umgang mit der vorerst strukturlosen, weiten Fremde, die seine Heimat sein soll, erst lernen, unterstützt von seinen Untergebenen. Die Schulung seines Blicks, das Beibringen der Taktik der Orientierung, das Übereinstimmen von mentaler Karte und Umgebung bringt Schiller auf die Bühne:

Auch hier scheint wieder, wie bei Seumes letztem Moskaublick von den Sperlingsbergen, Voraussetzung zu sein, daß es keinen Rundblick gibt, sondern die „Anhöhe mit Bäumen umgeben“ ist, wie die Regieanweisung der zweiten, sogenannten ‚Reichstagsfassung‘ lautet.[79] Die Aussicht ist dadurch nicht nur bühnenadäquat für ein zentralperspektivisches Theater, sondern gibt auch eine Blickrichtung vor und schließt andere aus, was dem Betrachter die Qual der Auswahl nimmt. Blicktechnisch verstärkt dies die Tiefenwirkung der „Ferne“, die sich in der Blickschneise „eröffnet“[80]. Vorgegeben ist durch Schiller ferner, daß ein „schöne[r] Strom durch die Landschaft ausgegossen [ist], die von dem jungen Grün der Saaten belebt ist. Näher

77 Friedrich Schiller: Demetrius-Szenar. In: Schiller, Sämtliche Werke (wie Anm. 61), S. 437.

78 Friedrich Schiller: Zerstreute Bemerkungen über verschiedene ästhetische Gegenstände. Zit.n. Koschorke, Geschichte des Horizonts (wie Anm. 42), S. 138.

79 Schiller, Demetrius (wie Anm. 71), S. 281.

80 Ebenda.

und Ferner sieht man die Turmspitzen einiger Städte leuchten."[81] Relevante Objekte sind für Schiller demnach Natur in Form von flächig-statischem Wasser, Ackerbau als Sinnbild der durch Menschenhandwerk kultivierten fruchtbaren Natur und schließlich Turmspitzen, deren Abbildung auf Karten häufig Städte anzeigten. Zu dieser Idylle kontrastiert die martialische Geräuschkulisse, der Schiller den Schauenden, ähnlich wie Seume den Glocken-Kanonen, ausliefert: „Trommeln und Kriegsmusik hinter der Szene".[82] Der Zuschauer wird durch die Geräuschkulisse einbezogen in die Situation und teilt die Blickachse mit den Figuren, die dasselbe wahrnehmen wie jener. Es liegt keine Teichoskopie vor, also müßte im Folgenden eigentlich nicht erklärt werden, was hier zu sehen sein soll, doch Demetrius erkennt das Wesentliche nicht, weshalb es ihm vor Augen geführt wird. Daß er ein Spielball in den Händen des eigentlichen Anführers Odowalsky ist, zeigt sich in dieser Szene rasch: Odowalsky gibt die Befehle, läßt die Armee „am Wald hinunter ziehn" – also in den Bühnenhintergrund verschwinden, bleibt selbst mit einigen andern aber „auf der Höhe", er will sich noch „umschaun".[83] Odawalsky schafft und verschafft sich Übersicht, wodurch er einen Wissensvorsprung vor Demetrius hat, der erst nun auf die Bühne kommt und sofort „zurückfahrend", so die Regieanweisung, ausruft: „Ha welch ein Anblick!"[84] Daß hier sein Reich vor ihm „geöffnet" liege, daß es sich um „russisch Land" handle, offenbart ihm Odowalsky; wie man dies erkennen könne, lehrt ihn Razin: „Hier diese Säule trägt schon Moskaus Wappen,/ Hier hört der Polen Herrschgebiete auf."[85] Zweimal muß Demetrius auf ein „hier" verwiesen werden, dann begreift er jedoch, daß man hier Zeichen und Welt in Übereinstimmung bringen muß, wie dies eben Razin getan hat. Er versucht sich selbst in dieser Tätigkeit und fragt seine Lehrmeister nach der Bezeichnung des „stille[n] Strom[s]", ob das vor ihnen in den „Auen" der „Dnjeper" sei.[86] In anderen Fassungen zeigt er mehr Kompetenz,[87] in der Reichstagsfassung muß er allerdings, wiederum durch

81 Ebenda.
82 Ebenda.
83 Ebenda.
84 Ebenda, S. 282.
85 Ebenda.
86 Ebenda.
87 Ebenda, S. 615f.

Odowalsky, in gesperrtem Druck eines Besseren belehrt und nochmals darauf hingewiesen werden, daß das, was ihm so fremd ist, sein eigen sei.

> Dort fließt der Dnieper hinter Tschernigow,
> Das ist die D e s n a Herr, [...]
> Und was du siehst ist deines Reiches Boden.[88]

Nächster Orientierungspunkt nach Grenzmarke und Fluß sind die Kirchen, die den Militärs Städte (strategisch wichtige Punkte und Wegweiser für die jeweilige Marschrichtung) anzeigen, neben Tschernigow die glänzenden „Kuppeln von Sewerisch Nowogrod".[89] Nun, als der Anblick in die Rubriken Stadt-Land-Fluß geordnet ist und die einzelnen Objekte Namen erhalten haben, ist der „Anblick" bewältigbar, verlangt kein Zurückweichen mehr, sondern ist statt erhaben „heiter" und „schön".[90]

Nachdem ihm Odowalsky dabei geholfen hat, den Anblick zu fassen, macht er Demetrius den Besitz des mit „Schmuck bedeckt[en]", „üpp'ge[n] Boden[s]" schmackhaft, doch der vermag noch nicht, das vor ihm Liegende rational zu erfassen, sondern wird nochmals schwärmerisch, denn trotz Bezeichnungsgewalt und Strukturierung bleibt noch der offene Horizont, der den „Blick [...] hin im Unermeßlichen" schweifen läßt.[91] Odowalsky sieht dies wiederum imperialistisch: Das nun zu Sehende sei nur ein Vorgeschmack, ein „kleiner Anfang nur [...] / Des großen Russenreichs", das sich „unabsehbar" nach Osten und nur durch die „Zeugungskraft der Erde" begrenzt nach Norden ausbreitet, doch ist die nun beigebrachte Taktik der Blickregie und Benennung auch dort anwendbar.[92] Demetrius, mit der Aufgabe gereift und um eine Kompetenz reicher, kann sich Odowalsky nun erstmals herrisch präsentieren. Odowalsky mahnt angesichts eines nachdenklichen Zaren zur Tat, denn er als Feldherr muß das Land erst erobern, während es Demetrius bereits als sein Eigentum betrachtet und es folglich nicht verheeren will.

Das beruht freilich nicht auf seiner geistigen Aneignung, denn die haben die Polen ja schon vor Demetrius vollzogen, sondern auf der dynastischen, geschichtlichen Legitimation. Faßbar wird sie ihm allerdings nur durch den

88 Ebenda, S. 282.
89 Ebenda.
90 Ebenda.
91 Ebenda.
92 Ebenda.

Gegenstand, den ihm Razin so eindringlich vor Augen führte, den Grenzpfeiler. Er ist haptisch wahrnehmbares Zeichen für die Tätigkeit seines Vaters und seiner Vorväter über dreißig Generationen. Schiller folgt hier der Waräger-Theorie, die besagt, daß das russische Volk seine Nachbarn um Fremdherrschaft gebeten habe. Dieser Gedanke kam den polnischen Machtübernahmegelüsten mit Demetrius als Puppe am Zarenthron genauso entgegen wie deutschen Kolonialphantasien, die durch deutschstämmige Herrscher auf dem Zarenthron und in führenden Ministerämtern wiederholt belebt wurden. Demetrius sieht sich allerdings nicht in einer kulturellen Mission (wie viele fremdländische Reisende in Rußland), sondern als Gottgesandter, denn daß er seiner Ermordung durch ein „göttliches Verhängnis" entrissen wurde, scheint ihm Beweis des Auftrags zu sein, sein „Erb zurückzufordern".[93]

Daß bei diesem kriegerischen Unterfangen, für das er den Boden um Vergebung bittet, Menschen betroffen sein könnten, kommt ihm nicht in den Sinn, denn das nach den Regieanweisungen sichtbare Land ist zwar geprägt von Zeichen menschlichen Handelns, aber trotzdem: unbelebt. Einzig die polnische Partei ist am Feldherrnhügel sichtbar; das Land, das ihnen „offen" zu Füßen liegt, ist unbewegt und statisch, wartet darauf, genommen zu werden und ähnelt damit dem Rußland, das Seume in seinen Übersichten präsentiert. Die Leere und Planheit dank Aufsicht teilen diese Beschreibungen mit dem Aufzeichnungs- und Beschreibungssystem für Wissen vom Typ „Karte" genauso wie die Darstellung eines Ortes durch Herausgreifen eines repräsentativen Objekts wie einer Kirche, die als Zeichen für eine ganze Stadt gedeutet wird, obwohl nur ein Turm sichtbar ist. Er genügt als Symbol, um eine Bezeichnung wie einen Stadtnamen zuweisen zu können. Auch die Orientierung anhand von Flüssen, die sich als Linien, also graphisch faßbare Objekte, durch die Landschaft ziehen, ist typisch für Karten. Bei Schiller ist diese Art der Beschreibung des Raumes als Karte nahe liegend, denn alles, was er beschreiben konnte, waren neben dem Wissen, das er aus Reiseberichten bezog, Karten. Die Forschung geht davon aus, daß

> Schillers erste Bekanntschaft mit Rußland auf der Karlsschule durch eine Landkarte vermittelt worden sei, da für eine militärische Karriere geographische Kenntnisse unerlässlich waren.[94]

---

93 Ebenda.

94 Demmer, Volk aus Wilden (wie Anm. 68), S. 583. Schiller fährt nur auf der Landkarte die Wege nach, die Seume vor Ort zurückgelegt zu haben behauptet,

In den Vorstufen zum Demetrius werden Rußlandkarten wiederholt für die Bühne eingefordert, wobei die dramaturgischen Ziele variieren. Sie zu eruieren ist nicht unproblematisch, etwa in folgender Szene, in der die Karte nur wie Beiwerk anmutet: „Heiratskontrakt der Marina mit Demetrius. Er benimmt sich als Czar. Landkarte."[95] Da ein Heiratskontrakt aber auch der Besitzklärung bedarf, könnte es hier um künftige Machtansprüche gehen, die anhand von Karten festgelegt werden, wie in folgender Szene, die eine Vorstufe jener sein könnte: „Vertrag mit dem Woiwoden. Karte vom Russischen Reich liegt zwischen ihnen."[96] Gleichermaßen als Bindeglied und trennendes Objekt liegt die Karte zwischen den künftigen Herrschern, die sich, jeder von seiner Seite aus, wohl den Gebietsanspruch sichern wollen wie Katharina II., Friedrich II. und Joseph II. bei ihrer Teilung Polens 1772.

Zur weiteren Ausführung dieser Szenen kam Schiller nicht mehr, klar erkennbar ist jedoch das Verhältnis von Macht und Karten: Sie gehören zusammen.[97] Im Studienheft finden sich auch weitere Karten-Szenen, die jedoch in die Feldherrnhügel-Szene eingeflossen sein könnten oder nur Doppelungen von Motiven aufweisen und aus anderen Gründen nicht ausgeführt wurden. In dieser orientieren sich die Protagonisten nach Nordost, also Richtung Moskau, und die Führung hat nicht Demetrius inne, so wie in dieser Studie: „Vorne zeigt man dem D. auf der Karte das Land, durch das er vordringen muß, um zu Moskau auf dem Kreml zu sitzen."[98] Die Wegplanung wird gerade vollzogen, man verleiht Demetrius anhand der Karte Orientierung. Der Bewegungsvektor führt in die Tiefe des russischen Raumes, der im Fragment durch die Haltlosigkeit des Blicks von der Grenze aus inszeniert wird. Die ungeheure Dimension des Zarenreichs, die die Zeitge-

---

womit sich die beiden in ihrem Zugang zur Welt voneinander unterscheiden wie Don Quijote und die von ihm kritisierten Ritter.

95 Schiller, Demetrius-Studienheft (wie Anm. 74), S. 344. Wiederholte Nennung ebenda, S. 365.

96 Schiller, Demetrius-Skizzen (wie Anm. 73), S. 395.

97 Vgl.: „Macht findet im Raum statt. Die Territorialisierung von Macht wird auf Karten abgebildet [...]. Kartenwissen ist sogar selbst Macht. Wer Karten hat, weiß mehr über die Organisation eines Raumes. Der Kartentisch ist fast so etwas wie ein Insignium von Macht. [...] Auf ihm ergeht sich die Imagination der Macht auf noch mehr Macht". Schlögel: Im Raume lesen wir die Zeit (wie Anm. 54), S. 249.

98 Schiller, Demetrius-Studienheft (wie Anm. 74), S. 339.

nossen faszinierte, kommt auch in folgender Szenenskizze aus dem Studienheft zur Geltung, in der die Größe der Karte besonders betont wird:

> Szene mit der großen Landkarte, wo Demetrius sein Reich vor sich ausrollt. Er zeigt bei dieser Gelegenheit sowohl seine Kenntnisse als seinen hohen Geist.[99]

Die Geste des Ausrollens läuft wiederum in die Tiefe, offenbart eine Länge des Raumes, die sich in der maßstabgetreuen Darstellung niederschlägt, also läßt sich hier wiederum der Topos der Tiefe des weiten Raums feststellen. Es ändert sich lediglich die Kompetenz Demetrius' im Umgang mit ihr: Tritt er im Studienheft als Herrscher über der Landschaft auf, muß er sich im Fragment diesen Status erst mit Hilfe seiner Soldaten erarbeiten.

Während der Zivilist emotional reagiert und der Fremde hilflos gegenübersteht, haben Angehörige des Militärs keine Orientierungsschwierigkeiten, wie die beiden zeitweiligen „militärisch-literarischen Amphibia" Seume und Schiller wissen.[100] Für den Soldaten ist die Einteilung des fremden Raums als Handlungsraum klar: Durchzugsraum, Eroberungsraum, Schlachtfeld. Die Einteilung erfolgt geradezu mechanisch, ohne Umwege über Reflexion, dem Nachdenken, das Odowalsky ablehnt. Hier kommt zum Tragen, daß geistliche Disziplin seit dem 17. Jahrhundert verweltlicht worden ist und im soldatischen Drill mündete, den Seume und Schiller am eigenen Leib erfahren mußten.[101] Ziel der „Abrichtung" ist die Formung einer Maschine aus dem Rohmaterial des untauglichen Körpers und Geistes, die normiert werden sollen, um eine Steigerung der Kräfte, Ökonomie und Effizienz zu erreichen.[102] Daß Seume diese Schule durchgemacht hat, ist angesichts seines Umgangs mit dem eigenen Körper und der Welt unübersehbar, beispielsweise bei der militärischen Tauglichkeitsanalyse des Kreml;[103] das bleibt

99 Ebenda, S. 362.

100 Seume bezeichnet sich als ‚*militärisch literärische[s] Amphibion*'. Seume: Briefe (wie Anm. 8), S. 610.

101 Vgl. Michel Foucault: Überwachen und Strafen. Die Geburt des Gefängnisses. Frankfurt/M.: Suhrkamp 1993 (=st 2271).

102 Vgl. Philipp Sarasin: Michel Foucault zur Einführung. Hamburg: Junius 2005, S. 135.

103 Seume, Sommer (wie Anm. 6), S. 622. „An eine Festung ist bei dem Kreml gar nicht mehr zu denken; ob er gleich bei einem Auflauf immer noch als guter Posten gebraucht werden kann, da er auf der Anhöhe liegt." Von besonderer Brisanz ist diese Schilderung als militärische Karten, besonders von Festungen,

für seine Weltanschauung prägend, auch wenn er sich den Normen ebenso durch Desertion entzogen hat wie Schiller. Verständnis eines Befehls wird um 1800 irrelevant, es geht, so Foucault in *Überwachen und Strafen*, „um die Wahrnehmung des Signals und die alsbaldige Reaktion darauf entsprechend einem vorgegebenem Code. Der Körper befindet sich in einer kleinen Welt von Signalen, denen jeweils eine einzige obligatorische Antwort zugeordnet ist"[104]. Erziehungsanstalten wie die von Schiller besuchte Karlsschule bauten auf diesem militärischen Prinzip einer sequentiellen Befehlskette auf. Letztlich handelt es sich um ein Reiz-Reaktionsschema, das sich auch auf die Wahrnehmung von Landschaft niederschlägt, etwa in der Terrainlehre. Sie untersucht die Erdoberfläche mit ihren unbeweglichen Gegenständen, welche die Aufstellung, Bewegung und das Gefecht von Truppen beeinflussen. Seume hebt die Wichtigkeit der Terrainlehre in seiner Analyse des polnischen Aufstands hervor.[105] Sie lehrt, wie man einen Schauplatz militärisch am besten nutzen kann, weshalb sondiert, vermessen und inspiziert werden muß, um Erfolg in der militärischen Auseinandersetzung zu haben.[106] Vom Feldherrnhügel aus erfolgt eine kartographische Tätigkeit mit militärischen Zielen, verzeichnete Symbole lösen verschiedene taktische Reaktionen aus, die antrainiert wurden. Genauso wie in der neuen Kartographie, die nur noch dem Evidenten traut, wendet auch die Terrainkunde sich vom Archiv ab und der Erdoberfläche zu, deren vermessene Gegenstände und Merkmale in ihren räumlichen Zusammenhängen auf Papier gebracht werden. Chenxi Tang ortet im späten 18. Jahrhundert eine solche „Subjektivierung" in der topographischen Geländedarstellung und führt den sächsischen Militärtopographen Johann Georg Lehmann als Beispiel an, der die bei „der Geländedarstellung verwendeten Zeichen [...] in der konkreten subjektiven Erfahrung von Objektmerkmalen verankert."[107] Man verbringt nun mehr Zeit im

---

da sie als Staatsgeheimnis galten. Vgl.: Schlögel: Im Raume lesen wir die Zeit (wie Anm. 54), S. 115.

104 Michel Foucault: Überwachen und Strafen. Zit. n.: Sarasin: Michel Foucault (wie Anm. 101), S. 136.

105 Die polnischen Truppen unterlagen im eigenen Land, da sie den „Heimvorteil" nicht nutzen konnten, die gegnerische Partei das Terrain effizienter erfaßte. Vgl. Johann Gottfried Seume: Einige Nachrichten über die Vorfälle in Polen im Jahre 1794. Leipzig: Martini 1796.

106 Vgl. Schlögel: Im Raume lesen wir die Zeit (wie Anm. 54), S. 113.

107 Chenxi Tang: Romantische Orientierungstechnik. Kartographie und Dichtung um 1800. In: Topographien der Literatur (wie Anm. 14), S. 151-176, S. 157f.

Gelände als im Zeichenbüro, malt seine Karte sozusagen nach der Natur, wobei der Wechsel zwischen Naturanschauung und ihrer Wiedergabe als Karte eine militärische Schulung erster Güte ist, denn das Umspringen hat einen doppelten Effekt: Einerseits wird das Territorium als Karte überblickbar, andererseits wird das Imaginationsvermögen von der Karte ausgehend trainiert wie heutzutage in Computersimulatoren mit ihren virtuellen Abbildern realer Welten für die Kriegsspiele der Armeen. Lehmann schreibt 1812, ein solchermaßen trainierter Offizier „lernt den Krieg auf der Charte führen, wie auf dem Boden, und auf dem Boden wie auf der Charte."[108] Die Karte wird räumlich und der Raum „kartenhaft", dank des kartographisch geschulten Blicks sieht man in der Karte „nur das Territorium, und im Territorium [...] nur eine imaginäre Karte."[109] Der unmittelbar wahrnehmbare Raum verliert in der Folge an Bedeutung, kann man doch auch verdeckte Gegenstände imaginieren, wenn eine Karte über ihren Ort vorliegt, bzw. mögliche Kollateralschäden ausblenden. Dieses Kartenwissen könnte auch erklären, wieso Schiller in seinem Bühnenbild nach einer in der Realität unmöglichen Zusammenschau von Desna und Dnjepr, Tschernigow und Nowgorod-Sewerskij verlangt (was Demmer als „Irrtum – durch die Schiller ungewohnten russischen Dimensionen [...] – oder als poetische Freiheit" ansieht),[110] und wie es dem kurzsichtigen Seume gelingt, den Kreml von den Spatzenbergen aus als hervorstechend wahrzunehmen oder vom Turm aus die unterirdische Glocke zu erblicken.

Dank ihrer kartographischen Schulung, ihres statistischen Wissens und ihrer Phantasie ist speziell die Wahrnehmung der militärisch gebildeten Autoren unabhängig von der sichtbaren Realität vor Ort, wodurch die Fremde ihren bedrohlichen Charakter einbüßt: Ist etwas nicht sichtbar, so kann es aufgrund des Wissens imaginiert werden; der unbekannten Weite, die dem Auge keinen Anhaltspunkt bietet, kann mit der Flucht ins Wissen, mit bestimmten Wahrnehmungstechniken, etwa der Rahmenschau oder dem vermessenden Blick, oder der Liebe zum Detail im Vordergrund begegnet werden, wenn nicht eine Schwindel erregende romantische Gefühlskomponente überwiegen soll; ist etwas Sichtbares unbekannt, kann es vermessen, beschrieben, eingeordnet und benannt werden. Ob es sich um solcherart erwanderte und gesehene oder um erlesene Kenntnisse handelt, die in einer

108 Johann Georg Lehmann: Zit. n. ebenda, S. 160.
109 Tang, Orientierungstechnik (wie Anm. 106), S. 161.
110 Demmer, Volk aus Wilden (wie Anm. 68), S. 583.

alles überblickenden Syntheseleistung zu einer als Text linearisierten mentalen Karte zusammengesetzt werden, ist mit Beginn der Romantik nicht so relevant, wie die Aufklärer meinten. Mit der taktischen Schulung der Topographen und Kartographen, deren Praxis den Gang und die reflektorische Sehleistung bei der Erfassung der Fremde in ständigem Wechsel kombiniert, wird auch der russische Raum als um 1800 beliebter deutscher Heterotopos[111] erfaßbar.

111 Michel Foucault: Andere Räume. In: Aisthesis. Wahrnehmung heute oder Perspektiven einer anderen Ästhetik. Hg. v. Karlheinz Barck [u.a.]. Leipzig: Reclam 1990.

Lois Musmann

Seume's observations on music: Reflections of an Enlightened Poet

> Wo man singet, laß Dich ruhig nieder,
> Ohne Furcht was man im Lande glaubt;
> Wo man singet wird man nicht beraubt;
> Bösewichter haben keine Lieder.

With these famous words, the poet Johann Gottfried Seume not only opens his poem *Die Gesänge* but tells us of his love for this art, and paves the way to subsequently release a stream of his thoughts on the power of song.[1] Through his poetic narrative enumerating the many ways by which aspects of creation are uplifted by song, Seume reflects an enlightenment philosophy in that *all* humanity derives benefit from the salubrious effects of song, even to giving expression to "in Worten unaussprechlich".[2]

An educated and enlightened writer, Seume enjoyed and critically appraised music of his time, embracing the variety of music which enriched his own life, either formally or incidentally. While he was creative within his own literary genre, his creativity did not extend to the musical genre; however, he maintained his place as a sensitive, critical, outspoken and appreciative observer of musical experiences. Seume's sensitivity, education, and life experience enabled him to be cognitive to and receptive of musical innovations as they were occurring in Germany and elsewhere during the enlightenment period.

In Seume's time, a number of musical-theoretical ideas were either in place or taking place that would enable him to be receptive to aspects of the musical enlightenment. The formal aesthetics of music were continuing to seek a higher level or degree of expressiveness, a process that had moved the concept of music from the mathematical discipline in the quadrivium of the seven liberal arts[3] of the middle ages to a more sensitive humanist expression dur-

1 See. Johann Gottfried Seume, Die Gesänge. In: Ders.: Werke in 2 Bdn. Ed. Jörg Drews. Frankfurt/M.: Deutscher Klassiker Verlag 1993, Bd. 2, pp. 502-505.

2 Ib., p. 503.

3 Seven Liberal Arts: quadrivium – arithmetic, music, geometry, astronomy; trivium – grammar, rhetoric, logic.

ing the classical period in music. "The new direction was taken by Leibniz, who defined music as a 'hidden mathematical exercise of the spirit unaware of its counting while making music.'"[4] Further, by Seume's time, a number of treatises on musical rhetoric had already been written[5], and the theater (opera) had shifted from the rigid format of recitative and aria[6] with its serious plots derived from historical events or people or from classical antiquity to subjects or themes more natural, pastoral and even comic in nature.

Finally, by Seume's time, the Doctrine of Affections and Temperaments or *Affektenlehre* was established. Musicologist Paul Henry Lang (1901-1991) postulates that

> according to this doctrine, mental states, that is, the feelings or ‚affections' of man, can be represented in music by certain tonalities and meters as well as by distinct melodic, rhythmic, and harmonic turns and figures. The Doctrine of Affections and Temperaments is the vital concept of the Enlightenment, its musical nerve center.[7]

Lang goes on to say that composers of that time

> did believe in the scientific method and were convinced that the affections could be made conscious and that the theory of affective representation in music could be systematized, taught, and learned. The attempt to bring reason and nature into some sort of unison was, of course, a characteristic effort of the Enlightenment.[8]

---

4 Leibniz in a letter dated April 17, 1712, cited by Paul Henry Lang: The Enlightenment and Music. In: Eighteenth-Century Studies, Vol. 1, No l. (Autumn 1967), pp. 93-108, p. 95, fn. 1.

5 For examples, see Lois Musmann: Rhetoric and Performance Practice in the *Weihnachthistorie* of Heinrich Schuetz, unpublished treatise, University of Southern California, 1989.

6 Previously, recitative was more speech-like musical/vocal declamation, with occasional simple chords underlying the sung text [recitativo secco] or musical/textual vocal declamation accompanied with or punctuated by orchestral accompaniment [recitativo obbligato]; dramatic action was advanced during recitative; on the other hand, dramatic action was static during aria; all dramatic action ceased while the soloist sang for some minutes engaging a single affect or emotion.

7 Lang, Enlightenment (cp. fn. 4), p. 96.

8 Ib., pp. 100-101.

In the search for naturalness of expression, *Pygmalion* (1770) by Jean-Jacques Rousseau (1712-1778) was even more iconoclastic than other works of his time in that it utilized only the spoken word to the accompaniment of orchestral music. This work in turn, paved the way for Georg Benda's melodramas *Medea* and *Ariadne auf Naxos* (both of 1775), the latter being the work which deeply impressed Seume at a very young age.[9]

In the course of this paper, we will explore Seume's commentaries on formal music genres, informal musical encounters and his criticisms, note the significance of his favorite theater work (Benda's *Ariadne auf Naxos*) and its relation to the Weimar-Gotha court, and consider the poet in a musical historical context of his time.

Formal Genres. To approach an understanding of Seume's musical insight, we begin with references to the formal genre of musical theatre as expressed in his own words, as derived from two sources: *Mein Leben* and *Spaziergang nach Syrakus im Jahre 1802.* In *Mein Leben* Seume describes his intense interest in the theatre as a genre, refers to Benda's melodrama *Ariadne auf Naxos*, and mentions his librettist friend Christian Felix Weisse (1726-1804). In *Spaziergang nach Syrakus* Seume refers yet again to Benda's *Ariadne auf Naxos*, it having made a deep impression on him as a youth, to the opera *Teodoro Re di Corsica*, Mozart's *Die Zauberflöte*, and to a post-revolutionary concert in the Tuileries.

While still a youth, Seume's passion for the theater was first awakened when he attended a performance of the melodrama *Ariadne auf Naxos* (1775) by Georg Anton Benda (1722-1795). His memories of this experience affected his school life and were to stay with him for the remainder of his life. While supported by a small stipend for education by Count Hohenthal-Knauthain, during his schooling at the Nikolai-Schule in Leipzig, Seume was so intensely drawn to the theatre that he willingly skipped meals in order to pay for attending performances instead.[10] In fact, he believed, "daß in meinem Geiste sehr viel sehr schöne eigentümliche Musik zu wecken gewesen wäre", but he was denied the path to the study of pedagogy and consequently the discipline of music; he was permitted to participate only in occasional sing-

---

9 See Johann Gottfried Seume: Mein Leben. In: Ders.: Werke in 2 Bdn. (cp. fn. 1), Bd. 1, pp. 51-52.

10 Ib., p. 57.

ing opportunities that were open to the public, and he could not afford private music lessons. Seume continues:

> Ich gerate bei lebendigen tief gegriffenen und tief eindringenden einfach großen Stellen in die größte Rührung, wie das bei Mozart und Haydn und Händel und Bach und einigen andern oft der Fall ist; und eine lange bloß künstliche Tonverstrickung läßt mich unbeschäftigt und leer.[11]

Thus, in his own words, we have a form of *credo* relative to Seume's musical taste.

Seume's heightened sensitivity to emotional or expressive dramatic music is revealed in the following passage in which he describes his permanent reaction to Benda's *Ariadne auf Naxos*:

> Noch jetzt kenne ich in der ganzen Peripherie meiner musikalischen Literatur nichts lieblicheres als Benda's Morgenröte und nichts malerisches als seinen Sonnenaufgang in diesem Stücke. Noch jetzt, wenn es mir bei musikalischen Freunden recht heimisch gemütlich ist, pflege ich zum höchsten Genuß eines seligen Viertelstündchens mit dem Notenbuche in der Hand zu kommen: Kinder, bringt mir die Morgenröte und laßt mir die Sonne aufgehen.[12]

Later on the author would make reference to my "verdammten Theaterepidemie"[13] and further state "das wäre doch wohl das schlimmste gewesen", if the pastor would have forbidden it.[14]

Here let us consider questions: what was it about Benda's melodrama that so intrigued Seume? What was the significance of this work in his time? We know that Benda's *Ariadne auf Naxos* was the first theater performance that Seume had seen and that Seume was deeply affected and marked for life by this work. This work which so captivated Seume, as well as Benda's *Medea*, both of which premiered at the Gotha court in 1775, are the culmination of several factors:

1. The Weimar court where Abel Seyler's theatrical troupe was in residence for three years (until its removal to Gotha) was highly appreciative

11 Ib., p. 53.
12 Ib., p. 52.
13 Ib., p. 57.
14 Ib., p. 58.

of the operatic performances of that company, and, according to Wieland, theater-lovers gathered almost nightly at Seyler's home.[15]

2. The arrival in Gotha of Seyler's seasoned troupe as the result of a fire at the Weimar court which destroyed the court theater and all its properties. Forced to let it go, Anna Amalia gave the troupe a quarter year's wages and a letter of recommendation to Duke Ernst II at Gotha.

3. Benda was long-established at the Gotha court (since 1750) as Kapellmeister and had gained musical experience at the court of Frederick the Great (1712-1786) and had broadened his musical horizons with a trip to Italy. The presence of the Seyler troupe presented Benda with new opportunities for composition.

4. The presence in the troupe of two very proficient dramatic actresses: Charlotte Brandes, the "art affecting" wife of the librettist Johann Christian Brandes, who played the leading role in *Ariadne auf Naxos*, and Sophie Seyler, wife of the troupe's founder, Abel Seyler, who, with her "more bone-chilling style" played the title role in *Medea*.[16]

We shall now consider for a moment Seume's musical taste in a larger musical historical context. Benda's work was brand new at the time, a new genre of musical theater – melodrama – that intrigued even the composer Mozart[17] and that Mozart himself expressed admiration for Benda's melodramas *Ariadne auf Naxos* and *Medea.*[18] In a letter written from Mannheim to his father, November 12, 1778, Mozart shares the excitement of his experience.

> Die seilerische trupe ist hier – die ihnen schon per Renomme bekant seyn wird; [...] – denn diese art Drama zu schrieben habe ich mir immer gewunschen;

---

15 Wieland, as recalled by Karl August Böttiger in his *Literarische Zustände und Zeitgenossen*, published by Böttiger's son in Leipzig, 1838; Thomas Bauman: North German Opera in the Age of Goethe. Cambridge, England: Cambridge University Press 1985.

16 Article "Georg Anton Benda" Internet site: http://www.grovemusic.com.ezproxy.sfpl.org/shared/components/search_results/hh_article Site accessed 3/16/2007. For a chart of operatic activities in Weimar/Gotha Courts 1769-1779 see Bauman, Opera (cp. fn. 15), pp. 92-93.

17 Ib.; Robert Gutman: Mozart: A Cultural Biography. New York: Harcourt&Brace 1999, p. 129.

18 Ib., p. 458. Mozart's opera *Zaide* drew from several genres, including melodrama: singspiel, opera comique, and opera seria.

> – ich weis nicht, habe ich ihnen, wie ich das erstemahl hier war, etwas von dieser art stücke geschrieben? – ich habe damals hier ein solch stück 2 mahl mit dem grösten vergnügen aufführen gesehn! – in der that – mich hat nach niemal etwas so surprinert![19]

According to an article in the *New Grove Dictionary of Music and Musicians,* Mozart had seen Sophie Seyler, herself, perform *Medea.*[20]

This new genre had its origins in the lyric scene entitled *Pygmalion* (1770) by Jean Jacques Rousseau (1712-1778). With this work there is a union of orchestral music and drama without song, and the dramatic action is conveyed by means of mime, gesture, and the spoken word. Musical interpretation by the orchestra supports the dramatic action which, in turn, is reflected in the music. The *New Oxford History of Music* affirms that "the principle that lay behind melodrama [was the] intensive delineation of the spoken word through music."[21] Dramatic declamation is accompanied and intensified by orchestral music.[22] Mozart describes this effect when he continues in his letter to his father:

> Denn ich bildete mir immer ein so was würde keinen Effect machen! – sie wissen wohl, daß da nicht gesungen, sondern Declamirt wird – und die Musique wie ein obligirtes Recitativ ist – bisweilen wird auch unter der Musique gesprochen, welches alsdann die herrlichste wirckung thut: – was ich gesehen war Medea von Benda; er hat noch eine gemacht, Ariadne auf Naxos, beyde wahrhaft – fürtreflich; sie wissen, das Benda unter den lutherischen kapellmeistern immer mein liebling war; ich liebe die zwey werke so, daß ich sie bey mir führe; Nun stellen sie sich meine freude für, daß ich das, was ich mir gewunschen zu machen habe! – wissen sie was meine Meynung wäre! – man solle die meisten Recitativ auf solche art in der opera tractiren – sind nur bisweilen, wenn die wörter gut in der Musick auszudrücken sind, das Recitativ singen.[23]

19 Wolfgang Amadeus Mozart: Briefe. Ed. Horst Wandrey. Zürich: Diogenes 1997, pp. 209-210.

20 http://www.grovemusic.com.ezproxy.sfpl.org/shared/components/search_results/hh_article 2007, site visited 3/16/2007.

21 New Oxford History of Music, Vol. VII, The Age of Enlightenment 1745-1790. Ed. Egon Wellesz and Frederick Sternfeld. London: Oxford University Press 1973, p. 79.

22 http://www.grovemusic.com. Site accessed 3/16/2007.

23 Mozart, Briefe (cp. fn.19), p. 210.

Benda's melodrama *Ariadne auf Naxos* (1775)[24] reflects these characteristics of melodrama: stark dynamic contrasts, sudden metric changes, tempo changes, and instrumentation that interprets stylistic/characteristic moods. The heroine represents expressive emotions ranging from plaintive to anguished, and the text is spoken, rather than sung.[25]

Further evidence of Seume's acquaintance with contemporary theatrical works is found in *Mein Leben* when he makes reference to a work by his literary friend, Weisse, an active contributor to the Leipzig intellectual scene there with his comedies, tragedies, poetry, and singspiel libretti.[26] The characters (honest country folk) and the simplicity and naturalness expressed in his singspiel libretti reflect elements of the enlightenment, and composers such as Scheibe, Hiller, Haydn, Mozart and Beethoven utilized Weisse's texts. [27]

Drawing on the libretto of Weisse's opera *Die Jubelhochzeit* (Berlin 1773), Seume uses an analogy when he compares the hot-headed behavior of his father, Andreas, to that of one of the characters. The impetuous and vengeful actions by his own father against a stern judge were compared to those of a character in that opera who retaliated against a strict judge by throwing an inkpot into the face of the judicial official.[28]

Continuing the subject of Seume's interest in formal musical genres, in *Spaziergang nach Syrakus*, the author uses a scene from Benda's *Ariadne auf Naxos* as a metaphor for the magical moments of a breathtakingly beautiful sunrise that he observed in while on Mount Etna:

---

24 Libretto by Johann Christian Brandes.

25 Die Musik in Geschichte und Gegenwart. Ed. Friedrich Blume. München: DTV/Kassel: Bärenreiter 1989, Vol. 1, p.1626. See the Appendix II: Musical Excerpt from Benda's melodrama *Ariadne auf Naxos* taken from: New Oxford History (cp. fn. 21), pp. 77-79.

26 A singspiel utilizes the spoken word, unaccompanied, as well as other music which is sung accompanied, while a melodrama utilizes the spoken word underscored by and/or interspersed with orchestral accompaniment. As for Weisse see Christian Felix Weisse und die Leipziger Aufklärung. Ed. Katrin Löffler. Hildesheim: Olms 2006.

27 Anna Amalie Abert: Christian Felix Weisse. In: New Grove Dictionary of Music and Musicians, Vol. 20. London: MacMillan Publishers 1993, pp. 327-328.

28 Seume, Leben, (cp. fn. 9), p. 22.

Die Sonne tauchte eben glühend über die Berge von Kalabrien herauf und vergoldete was wir von der Meerenge sehen konnten, die ganze See und den Taurus zu unsern Füßen. Ganz rein war die Luft nicht, aber ohne Wolken; desto magischer war die Szene. Hinter uns lag noch alles in Nacht, und vor uns tanzten hier und da Nebelgestalten auf dem Ozean. Wer kann hier beschreiben? Nimm Deinen Benda, und laß auf silbernem Flügel dem Mädchen auf Naxos die Sonne aufgehen: und wenn Du nicht Etwas von unserm Vergnügen hast, so kann Dir kein Gott helfen. So ging uns Titan auf.[29]

Here Seume uses the unforgettable expressiveness of Benda's work to illustrate the dramatic impact of the scene unfolding before him in reality, lifting the experience of his readers to a higher plane.

Further evidence of Seume's attraction to the formal genre of opera appears in *Spaziergang* when he writes of attending an opera (*Teodoro Re di Corsica*) in Trieste at a new theater which he describes as "das beste, das ich bis jetzt auf meinem Wege gesehen habe".[30] Though he writes more about the physical aspects of the venue, he does refer to the singing, and this topic will be further explored under the aspect of Seume's criticism.

In yet another instance in this work (*Spaziergang*) Seume seems to unconsciously identify with the character *Papageno* as he descends a mountain path when the *birdcatcher* introduces himself in Mozart's *Die Zauberflöte*. Seume is walking on a path in the Sicilian terrain near Palermo when the words of the English author Samuel Butler (1612-1680) from his work *Houdibras* come to his mind:

So learned Taliacotius from
The brawny part of porter's bum
Cut supplemental noses, which
Would last as long as parent breech;
And as the date of Knock was out,
Offt dropt the sympathetic snout.[31]

29 Seume, Spaziergang nach Syrakus im Jahre 1802. In: Ders.: Werke in 2 Bdn. (cp. fn. 1), Bd. 1, p. 383.

30 Ib., p. 227.

31 Ib., p. 407. The text is from Houdibras, Part I (1663), Canto I. Part II dates from 1664, while Part III dates from 1678. Robert L. Kahn: Seume's Knowledge of English Literature. In: *Symposium*, Vol. VIII, No.2 (Winter 1954), pp. 249-272, p. 258.

Here in this landscape something interesting occurs: Seume conflates the words of Butler with the music of Mozart in Papageno's song from Act I of *Die Zauberflöte*. In the discipline of music, this effect is known as contrafacta. By this technique, the existing text in a musical setting is replaced by or substituted with different existing words or a newly-composed text.[32]

Seume, even here in the country setting, reveals his aesthetic sensitivity by combining the satirical nature of Butler's text about the nose surgeon with the light-hearted, simplistic rustic character of Mozart's song of *Der Vogelfänger*, or the *bird-catcher* making his way down the mountain path. Here we have the compatible union of two arts (literature and music) that are sympathetic in nature or similar in character with each other, each enhancing the other, an important aspect of setting words to music. The humor of the literary/musical context is further compounded when Seume writes that, while humming this music, in "meinem musikalischen Enthusiasmus" he was not paying attention to his step or walk, and consequently fell down on his nose, further intensifying the humor in this entire situation. Reality joined the literary and musical union: Butler and Seume – noses, Mozart (*Papageno*) and Seume walking in the wilderness, all represented in good-natured humor.

The last mention of a formal musical event in *Spaziergang* occurs when Seume is in France. While in Paris, Seume attended a concert held at the Tuileries in celebration of the fall of the Bastille, one of the typically huge post-revolutionary outdoor public concerts. He notes the large crowd jammed in front of the orchestra and praises the national orchestra for their performing with "Kunst und Fertigkeit und Würde". He does not like their choice of music except for one march, "der durch seinen feierlichen Gesang eine hohe Wirkung hervorbrachte".[33] Although Seume cites the orchestra and perhaps the audience as being the best in the world, and for that reason deserving better music than was performed, Seume, in fact, was witness to an historical turning point in the history of French music. Gone were the compositions commissioned by the aristocracy, heard in the intimacy of exclusive aristocratic settings and performed by small chamber groups for an

32 For example, this technique was one of the means by which Martin Luther of the Reformation created new hymns for the church: an old tune with the substitution of a new text. See the following comparison of texts and music of *Papageno's* Song/ Appendix I.

33 Seume, Spaziergang (cp. fn 29), p. 520.

aristocratic audience. In its place there was an emphasis on music for overly large performing forces to be performed outdoors for the large crowds of the citizens to celebrate the grand heroism of its people and the new republic. Performing forces were now on a large scale, the audiences were huge, and because the concerts were held outdoors, the music was loud and therefore without finesse. The performances were so great in size and scope as to not be able to be housed within a concert venue.

Incidental Musical Encounters. Having noted Seume's commentaries on formal music forms, especially theater or opera, we turn now to Seume's incidental observations on music in casual situations. Like his remarks on formal music, Seume's writings on incidental music heard in informal encounters reveal him to be keenly observant of and highly sensitive to his surroundings. As Seume embarks on his long walk to Syracuse, he writes of being received warmly in Altmügeln and sent on his way to Meissen with "einer schönen Melodie" for the text of Goethe's poem *Kennst du das Land?*[34], a wonderfully appropriate text considering the traveler's ultimate destination in Sicily, the land of lemon trees.

An incident takes place at an inn near Kollin, during his noon meal as he is absorbed in feelings of melancholy, when the faint sound of soft, barely heard music penetrates his consciousness, distracting him from the plaintive mood he was in. The sound was coming from a plucked instrument, what he thought was a balalaika, and evoked a sense of magic that he thought may have had an effect, not only on himself, but seemed to intensify the emotions of two women in the room, one older, one younger. The older was wiping her eyes while the younger appeared to be consoling her.[35]

Seume writes of his embarrassment when, in Vienna, he unconsciously hummed a few measures or bars of the *Marseillaise*, simply because it was a tune that he liked and thought it "ein gutes musikalisches Stück". Without any particular stimulus, he recalls, the music had come to his mind, and he hummed the tune, oblivious to the fact that it was distressing to those around him.[36]

The age-old subject of music's affect upon its listeners, such as the tale from classical antiquity of Orpheus, is described by Seume as he observes

34 Ib., p. 166.
35 Ib., p. 179.
36 Ib., p. 192.

the rowdiness of the inn's customers being calmed by an old man playing a type of bagpipe. The music diverts the men from their fighting, much like it did Seume from his melancholy in Kollin, and they begin to dance with one another. Seume comments: "Der Mann war hier mehr als Friedensrichter, er war ein wahrer Orpheus."[37]

In Graz, Seume hears a soldier at the castle gate whistling an operatic melody that was familiar to him. He had seen the contemporary opera, *The People of Cracow* or *Die Krakauer*, in Warsaw and writes that, because he was familiar with the oppression of the Poles under the occupation by the Russians, hearing this melody at another time and place caught his attention. This melody was one of the best pieces in the opera and so intrigued Seume that he had considered to write his own text for the music.[38] Had he acted on this impulse, we would have had another example of contrafacta. Seume's reflections on hearing this tune indicate the degree of his sensitivity: 1. to the manner in which the soldier was whistling – Seume characterized it as "mit großer Andacht"[39], and 2. to the music and subject matter of the opera – emotional.

Farther along in his journey to Sicily, Seume evokes a night scene at an inn where, by the dim lamplight, three Slovene girls were singing a lullaby to their younger sister to lull her to sleep.[40] In Agrigento, Sicily, Seume recalls "meinen ästhetischen Cicerone aus Agrigent" who was singing a type of love song, but with a comic sort of textual repetition over and over. He further comments that in all of Italy, from Trieste to Agrigento, he had heard not a single tune that was memorable the singing of his guide.[41]

While in Syracuse, Seume invites a singer from the cathedral, a castrato, whom he had befriended, to dine with him at the inn. Our poet sees himself in this case as the inadvertent cause of a verbal and subsequently physical fight between the singer and a violinist. A rival, the violinist begins to tease the singer for his manner and for a so-called defect in a portion of his anatomy. Finally enraged, the singer lunged at the violinist with a knife, and

37 Ib., pp. 198-199. Cited from p. 199.
38 Cp. ib., pp. 207-208.
39 Ib., p. 207.
40 Ib., p. 215.
41 Ib., p. 332.

the violinist was dragged away, and the singer, still simmering with anger, left as well.[42]

In yet another incident, near Mount Etna, Seume met up with some British officers assigned to Malta who, in an effort to keep warm in the chilly weather or to take their minds off the cold, began to sing, among other patriotic songs, Händel's "God Save the King" and "Britannia, Rule the Waves".[43] Since the entire party, including Seume, was engaged in singing these British patriotic songs, the implication is that all were familiar with the texts and tunes, including our poet, revealing something of the breadth of Seume's familiarity with musical works.

On the subject of the effect of music on its listeners, Seume writes that while in Switzerland, walking through gardens and meadows near Basel in the evening, he heard "eine schöne einfache ländliche Melodie zu einem deutschen Texte, den ich für ein Gedicht von Matthison hielt". He describes others as being drawn to the music, stopping to listen to the sounds of the three girls who, in the light of the evening sunset he writes, could have been mistaken for the Three Graces.[44]

Criticism. We shall now take up Seume's criticism, another aspect of Seume's observations on music. Among his commentaries in *Spaziergang* and *Mein Leben* are criticisms or evaluations of venues, performances and musicians or theater people. In Prague, for example, Seume notes that the theater is built tastefully and according to police regulations. He continues:

> Das Stück, das man gab, war schlecht, die Gesellschaft arbeitete nicht gut, und das Ballet ging nicht viel besser als das Stück. Der Gegenstand des letztern, das wilde Mädchen, war von dem Komponisten sehr gut ausgeführt; und es war Schade, daß in der Vorstellung weder Charakter noch Takt richtig gehalten wurde.[45]

Such an observation is an indication of the perceptive capacity of the critic, since ordinary or uninformed people may not be able to be so discerning

42 Ib., pp. 361-362. In a different view of castrati, Seume criticizes the castrato Marchesi for his "faulty" physical attributes which do not fit heroic roles. Ib., pp. 189-190.

43 Ib., p. 382.

44 Ib., p. 500.

45 Ib., pp. 175-176. No composer is given for this work; thus it is difficult to trace.

as to analyze the quality of the score as distinctly separate from the quality of the performance. A distinct clarity of perception on the part of the observer is required in order to render the type of criticism such as our poet Seume made.

Seume had words for Schikaneder, as well. Relative to this Viennese impresario, the librettist of Mozart's singspiel *Die Zauberflöte* and manager of a popular theater on the Wien, Seume lauds Schikaneder for knowing his audience, what they like, and for making timely local allusions that are a credit to him and to Viennese tolerance.

> Ich habe auf seinem Theater über die Nationalnarrheiten der Wiener Reichen und Höflinge Dinge gehört, die man in Dresden nicht dürfte laut werden lassen, ohne sich von höherem Orte eine strenge Weisung über Vermessenheit zuzuziehen.[46]

Further, comparing Schikaneder's theater with that of the Viennese court, Seume notes that not only are Schikaneder's costumes better, but the singers, as well, outshine those of the court. In Seume's estimation, Schikaneder's best work is that of farce or comedy, and that he is unsuccessful with serious opera. Seume further criticizes the National Theater in terms of content as being far from a credit either to the city of Vienna and the residence of the emperor. He then compares the Italian singers to those of the Viennese court theater, saying that the Italians are "verhältnismäßig nicht besser. Man trillert sehr viel, und singt sehr wenig."[47]

On the subject of Italian theater, Seume gave a favorable nod to the performance in Trieste of *Teodoro Re di Corsica* while condemning the behavior of the audience. His commentary on the stage sets was highly complimentary, especially the depiction of the Rialto bridge at Venice, and he praised the singing as "recht gut, und durchaus besser als in Wien." On the other hand, of the audience he writes:

> Hier hörte ich zuerst den betäubenden Lärm in den italiänischen Theatern. Man bedient sich des Schauspiels zu Rendezvous, zu Konversationen, zur Börse, und wer weiß wozu sonst noch? Nur die Lieblingsarien werden still angehört; übrigens kann ein Andächtiger Thaliens nicht viel Genuß haben; und die Schauspieler rächen oft durch ihre Nachlässigkeit die Vernachlässigung.

46 Ib., p. 190.

47 Ib., pp. 189-190. Cited from p. 189.

> Etwas eigenes war mir im Hause, daß das Parterre überall entsetzlich nach Stockfisch roch.[48]

Referring to another Italian theater in Ancona, Seume uses the occasion not only to compliment the Italians for combining burlesque with a sensitive feeling for propriety and decency but also to criticize his fellow thespians at home in Germany for a lack of delicacy or sensitivity by overindulging in the use of the kiss "bei jeder Gelegenheit". Seume complains that, on the German stage, the kiss loses its meaning because of its overuse; he explains: "Er gehört durchaus zu den Heimlichkeiten der Zärtlichkeit, in der Freundschaft wie in der Liebe".[49]

Further, his fellow countrymen, do not escape the sharp barbs of Seume's criticism for their representation of eating, drinking, and smoking on the stage and for the faulty use of stage props, such as the representation of something elegant by the use of a peasant basket that had carried poultry manure to his garden.[50]

Relative to singers, castrati in particular, though Seume develops a friendship with the castrato from the cathedral in Syracuse, our commentator "castrates" the Italian castrato Marchesi for emasculating

> einen Helden so unbarmherzig in seine eigene verstümmelt Natur hinein, daß es für die Ohren des Mannes ein Jammer ist; und ich begreife nicht, wie man mit solcher Unmenschlichkeit so traurige Mißgriffe in die Ästhetik hat tun können. Das mögen die Italiäner, wie vielen andern Unsinn, bei der gesunden Vernunft verantworten, wenn sie können.[51]

Seume's unlike assessments of two castrati, one a friend and the other castigated for his "verstümmelte Natur", seem at odds with each other. By way of explanation, it may be reasoned that, to Seume's way of thinking, a singer in the cathedral choir blending physically and vocally with a group, all wearing the same unassuming vestments, may be far more acceptable than hearing a high-pitched voice emanating from a body costumed in heroic garb, representing an heroic character in the opera, engaging in all sorts of vocal

48 Ib., pp. 227-228. Cp. ib., p. 883 Stellenkommentar 227,29 for more information about the given melodrama.

49 Ib., p. 264.

50 Ib.

51 Ib., pp. 189-190.

pyrotechnics designed to impress an audience. In any case, the boys who undergo the surgical procedure by which they become castrati, usually do not have a voice in the decision-making process. In a larger context, Seume lives during the historic period of time when, in keeping with enlightenment philosophies, the genre of opera is undergoing a shift from the rigid formats of recitative and aria and artifices (use of castrati) to more natural subjects and more naturally humanly expressive means.

Continuing his spontaneous commentary, upon hearing an organ in the cathedral in Catania, Seume evaluates its sound and expresses his enthusiasm in this way:

> Ich glaube selbst in Rom keine bessere gehört zu haben. Schwerlich findet man eine größere Stärke, Reinheit und Verschiedenheit. Einige kleinere Spielwerke für die Mönche sind freilich dabei, die durchaus alle Instrumente in einem einzigen haben wollen: aber das Echo ist wirklich ein Meisterstück; ich habe es noch in keiner Musik so magisch gehört. Die Abenddämmerung in der großen, schönen Kirche, und dann die feierlich schaurige Beleuchtung wirkten mit.[52]

Approaching the end of our discussion on Seume's musical criticism, it is appropriate to close this section with two of his critical observations on music and theater. In Graz, upon seeing a work entitled *Der Teufel ist los*[53], Seume chides the operatic plot as being too feebleminded, as most libretti are, and as unworthy of criticism.[54] In the other example of criticism, Seume demonstrates self-criticism when he writes: "Ich gestehe Dir meine Schwachheit, ein Ton kann zuweilen meine Seele schmelzen und mich wie einen Knaben gängeln."[55]

Larger Musical Historical Context. When it comes to criticism, Seume and Beethoven shared similar philosophical/political views in that their hopes for the establishment by Napoleon of humanitarian values of the

52 Ib., p. 375.

53 The composer of this work is not cited by Seume; however, Weisse composed the libretto for *Der Teufel ist los, oder Die verwandelten Weiber* (1752) after a ballad opera by Charles Coffey entitled *The Devil to Pay; or, the Wives metamorphos'd* (1731). See ib., p. 880 Stellenkommentar 208,15.

54 Ib., p. 208.

55 Ib., p. 179.

enlightenment. Their hopes were similarly dashed when Napoleon crowned himself emperor. Beethoven reacted in anger by eradicating the dedication to Napoleon of his Symphony No. 3 *Eroica*. Seume responded philosophically by writing of his disappointment in Napoleon: "Seitdem Bonaparte die Freiheit entschieden wieder zu Grabe tragen droht, ist mirs, als ob ich erst Republikaner geworden wäre". He continues: "Ich halte dafür, daß in einer wohlgeordneten Republik am meisten Menschenwürde, Menschenwert, allgemeine Gerechtigkeit und allgemeine Glückseligkeit möglich ist"[56], ideas that are expressed in Beethoven's last symphony, No. 9, in the final movement of the work where he utilizes the text of Schiller's Ode *An die Freude*.

Continuing to refer to Seume's larger historical musical context, one cannot speak of Seume and music without addressing the famous question of Beethoven setting the text of Seume's poem *Die Beterin*[57] to his own Piano Sonata, Op. 27, No. 2 (*Moonlight*). Although there are misconceptions on this topic[58], the genesis of the idea to unite Seume's poem with the first movement of Beethoven's sonata began with Georg Christoph Grosheim (1764-1841) of Kassel, a composer, writer on music, and director of music at the city's Hoftheater, and later a publisher of music.[59] Grosheim's account of this matter is found in his publication entitled *Über Glückseligkeit und Ehre, ein Gedicht von J. G. Seume mit einer Vorrede von G. C. Grosheim,* published in 1816.[60]

In the preface to this work, Grosheim explained that he composed a musical setting for Seume's poem *Am Grabe eines Freundes* and sent it to Seume, who was pleased with it and in turn sent his poem *Die Beterin* to Grosheim. The composer believed that the character of such a poignant subject (a young girl praying at the altar for the health of her dying father) required instrumental accompaniment of a suitable, compatible nature,

56 Ib., p. 514.

57 See Johann Gottfried Seume: Sämmtliche Gedichte (= Prosaische und poetische Werke, Bd. 5), Berlin: Gustav Hempel o.J., pp. 235-236.

58 For an example of a misconception, see Ernest Newman: A Beethoven Hoax. In: The Musical Times, Vol. 52, No. 825, (November 1, 1911), p. 715, wherein Newman attributes Beethoven's Sonata Op. 27, No. 2 to having been inspired by Seume's poem *Die Beterin*.

59 Peter Clive: *Beethoven and His World*. Oxford: Oxford University Press 2001, pp. 141-142.

60 Max Unger and Willis Wager: From Beethoven's Workshop. In: The Musical Quarterly, Vol. 24, No. 3 (July 1938), pp. 323-340, p. 333.

taking several aesthetic factors of the poem into consideration: its overall length, its mood, the length of his own effort might be somehow musically deficient, monotonous, tiresome or boring. Thus he searched the instrumental music of Haydn, Mozart, and Beethoven, and discovered the first movement (Adagio, quasi un fantasia) of Beethoven's Piano Sonata Op. 27, No. 2 (*Moonlight*) to be of just the right musical character, the perfect companion for Seume's poem. Grosheim then wrote to Beethoven, asking him to consider combining the text and music in the form of a song (solo vocal) with piano accompaniment.[61]

Beethoven likely replied to Grosheim in 1816 or 1817, making mention of his illnesses.[62] In a letter dated November 10, 1819, Grosheim wrote yet again to Beethoven reaffirming his hope that Beethoven would set Seume's poem to his piano sonata (first movement). [63] Grosheim writes in a deferential tone:

> Sie schreiben mir daß Sie an Seumes Grabe sich unter die Zahl seiner Verehrer gestellt haben. Er verdiente Ihre Achtung. Er war ein großer Mensch. Es war ein glücklicher Mensch. Er durfte sein vitam impendere vero laut aussprechen und – ward geliebt. Rousseau wurde über sein Motto – gesteinigt. Es ist mir immer noch ein nicht zu unterdrückender Wunsch, es möge Ihnen, Herr Kapellmeister! gefallen Ihre Vermählung mit Seume (ich mein die fantasie in Cis moll und die Beterinn) der Welt mitzutheilen."[64]

The inference that may be drawn from this reply is that Beethoven had communicated to Grosheim that he, together with other admirers of Seume, had visited Seume's grave in Teplitz. Although this letter of Beethoven has not yet been located, it is known from Beethoven's surviving letters that he was in Teplitz in 1811 from the beginning of August to the middle of September[65]

---

61 Ib., pp. 333-334.

62 *Letters to Beethoven and Other Correspondence.* Ed., trans., Theodore Albrecht. Lincoln, NE: University of Nebraska Press, with the American Beethoven Society and the Ira F. Brilliant Center for Beethoven Studies, San Jose (CA) State University 1996, Vol. 2 (1813-1823), p. 170.

63 Unger and Wagner, Workshop (cp. fn. 60), p. 332.

64 Ludwig van Beethoven: Briefwechsel Gesamtausgabe, Vol. 1. München: Henle 1996, Letter No. 1352, pp. 338-339.

65 Letters of Beethoven. Ed. Emily Anderson. New York: St. Martin's Press 1961, Vol. I, fn. 2, p. 334.

(one year after Seume's death there on June 13, 1810) and that he spent some time with members of a circle of writers: Christoph August Tiedge, Elisa von der Recke, and Amalie Sebald among whom there was a rich interchange of writings.

Although Grosheim's aspirations were never realized, there is further evidence of Beethoven's interest in this project in the form of a transcript in the composer's own hand of Seume's poem *Die Beterin*. An inventory of Beethoven's estate following his death indicated that his library was comprised of over two hundred volumes, and "(a)mong those of German poets were found two volumes by Seume (one of them being *Spaziergang*) – which were confiscated, since they were prohibited in Austria".[66]

From this study or analysis it may be seen that, concerning music, Seume was an ardent admirer, sensitive observer and discerning critic of the musical/theatrical arts. We learn from his commentaries that he attended not only Benda's innovative melodrama *Ariadne auf* Naxos, but the gamut of formal operatic genres, ranging from the serious to the comic and even to the farcical. Seume's musical taste was eclectic and engaged the enlightenment qualities of learning from first-hand observation and experience, with independence of thought. His sensitive nature and courage to think independently enabled him to be discriminating and discerning in his observations, whether formal or incidental.

Through his commentaries on music encountered in incidental experiences, it may be seen that his love of music brought him into an enhanced awareness of his surroundings, both at home and in his travels. They show that Seume was in tune with the idea of the arts (opera, in particular) acting as a vehicle for societal criticism as a means to spark the improvement of humanitarian conditions, much like the great musicians of his time, Mozart and Beethoven. Seume and these two great musical figures are seen as kindred spirits of the enlightenment, and both well-known composers in their own way indirectly affirmed the merit of our poet's musical and poetical taste.

The value of Seume's conclusions concerning his great admiration for Benda's melodrama *Ariadne auf Naxos* is confirmed by Mozart's fascination

66 J. G. Prod'homme: Beethoven's Intellectual Education. In: The Musical Quarterly, Vol. 13, No.2 (April 1927), pp. 169-182, p. 180. For further exploration of Beethoven's arrangements see Myron Schwager: Some Observations on Beethoven as an Arranger. In: The Musical Quarterly, Vol. 60, No. 1, (January 1974), pp. 80-93.

with this work which achieved popularity in the Weimar-Gotha court. That Seume's poetry was held in such high regard by a contemporary, educated, professional musician, Grosheim, it could be properly or appropriately set only to the music of Beethoven, signals the high regard for Seume's work in his own time.

In the larger view of a musical-historical context, we see Seume as an enlightened and humane poet in an enlightened time whose critical insights and observations on music reveal a person whose life is enriched by the musical arts, even to giving expression in music to those who cannot find words, to "in Worten unaussprechlich".[67]

Appendices

I. Musical Score of Papageno's Song with the Original Text (Emanuel Schikaneder) and the Contrafacta Text (Samuel Butler: Hudibras) as imagined by Seume (Music: W.A. Mozart: Die Zauberflöte. In: Neue Ausgabe Sämtlicher Werke. Serie II. Bühnenwerke. Kassel: Barenreiter 1989, pp.70f.)

67 See fn. 2.

32
Ob.
Fag.
Cor. (in Sol)
V. I
V. II
Va.
P.
bin be - kannt bei Alt und Jung im gan - zen Land. Weiß
no - ses which Would last as long as pa - rent breech; And
Vc. e B.
37
Ob.
Cor. (in Sol)
V. I
V. II
Va.
P.
mit dem Lo - cken um - zu - gehn und mich aufs Pfei - fen zu ver - stehn.
as the date of Knock was out, Offt dropt the sym - pa - the - tic snout.
Vc. e B.

II. Musical Excerpt from G.A. Benda's Melodrama *Ariadne auf Naxos* (New Oxford History of Music, Vol. VII, The Age of Enlightenment. Ed. Egon Wellesz and Frederich Sternfeld. London: Oxford University Press 1973, pp. 77-79)

Bin ich ohne Rettung verloren?
pp
p
Durch einen einzigen Fehltritt verloren?

(ii)

V. I
V. II
Hier bin ich nun, verlassen, auf ewig verlassen!
Va.
Wind
Götter, gerechte, beleidigte Götter! Ihr könnt diesen Frevler dulden?
Ihr hörtet seine Schwüre, wisst seinen Meineid, sein Verbrechen, und bestraft ihn nicht?

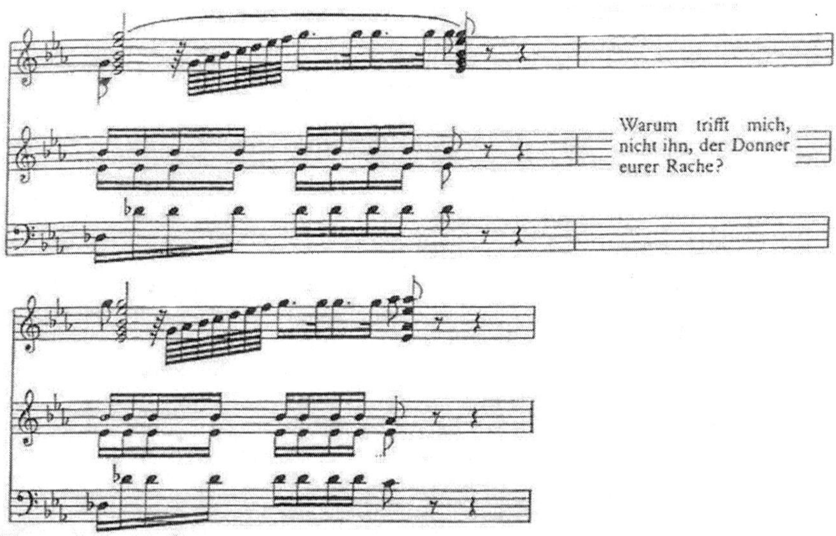

This excerpt was chosen because Seume refers to this music on more than one occasion, indicative of the impression it made on him, both as a youth and later as an adult. An analysis of the musical portion of this excerpt shows musical rhetoric at work, the slow, steady upward rise of the musical notes depicting the slow motion of the sunrise. [L.M.]

Klaus Musmann

Überlegungen anläßlich meiner Übersetzung von Seumes *Mein Leben* ins Englische

Ein Vorwort. Eigentlich wollte ich diesen Vortrag auf Englisch halten, aber ein paar Freunde rieten mir davon ab, und nun stehe ich vor Ihnen als ehemaliger Deutscher, der das Deutschsprechen nach fünfzig Jahren in den USA, schon fast verlernt hat. Hoffentlich werden Sie mir meine Fehler vergeben. Mein kurzer Bericht gliedert sich wie folgt:

(1) Die verminderte Rolle des Buches
(2) Einige Charakteristiken guter Übersetzungen
(3) Seumes Bücher in englischer Sprache
(4) Seumes Übersetzungen aus dem Englischen
(5) Der Stand meiner Übersetzung
(6) Schwierigkeiten beim Übersetzen Seumes

1. Die verminderte Rolle des Buches

Bevor ich mit meinem Bericht über die Übersetzung von Seume beginne, möchte ich in meiner Rolle als Direktor der Bibliothek der Notre Dame de Namur University in Belmont, Kalifornien ein paar Bemerkungen über Bücher und Buchübersetzungen in heutiger Zeit vorausschicken. Das gedruckte Wort ist noch immer das führende kulturelle Medium für die Erschaffung und Übertragung des Wissens in der gelehrten Welt. Allerdings nehmen Bücher heute leider nicht mehr die überragende kulturelle Stellung ein, die sie früher einmal besaßen. Die rasche technische Entwicklung des Computers und der Datentechnik und der damit verbundene, fast universelle Zugang zu Datenbanken und anderen Informationsquellen im Internet, haben die Vorrangsstellung des gedruckten Buches grundlegend verändert. Das Buch ist nicht länger der führende Träger der Kultur in unserer Zeit, jedenfalls ist das in den Vereinigten Staaten der Fall. Natürlich spielen Bücher in den meisten entwickelten Ländern noch immer eine wichtige Rolle für den Forscher in den Geisteswissenschaften und besonders in der schönen Literatur. Gewinnbringende und konkurrenzfähige Verlagshäuser bilden zur Zeit noch immer die Grundlage für ein gesundes und blühendes Geistesleben eines Landes, aber die Zukunft des gedruckten Buches als einziger oder bevorzugter Träger von fortschrittlichen kulturellen Ideen ist zweifellos in Frage gestellt.

Daher ist es verständlicherweise nicht mehr ganz so einfach, heutzutage für die Übersetzung eines Buches, das im frühen 19. Jahrhundert erschienen ist, einen Verleger zu finden. Verleger stehen geschäftlich im Hier und Jetzt und müssen die Entwicklung des Buchhandels und den schrumpfenden Verkauf ihrer intellektuell anspruchsvolleren Bücher ins Kalkül ziehen. Und wenn es sich dann noch, wie in meinem Fall, um die Autobiographie eines unbekannten deutschen Schriftstellers aus dem 18. Jahrhundert handelt, die man an einen angelsächsischen Verleger verkaufen möchte, dann lassen sich diese Entwicklungen leider doch nicht ignorieren. Wenigstens sprechen meine bislang gemachten Erfahrungen dafür.

Im März 2007 hatte mir die Vereinigung der deutschen Verleger in New York mitgeteilt, daß sie mir keine große Hoffnung machen könnte, für meine Seume-Übersetzung einen größeren amerikanischen Verlag zu finden, der bereit wäre, ein solches Buch herauszubringen. Seumes Werke sind in den Vereinigten Staaten nicht bekannt und deshalb werde kein Verleger das Risiko eingehen, die Autobiographie eines weitgehend unbekannten Schriftstellers herauszubringen, hieß es. Die deutschen Verleger hätten schon Schwierigkeiten genug, selbst deutsche Bücher, die hohe Auflagen erreichten, an amerikanische Verlage zu verkaufen. Die Vereinigung der deutschen Verleger gab mir aber die Namen der literarischen Redakteure von der University of Chicago Press und von der Yale University Press. Beide Redakteure schrieben mir sofort, daß sie solch ein Buch nicht in Ihren Verlag aufnehmen könnten, da sie keine breitere Leserschaft für eine solche Übersetzung finden würden. Sie sympathisierten mit mir, konnten mir aber leider nicht helfen. Zur Zeit versuche ich noch immer einen Verleger für dieses Vorhaben zu interessieren.

2. Einige Charakteristiken guter Übersetzungen

Die Herstellung einer guten Übersetzung ist oft eine recht schwierige Aufgabe. Sprachen und Kulturen unterscheiden sich in vielfältigster Weise; manchmal sind diese Unterschiede ganz erheblich. Übersetzer versuchen diese Sprachverschiedenheiten und kulturellen Unterschiede zu überbrücken. Als guter

Übersetzer sollte man ein fantasievolles Gefühl für beide Sprachen und eine einfallsreiche, schöpferische Gestaltungskraft besitzen, um sich in der anderen Sprache dem Dichter soweit wie möglich anzunähern, so daß der Leser diesen Unterschied fast überhaupt nicht bemerken kann. Manchmal ist das aber einfach nicht möglich, und auch die beste Übersetzung wird dann nur zu einem Kompromiß. Ich werde Ihnen nachher noch ein paar Beispiele davon geben.

Wenn wir eine Übersetzung einer kritischen Prüfung aussetzen, müssen wir zur Kenntnis nehmen, daß der Leser nicht der Welt des Autors angehört. Der Leser ist vom originalen Text nicht nur durch die Sprache getrennt, sondern auch durch die Zeit und das kulturelle Milieu, in dem das Werk erschaffen wurde. Außerdem müssen wir für die Bewertung auch noch das potentielle Mißverständnis und die Vorurteile des Übersetzers hinzuziehen.[1]

Selbst gute Übersetzer erhalten literarische Auszeichnungen für ihr Wirken nur recht selten. Nur wenn sie als Dichter oder Essayisten in ihrer eigenen Sprache Erfolg erzielt haben, wird ihr Schaffen auch anerkannt. Fast ohne Ausnahme können wir uns nicht an die Namen von Übersetzern erinnern. Die britische Gelehrte Susanne Stark schrieb einmal, daß der Name eines Übersetzers selten genannt wird, und meistens nicht einmal in den Bibliographien der angelsächsischen Länder angeführt wird.[2] Eine der Charakteristiken, nach denen man eine gute Übersetzung beurteilt, ist ihre Unauffälligkeit. Die eben angeführte Frau Stark zitiert in ihrem Buch den Übersetzer William Weaver, der das Buch *The Name of the Rose* von Umberto Eco ins Englische übersetzt hat. Er schrieb über seine Arbeit, daß es wahrscheinlich ein Kompliment wäre, wenn ein Rezensent den Übersetzer in seiner Buchbesprechung überhaupt nicht erwähnt. Das bedeutete dann sicherlich, daß der Kritiker sich nicht bewußt war, ein Buch zu lesen, daß in einer anderen Sprache geschrieben wurde.[3]

---

1 Susanne Stark: Behind Inverted Commas: Translations and Anglo-German Cultural Relations in the Nineteenth Century. Clevedon, England: Multilingual Matters, Ltd., 1999, S. 2.

2 Stark (wie Anm. 1), S. 1.

3 Stark (wie Anm. 1), S. 1.

3. Seumes Bücher in englischer Sprache

Es ist Zeit, ein paar Worte zu den vorliegenden Übersetzungen von Seumes Büchern in der englischsprachigen Welt zu sagen. Eigentlich gibt es nur zwei von Seumes Büchern, die übersetzt worden sind. Es handelt sich um die zwei Reisebücher von Seume, nämlich *Mein Sommer 1805* und der *Spaziergang nach Syrakus im Jahre 1802. Mein Sommer* erschien schon im Jahr 1807 in London unter dem Titel *A Tour through Parts of Germany, Poland, Russia, Sweden, Denmark, &c.*[4] Erst 160 Jahre später erschien das zweite Reisebuch Seumes unter dem Titel *A Stroll to Syracuse* in London im Jahr 1964 bzw. in New York im Jahr 1965.[5] Dieses Buch wurde von Alexander und Elizabeth Henderson übersetzt. Es ist eine gekürzte Fassung und wurde ohne jede Erläuterung oder Erklärung für den englischen bzw. amerikanischen Leser herausgebracht. Zwar enthielt das Buch einen kurzen Abriß von Seumes Leben, allerdings ist nicht ersichtlich, warum die Übersetzer große Teile des Seumeschen Textes ausließen.

Zu diesen beiden Übersetzungen von Seumes Reisebüchern kommen noch zwei andere Versuche hinzu, Seumes *Mein Leben* zu veröffentlichen. Ein ganz kurzer Auszug von nur drei Seiten erschien in einer Broschüre aus dem Jahr 1915 unter dem Titel *The Voyage of the First Hessian Army: From Portsmouth to New York, 1776.*[6] Der überwiegende Teil dieses kleinen Heftes besteht aus einer Übersetzung eines anonymen deutschen Zeitschriftenartikels aus dem Jahre 1865, zu dem der Verleger oder der Redakteur den knappen Auszug aus Seumes Autobiographie hinzufügte. Der Übersetzer war Albert von Pfister, und diese Broschüre erschien 1911 in New York City in einer begrenzten Auflage von nur 110 Kopien. Sie wurde von Charles Frederick Heartman herausgegeben, der ein deutscher Auswanderer war und später ein sehr bekannter Buchhändler geworden ist. Dieser kurze Auszug aus Seumes Buch handelt nur von den schrecklichen Zuständen während seiner Überfahrt nach Amerika.

---

4 A Tour through Germany, Poland, Russia, Sweden, Denmark, &c. during the Summer of 1805. London: R. Phillips 1807.

5 A Stroll to Syracuse. Translated from the German by Alexander and Elizabeth Henderson. London: Oswald Wolff 1964. Die amerikanische Ausgabe erschien 1965 in New York bei F. Ungar.

6 The Voyage of the First Hessian Army: From Portsmouth to New York, 1776. New York: Chas. Fred Heartman 1915.

Im Jahre 1948 erschien ein weiterer, diesmal jedoch etwas längerer Auszug von Seumes *Mein Leben* in der akademischen Zeitschrift *The William and Mary Quarterly*. Diesmal war es eine Übersetzung von 17 Seiten; sie begann mit Seumes Söldnerjahren in Hessen und endete in Halifax, wo Seume die Nachricht vom Ende des Krieges in Nordamerika erhielt und darüber recht enttäuscht war. Dieser Auszug erschien unter dem Titel *Memoirs of a Hessian Conscript: J. G. Seumes* [sic] *Reluctant Voyage to America.*[7] Die Übersetzerin, Margarete Wölfel, war eine deutsche Auswanderin, die aus Sachsen stammte und zu dieser Zeit an einem College in Virginia lehrte. Aus ganz einleuchtenden Gründen konzentrierten sich beide Übersetzungen auf Seumes Zeit als hessischer Rekrut. Die Übersetzer hatten sicherlich in Betracht gezogen, daß solch eine Verbindung Seumes zum amerikanischen Freiheitskrieg, wenn auch nur sehr gering, vielleicht etwas Interesse bei den Amerikanern erwecken würde.

Soviel ich herausfinden konnte, waren die angeführten Texte die einzigen Veröffentlichungen, die es von Seumes Werken auf Englisch gibt. Ich sollte aber noch erwähnen, daß es noch einen weiteren Versuch gab, *Mein Leben* ins Englische zu übertragen. Ein Student der University of Oregon unternahm eine solche Arbeit als eine sogenannte *bachelors thesis* 1911. Diese Übersetzung ist eine unveröffentlichte typische *undergraduate* Studentenarbeit von ungefähr 30 Seiten. Es ist eine erheblich gekürzte Übersetzung und verdient nicht, gelesen zu werden.

Hinzuweisen ist noch auf eine Kuriosität, die ich in der New York Public Libary im Juli 2007 gefunden habe. Es handelt sich um eine deutschsprachige Ausgabe von *Mein Leben,* die von dem Lehrbuch-Verleger Ginn & Co. in Boston 1899 herausgegeben wurde.[8] Diese Ausgabe wurde als Lehrbuch für amerikanische Studenten angepriesen, die die deutsche Sprache erlernen wollten. Seumes Originaltext für dieses Buch war der Ausgabe seiner *Sämmtlichen Werke* bei Hartknoch entnommen, die in den Jahren 1826/27 erschienen war. Redakteur war der deutschstämmige Professor Joachim Henry Senger (1848-1926), zu der Zeit Professor an der Universität von Kalifornien in Berkeley.

7 Margarete Wölfel: Memoirs of a Hessian Conscript: J. G. Seumes [sic] Reluctant Voyage to America. In: The William and Mary Quarterly 3rd Series, Vol. 5 No. 4 (October 1948), S. 553-570.

8 Mein Leben, hrsg. von J. Henry Senger. Boston: Ginn & Co. 1899.

4. Seumes Übersetzungen aus dem Englischen

Nach diesem kurzen Abriß von Texten Seumes, die in englischer Übersetzung erschienen sind, will ich auch Seumes eigene Übersetzungen aus dem Englischen noch erwähnen. Seume scheint mit der englischen Sprache recht vertraut gewesen zu sein, gut genug, um einige Gedichte und zwei Bücher ins Deutsche zu übertragen. Im Jahr 1787 kam Robert Bages Buch *The Fair Syrian* in London heraus.[9] Dieses Buch wurde sofort populär, erhielt gute Rezensionen von den Kritikern und wurde in mehrere Sprachen übersetzt. Es war eine melodramatische Geschichte von einer schönen Frau aus dem Orient. Diese exotische Geschichte mußten auch Seume oder sein Verleger interessant gefunden haben, denn Seume übersetzte dieses Buch umgehend ins Deutsche. Seumes Übersetzung erschien anonym im Jahr 1788. Leider gibt es keine Erläuterungen von Seume zu dieser Übertragung, die in der deutschen Auflage den Titel *Honorie Warren* trug.[10]

Im Gegensatz zu diesem Buch enthielt Seumes Übersetzung des Titels: *An Account of the Cape of Good Hope* [Beschreibung des Vorgebirges der guten Hoffnung] von Robert Percival, ein längeres Vorwort von ihm. Hier schrieb er wie folgt:

> Der Verleger gab mir dieses Buch zum Übersetzen, und ich machte es so gut ich konnte. Es wäre unstreitig besser geworden, wenn ich mehr Naturhistoriker und Geograph gewesen wäre. Ich habe mich soviel wie möglich treu an den Urtext gehalten, und nur zuweilen einige Pleonasmen weggelassen. Zwar fühle ich wohl, daß die Sprache noch nicht gehörig geglättet ist; sie ist aber auch bei dem Engländer ziemlich kostbar und stattlich, und ein Mittelding zwischen dem guten natürlichen Vortrag und dem vornehmen gezwungenen Stil der Diplomatik.[11]

5. Der Stand meiner Übersetzung

Mein eigener Übersetzungsversuch spiegelt Seumes Auffassung wider. Auch meine „Sprache" muß „noch [...] gehörig geglättet" werden. Trotz viel guten

9 Robert Bage: The Fair Syrien, a Novel. London: J. Walter 1787. 2 Bde.

10 Frankfurt u. Leipzig 1788. 2 Bde.

11 Robert Percival, Beschreibung des Vorgebirges der guten Hoffnung. Übersetzt von Johann Gottfried Seume. Leipzig: Wilhelm Rein 1805, S. 1.

Willens meinerseits ist meine Arbeit noch nicht fertig geworden. Ich muß noch ein paar Seiten von Seumes eigenem Beitrag übersetzen, und dann kommen natürlich noch die Ergänzungen von Göschen und Clodius dazu. Ein Forschungssemester von meiner Universität ermöglichte es mir, mit dieser Übersetzung anzufangen. Eine während dieser Zeit unternommene Reise hat mich u.a. nach Syrakus geführt. Es ist nur bedauerlich, daß ich Seumes *Spaziergang* nicht dort übersetzen konnte.

Natürlich habe ich noch vor dieser Reise die vorliegende englische Übersetzung des Buches gelesen und wollte nur noch zu meinen vorherigen Bemerkungen das Folgende hinzufügen. Es ist meine Überzeugung, daß diese Übersetzung eine Sprache benötigt, die ein bißchen farbenfroher und auch ein bißchen ausdrucksvoller ist. Ich weiß natürlich, daß es manchmal sehr schwierig ist, die richtigen Nuancen zu finden, um sie dann in einer anderen Sprache mit all ihren kleinen Bedeutungsunterschieden wiederzugeben. Seumes Humor scheint in dieser Übersetzung leider nicht durch. Hoffentlich wird meine Übersetzung diese Fehler nicht wiederholen. Ich hoffe doch sehr, daß sich die vielen Nuancen von Seumes Sprache in meiner englischen Übersetzung richtig widerspiegeln werden.

6. Schwierigkeiten beim Übersetzen Seumes

Ich möchte Ihnen versichern, daß ich versucht habe, den Seumeschen Text auf solch eine Weise zu übersetzen, daß die meisten Amerikaner den englischen Text gut verstehen und leicht lesen können. Der Leser muß selber darüber urteilen, ob diese Übersetzung meine Vorurteile enthält. Ich hoffe aber, daß sie recht genau und ziemlich unauffällig ausgefallen ist. Natürlich ist es schwierig, Seumes Prosa so zu übersetzen, daß sie heute von einem Großstadtmenschen gelesen und verstanden werden kann, der am Anfang des 21. Jahrhunderts, auf einem anderen Erdteil, und in einem Land lebt, das von angelsächsischer Geschichte und von amerikanischer Popkultur durchdrungen ist.

Professor Jörg Drews Bemerkungen und Erklärungen von Seumes Texten haben mir immens geholfen. Ohne seine gewissenhaften Nachforschungen über die Herkunft von vielen Worten und Redewendungen und natürlich auch die Vielzahl der biographischen Daten von den Menschen, die Seume in seinem Buch anführt, hätte ich mich überhaupt nicht zurecht gefunden. Ich möchte ihm hiermit postum noch einmal sehr für die Hilfe danken, die er jedem Leser seiner Seume-Ausgaben so großzügig zur Verfügung gestellt hat. Die größten Schwierigkeiten hatte ich mit Ausdrücken und Worten, die in der zeitgenössischen Sprache nicht mehr gebraucht werden. Unsere modernen Online-Wörterbücher, wie *Leo* von der Universität München und *Beolingus* von der Universität Chemnitz sind recht umfassend, enthalten aber keine Wörter, die in unserer Zeit kaum noch oder überhaupt nicht mehr benutzt werden. Wenn ich nach solchen Worten suchte und sie nicht finden konnte, dann habe ich ein altes Wörterbuch hinzugezogen, das in meiner eigenen Bibliothek stand. Dieses alte Wörterbuch war das *Dictionary of the German & English Languages* von G. J. Adler, daß den Wortschatz aus den Jahren 1821 bis 1840 enthält.[12] Hier habe ich schon eine Anzahl von zeitgemäßen Ausdrücken, Massen und Wörtern gefunden, die ich woanders nicht ausfindig machen konnte. Es ist nur schade, daß das Online-*Wörterbuch der Gebrüder Grimm* technisch nicht so funktionsfähig ist wie es eigentlich sein müßte, sonst hätte mir das Werk wahrscheinlich bei meiner Arbeit sehr behilflich sein können.

Es gibt eine Vielzahl von Worten bei Seume, wie natürlich bei vielen anderen Dichtern auch, für die es keine genau entsprechenden englischen Wörter gibt. Meine Suche nach solchen Worten erinnerte mich einmal an die Kreativität eines jungen deutschen Freundes, der beim Englischsprechen nicht den richtigen Ausdruck für „Nonne“ finden konnte und dann ganz fantasievoll dafür das Wort *girl-monk* konstruierte. Meine Schwierigkeiten bei der Übersetzung Seumes waren manchmal so groß, daß auch ich zu solchen Worterfindungen meine Zuflucht nehmen wollte. Zum Beispiel war es äußerst schwierig, einen englischen Begriff für Seumes Wort „Totengericht“ zu finden. Auf deutsch liest man bei Seume:

> Ich erzähle also ehrlich offen, ohne mich zu schonen, und nicht selten mit dem Selbstgefühl inneren Werts, und ohne den Vorwurf der Anmäßlichkeit oder die Krittler weiter zu fürchten, die vielleicht sodann über mich nur Totengericht halten.

---

12 G. J. Adler: A Dictionary of the German and English Languages, comp. from the works of Hilpert, Flügel, Grieb, Heyse and others. New York: D. Appleton 1875.

In meiner Übersetzung liest es sich dann so:

> *I recount honestly and openly, without sparing myself, and not infrequently with the awareness of inner values, and without the reproaches of pretension or fear of critics, who. in any case, may sit in final judgment over me.* [13]

Dies ist natürlich nur ein einziges von vielen Worten, die ich als Übersetzer auf das Englische zu übertragen versuchte, wobei das Kolorit beibehalten werden sollte, ohne die originale Bedeutung zu verlieren. Ein anderes Problem war das Wort „Bonzenwesen“. Es war nicht einfach den richtigen Ausdruck dafür zu finden, da es so einen Ausdruck im Englischen eigentlich nicht gibt. Seume schrieb:

> Dieser [sein Urgroßvater] war etwa im Geruch der Ketzerei, weil er nicht das ganze Bonzenwesen des Pfarrers mit gehöriger Gefangennehmung seiner Vernunft gläubig aufnahm und besonders einige Zweifel über die Richtigkeit einiger Decemforderungen hegte.

In meiner Übersetzung heißt es:

> *He [his great grandfather] was under a cloud of suspicion of being a heretic. His reasoning was not confined to a simplistic belief and easy acceptance of the cleric's bombastic authority, especially since he harbored some doubts about the propriety of tithing.* [14]

Eine andere schöne Metapher von Seume waren seine „unersättlichen Ärmel.“ Im Englischen gibt es das nicht, und da mußte ich dann die englische Metapher „tiefe Taschen“ dafür verwenden, und das hört sich dann in Seumes Worten folgendermaßen an: „Er konnte und wollte Ihre unersättlichen Ärmel nicht füllen; das war seine ganze Gottlosigkeit.“ In meiner Übersetzung liest es sich dann wie folgt: *„He could not and would not fill their deep pockets; that was his only ungodly deed.“*[15] Meine englische Metapher ist nicht

13 Johann Gottfried Seume: My Life. Draft of the author's translation, S. 4. (Die Seitenangaben in Klammern beziehen sich auf Seumes Mein Leben, in: Werke in zwei Bänden, hrsg. von Jörg Drews. Bd. 1. Frankfurt: Deutscher Klassiker Verlag 1993, S. 12.

14 Musmann, S. 4 (12) (wie Anm. 13).

15 Musmann, S. 5 (13) (wie Anm. 13).

ganz so schön wie Seumes, aber ich glaube, daß es die Beste ist, die man in diesem Zusammenhang finden kann. Einmal bezeichnet Seume einen bedingungslosen Glauben als „handfeste[r] Köhlerglaube." Dieser Begriff bereitete mir auch Kopfschmerzen, bevor ich das richtige Wort dafür finden konnte. Seume schrieb: „Der handfeste Köhlerglaube scheint also die Sache meiner Familie väterlicher Seite nicht gewesen zu sein". Ich übersetzte den Satz wie folgt: „*Implicit peasant faith did not seem to be part of my family on my father's side.*"[16] Ein anderer ungewöhnlicher Ausdruck für mich war Seumes „echt altpädagogisch." Ich glaube nicht, daß ich diese Redewendung ohne Jörg Drews' Erklärung überhaupt verstanden hätte. Seume schrieb:

> Meine Erinnerung geht nicht so weit zurück, daß ich mich besinnen könnte, wie ich lesen und schreiben gelernt habe. Der alte Schulmeister Held [....] der mich [...] mit viel Vorliebe und Strenge echt altpädagogisch behandelte, brachte mir diese Fertigkeiten bei, so früh, daß sich die Zeit aus dem Gedächtnisse gewischt hat.

Auf Englisch heißt das bei mir:

> *My memory does not go back as far as to remember when I learned how to read and write. The old schoolmaster Held ... who treated me pedagogically the old fashioned way with fondness and severity, taught me these skills at such an early stage that the time has been erased from my memory.*[17]

Ich benutze dann eine Fußnote um den Sinn dieses Ausdrucks zu erklären, d.h. Seume wurde körperlich gezüchtigt und mußte vieles mechanisch auswendig lernen. Andere schwierige Worte, für die es nicht leicht war, geeignete Bezeichnungen im Englischen zu finden, waren Worte und Redewendungen wie „Schinder", „nachbeten", „Stelzfüsse", „Der Dorfklerisei erster Minister," „gedichtert" oder „geverselt", und natürlich noch viele andere. Der Schinder oder wie es auch heißt: der Abdecker, den gibt es in der englischen Sprache nicht so wie Seume den Begriff verwendet hat: „Ich habe es zur Zugabe, habe wahrscheinlich dem armen Tier das Leben gerettet: denn der Roßtäuscher sprach vom Schinder und Totstechen." Ich bin noch nicht ganz zufrieden mit dem Wort, das ich mir ausgesucht habe, um diesen Begriff zu beschreiben, da das Wort nicht sehr bekannt ist: „*It was a giveaway; I have*

16 Musmann, S. 5 (13) (wie Anm. 13).
17 Musmann, S. 6-7 (14) (wie Anm. 13).

probably saved the life of the poor animal since the horse trader spoke of a knakker or stabbing it to death.“[18] Die „Stelzfüsse“ und das „Nachbeten“ hat Seume wie folgt gebraucht:

> Nun sprach er mit dem Schulmeister, Herrn Weyhrauch, über die Methode des Unterrichts bei einem solchen Kopfe; die Einwendungen des Schulmeisters wurden aufgehoben; der Pfarrer zeigte ihm, daß ich kein Mechaniker und kein Schönschreiber werden und mich schwerlich mit Nachbeten begnügen würde [...] Von nun an nahm man wenig Notiz mehr von meinen krummen und schiefen Linien auf dem Papier und meinen Stelzfüssen von Buchstaben, sondern nur von meinen Ideen, womit ich den Schulmeister und auch wohl zuweilen den Pfarrer in einige Verlegenheit setzte.

Ich habe diese Sätze dann auf folgende Weise übersetzt:

> *He also spoke to the schoolmaster, Mister Weyhrauch, about the instructional methods for such a particular individual's intellectual abilities; the objections of the schoolmaster were brushed aside. The pastor told him that I would never become a mechanic, nor would I have a beautiful handwriting; in addition, I would never be satisfied with being content in echoing someone else's sentiments [...] From then on negative comments were curtailed. Little notice was paid to my crooked and lopsided lines on paper, and my stilted drawings and letters; instead, one took notice of my ideas which caused occasional embarrassement to both the schoolmaster and the pastor.*[19]

„Der Dorfklerisei erster Minister“ konnte ich unmöglich wörtlich übersetzen und habe dann folgende Lösung gewählt: „*Then, as the premier student in the village, the town's clergy put me in charge of introducing and implementing the new school regulations that were enforced more rigidly during that time.*“[20] Bei Seume hieß es: „ich war damals der Dorfklerisei erster Minister bei Einführung der neuen Schulordnung, die zur selben Zeit etwas strenger gehandhabt wurde.“

Und „gedichtern“ und „geverseln“ habe ich folgendermaßen übersetzt: *Here we also wrote poems or rather constructed verses.*[21] Auch einige der Zahlen,

18 Musmann, S. 10 (17) (wie Anm. 13).
19 Musmann, S. 20 (25) (wie Anm. 13).
20 Musmann, S. 21 (25) (wie Anm. 13).
21 Musmann, S. 46 (44) (wie Anm. 13).

die Seume in *Mein Leben* verwendet, haben mir manch graues Haar wachsen lassen.

Ich könnte Ihnen noch eine Menge weiterer Beispiele anführen, möchte sie aber damit nicht länger langweilen. Wie ich schon angedeutet habe, geht der Verkauf von geisteswissenschaftlichen oder schöngeistigen Büchern in den USA kontinuierlich zurück – wenn man den amerikanischen Universitätsverlagen glauben darf, die von fallenden Auflagen in den letzten paar Jahren sprechen. Es scheint, daß man nur noch sogenannte *Blockbuster* verkaufen kann und diese Situation macht es schwierig, Bücher herauszubringen, die nur für eine kleine Leserschaft bestimmt sind. Leider zählt Seume zu dieser exklusiven Gesellschaft und es wird daher schwierig sein, für meine Übersetzung einen Verleger zu finden. Seume ist in den Vereinigten Staaten nicht sehr bekannt. Es gab in den letzten Jahrzehnten nur eine Ausgabe eines seiner Bücher und das ist der *Spaziergang nach Syrakus*. Natürlich ist diese Auflage restlos vergriffen, da sie schon vor vierzig Jahren erschienen ist. Kein anderes Buch von ihm ist seither publiziert worden. Ich kann nur hoffen, daß sich dieses trostlose Bild mit meiner Übersetzung ändern wird. Doch ist es wohl ratsam, keine allzu großen Erwartungen zu hegen.

Zu den Autorinnen und Autoren

JÖRG DREWS (1938-2009), bis 2003 Professor für Literaturkritik und Literatur des 20. Jahrhunderts an der Universität Bielefeld. Gründer der *Johann-Gottfried-Seume-Gesellschaft zu Leipzig, e.V.* und bis zu seinem Tod Hg. der *Obolen. Mitteilungen der J.-G.-Seume-Gesellschaft.* Zusammen mit Sabine Kyora Herausgeber der *Werke* und zusammen mit Dirk Sangmeister der *Briefe* von J.G. Seume (Deutscher Klassiker Verlag 1993 und 2002). Zahlreiche weitere Publikationen zu Seume, zuletzt: In Polen, Palermo und St. Petersburg. Vorträge der Colloquien zu Johann Gottfried Seume in Grimma, Riga und Tartu 2003 und 2005 (2008). Arbeitete bis zum Schluß an einer Neuausgabe von *Mein Leben* nach der Handschrift und an einer Ausgabe sämtlicher Gedichte Seumes.

EGON FREITAG, geboren 1946, studierte Volkskunde und Museologie. Diplom-Ethnograph und Dr. phil., seit 1981 wissenschaftlicher Mitarbeiter im Goethe-Nationalmuseum Weimar (Direktion Forschung und Bildung – Klassik Stiftung Weimar). Arbeitsschwerpunkt ist die klassische deutsche Literatur, vor allem Wieland, Goethe, Herder, Schiller und Eckermann. Publikationen (Auswahl): Goethes Alltags-Entdeckungen (1994); „Ergetzen ist der Musen erste Pflicht ..." – Geschichten und Anekdoten über Christoph Martin Wieland (2001); Johann Gottfried Herder. Ahndung künftiger Bestimmung. Hg. mit Christian Juranek (1994); „Da rase draußen Flut bis auf zum Rand" – Eckermanns Beziehung zur Nordsee und sein Einfluß auf Goethes „Faust". (Mitteilungen der Kranichhaus-Gesellschaft Otterndorf e.V., H.10/2009).

HENNER LÖFFLER, geboren 1943 in Dresden, aufgewachsen in Köln. Studium der politischen Wissenschaften, Soziologie und Wirtschaftswissenschaften in Köln. 1967 Abschluß als Diplom-Kaufmann mit der Arbeit: Utopisches Denken: Macht und Konsens in den klassischen Staatsutopien. Eine Studie zur Ideengeschichte des Totalitarismus (1972). Dissertationsstudium der Germanistik in Wien, abgeschlossen als Dr. phil. bei Wendelin Schmidt-Dengler mit einer Arbeit über Heimito von Doderer. Aufsätze zu Samuel Beckett, Charles Dickens, Heimito von Doderer, A. C. Doyle, Franz Kafka, Vladimir Nabokov, Anthony Powell, Marcel Proust, Ror Wolf.

Übersetzungen aus dem Englischen (John Cleese, Susan Geason, P.G. Wodehouse). Weitere Publikationen: Doderer – ABC. Ein Lexikon für Heimitisten (2000); Wie Enten hausen. Die Ducks von A bis Z (2004).

GEORG MEYER-THUROW, Studium der Geschichte und Sozialwissenschaften in Köln und Bielefeld, wissenschaftlicher Mitarbeiter an der Fakultät für Geschichtswissenschaften an der Universität Bielefeld. Seither freiberuflich tätig. Publikationen: „Die Einsamkeit, die Natur und meine Feder, dies ist mein einziger Genuß.' Christian August Fischer (1771-1829) – Schriftsteller und Universitätsprofessor" (gemeinsam mit Josef Huerkamp). Bielefeld: Aisthesis 2001. Zahlreiche Beiträge in den *Obolen*.

KLAUS MUSMANN, B. A., M.A.L.S., M.A., Ph.D. Lebt seit 1957 in den Vereinigten Staaten. Studium der Germanistik und der Sozialwissenschaften. Übersetzer und seit 2001 Direktor der Bibliothek der Notre Dame de Namur University in Belmont, Kalifornien. Publikationen (Auswahl): In the Age of the Internet: The Book, Reading, and the Future of the Academic Library (International Journal of Learning 12, 2005/2006); The Ugly Side of Librarianship: Discrimination in Libraries from 1900 – 1950 (Untold Stories: Civil Rights, Libraries & Black Librarianship, ed. by John M. Tucker, 1998); The Helen & Vernon Farquhar Collection of California and the Great Southwest: A Bibliography of Books and Journals in the Armacost Library of the University of Redlands (1987).

LOIS MUSMANN, DMA; Conductor and harpsichordist on the NDNU music faculty. Teaches also at San Francisco Conservatory of Music. She is a Fulbright Senior Specialist in Music for teaching internationally and was Visiting Scholar at the University of California at Berkeley's Beatrice Bain Research Group. Her area for this research was cultural change concerning women orchestral conductors in the U.S. Musmann was founder and conductor of the Pacifica Chamber Orchestra and of Musica Viva. She also founded the Collegium Musicum at the University of Redlands and presented the first performance of a medieval liturgical drama at the university. In fall 2009 she conducted six performances of Mozart's opera *Die Zauberflöte*.

GABI PAHNKE, geboren 1978 in Herzberg/ Harz. Studium der Geschichte, Kunstgeschichte und Soziologie an den Universitäten Göttingen und Augsburg. Seit 2000 im Museumswesen und seit 2008 im Kunsthandel tätig.

Arbeit an einer von der DFG geförderten Dissertation über *Johann Gottfried Seumes Netze – eine Rekonstruktion in kommunikationsgeschichtlicher Perspektive.* Vorstandsmitglied der *Johann-Gottfried-Seume-Gesellschaft zu Leipzig e.V.* Letzte Publikation: Ein „Mädchen" wie die Hebe und „Doctor Elisa". J. G. Seume und die Frauen in der Sammlung des Museums Schloß Lützen. (Frauen im 18. Jahrhundert. Hg. v. Thomas Weiß. Unter Mitarbeit v. Katrin Dziekan und Ingo Pfeifer, 2009).

Jakob Starzinger, studierte an der Universität Wien Germanistik und Russisch, gleichzeitig belegte er am Konservatorium Wien und an der Musikuniversität Graz das Konzertfach Oboe. Diplomarbeit über E.T.A. Hoffmann und den romantischen Musik-Diskurs, veröffentlicht als: Eine trügerische Nachtmusik: E.T.A. Hoffmanns ‚Das Sanctus'. (E.T.A.-Hoffmann-Jahrbuch 14, 2006). Arbeit an einer Dissertation über Berichte deutscher Reisender aus Rußland um 1800: Dazu entstanden Aufsätze zu Seumes Selbst- und Fremdwahrnehmung in den *Obolen* (1/2006 sowie 2/2006) und zu Rußland als deutschem Heterotopos im Tagungsband der *Thalia Germanica* (2007). Er unterrichtet Deutsch und Russisch in einem Gymnasium in Mödling bei Wien.

Stefanie Stockhorst, geboren 1974 in Hamburg, bis 2009 Privatdozentin für Germanistik und Europäische Kulturgeschichte an der Universität Augsburg. Lehrstuhlvertretungen an den Universitäten Hannover und Rostock. Seit 2009 Professorin für Neuere deutsche Literatur/Frühe Neuzeit an der Universität Potsdam. Seit 2008 Vizepräsidentin der Deutschen Gesellschaft für die Erforschung des 18. Jahrhunderts und seit 2009 Heisenberg-Stipendiatin der Deutschen Forschungsgemeinschaft. Sie publizierte u.a.: Reformpoetik. Kodifizierte Genustheorie des Barock und alternative Normenbildung in poetologischen Paratexten (2008), Zeitkonzepte. Zur Pluralisierung des Zeitdiskurses im langen 18. Jahrhundert (2006), Fürstenpreis und Kunstprogramm. Sozial- und gattungsgeschichtliche Studien zu Goethes Gelegenheitsdichtungen für den Weimarer Hof (2002).

Jörg Drews (Hg.)

In Polen, Palermo und St. Petersburg

Vorträge der Colloquien zu Johann Gottfried Seume in Grimma, Riga und Tartu 2003 und 2005

2008, ISBN 978-3-89528-661-2, 312 Seiten, kart. € 34,80

Seume, der „berühmte Wanderer“ (Goethe), war vor allem auch ein Wanderer zwischen den Welten: Student, dann Soldat, dann habilitierter Universitätslehrer, wieder Soldat und schließlich Lektor und Privatlehrer: Botschaftssekretär und Freund von Archäologen, politischer Schriftsteller und Autobiograph, und dies zwischen Halifax in Nova Scotia und Warschau, auf Sizilien und in Rußland. Die Aufsätze des vorliegenden Bandes bringen mehr Licht in die Aktivitäten des großen deutschen Prosaisten und späten Aufklärers, des Lyrikers und Feindes Napoleons, des sächsischen Patrioten und Denkers der Zeitenwende um 1800 jenes Europa, das er kannte zwischen Paris und Riga, zwischen Palermo und Stockholm.

Mit Beiträgen von Romis Bems, Reet Bender, Karl Wolfgang Biehusen, Jörg Drews, Axel Dunker, Rupert Gaderer, Julia Genz, Hans Graubner, Andreas Lawaty, Georg Meyer-Thurow, Gabi Pahnke, Klaus Parlasca, Edvarda Smite, Hain Tankler, Claudia Taszus und Eberhard Zänker.